中国垄断性行业的政府管制体系研究

Research on the System of Government Regulation in China's Monopoly Industries

陈　林 著

经济管理出版社
ECONOMY & MANAGEMENT PUBLISHING HOUSE

图书在版编目（CIP）数据

中国垄断性行业的政府管制体系研究/陈林著. —北京：经济管理出版社，2017.1
ISBN 978-7-5096-4652-6

Ⅰ.①中… Ⅱ.①陈… Ⅲ.①垄断行业—政府管制—研究—中国 Ⅳ.①F121.3

中国版本图书馆 CIP 数据核字（2016）第 237826 号

组稿编辑：宋 娜
责任编辑：宋 娜 张丽琼
责任印制：司东翔
责任校对：张 青

出版发行：经济管理出版社
（北京市海淀区北蜂窝 8 号中雅大厦 A 座 11 层 100038）
网 址：www. E-mp. com. cn
电 话：（010）51915602
印 刷：三河市延风印装有限公司
经 销：新华书店
开 本：720mm×1000mm/16
印 张：15.5
字 数：254 千字
版 次：2017 年 1 月第 1 版 2017 年 1 月第 1 次印刷
书 号：ISBN 978-7-5096-4652-6
定 价：88.00 元

第五批《中国社会科学博士后文库》编委会及编辑部成员名单

本书系中国博士后科学基金项目（2013M530812）与中国博士后基金第八批特别资助（2015T80170）的最终成果，并受国家自然科学基金项目（71203078）、广东省软科学计划项目（2014A070703019）、广东产业发展与粤港澳台区域合作研究中心的资助。

序 言

博士后制度在我国落地生根已逾30年，已经成为国家人才体系建设中的重要一环。30多年来，博士后制度对推动我国人事人才体制机制改革、促进科技创新和经济社会发展发挥了重要的作用，也培养了一批国家急需的高层次创新型人才。

自1986年1月开始招收第一名博士后研究人员起，截至目前，国家已累计招收14万余名博士后研究人员，已经出站的博士后大多成为各领域的科研骨干和学术带头人。其中，已有50余位博士后当选两院院士；众多博士后入选各类人才计划，其中，国家百千万人才工程年入选率达34.36%，国家杰出青年科学基金入选率平均达21.04%，教育部“长江学者”入选率平均达10%左右。

2015年底，国务院办公厅出台《关于改革完善博士后制度的意见》，要求各地各部门各设站单位按照党中央、国务院决策部署，牢固树立并切实贯彻创新、协调、绿色、开放、共享的发展理念，深入实施创新驱动发展战略和人才优先发展战略，完善体制机制，健全服务体系，推动博士后事业科学发展。这为我国博士后事业的进一步发展指明了方向，也为哲学社会科学领域博士后工作提出了新的研究方向。

习近平总书记在2016年5月17日全国哲学社会科学工作座谈会上发表重要讲话指出：一个国家的发展水平，既取决于自然科学发展水平，也取决于哲学社会科学发展水平。一个没有发达的自然科学的国家不可能走在世界前列，一个没有繁荣的哲学社会科学的国家也不可能走在世界前列。坚持和发展中国特色社会主义，需要不断在实践和理论上进行探索、用发展着的理论指导发展着的实践。在这个过程中，哲学社会科学具有不可替代的重要地位，哲学社会科学工作者具有不可替代的重要作用。这是党和国家领导人对包括哲学社会科学博士后在内的所有哲学社会科学领域的研究者、工作者提出的殷切希望！

中国社会科学院是中央直属的国家哲学社会科学研究机构，在哲学社会科学博士后工作领域处于领军地位。为充分调动哲学社会科学博士后研究人员科研创新的积极性，展示哲学社会科学领域博士后的优秀成果，提高我国哲学社会科学发展的整体水平，中国社会科学院和全国博士后管理委员会于2012年联合推出了《中国社会科学博士后文库》（以下简称《文库》），每年在全国范围内择优出版博士后成果。经过多年的发展，《文库》已经成为集中、系统、全面反映我国哲学社会科学博士后优秀成果的高端学术平台，学术影响力和社会影响力逐年提高。

下一步，做好哲学社会科学博士后工作，做好《文库》工作，要认真学习领会习近平总书记系列重要讲话精神，自觉肩负起新的时代使命，锐意创新、发奋进取。为此，需做到：

第一，始终坚持马克思主义的指导地位。哲学社会科学研究离不开正确的世界观、方法论的指导。习近平总书记深刻指出：坚持以马克思主义为指导，是当代中国哲学社会科学区别于其他哲学社会科学的根本标志，必须旗帜鲜明加以坚持。马克思主义揭示了事物的本质、内在联系及发展规律，是“伟大的认识工具”，是人们观察世界、分析问题的有力思想武器。马克思主义尽管诞生在一个半多世纪之前，但在当今时代，马克思主义与新的时代实践结合起来，愈来愈显示出更加强大的生命力。哲学社会科学博士后研究人员应该更加自觉地坚持马克思主义在科研工作中的指导地位，继续推进马克思主义中国化、时代化、大众化，继续发展21世纪马克思主义、当代中国马克思主义。要继续把《文库》建设成为马克思主义中国化最新理论成果宣传、展示、交流的平台，为中国特色社会主义建设提供强有力的理论支撑。

第二，逐步树立智库意识和品牌意识。哲学社会科学肩负着回答时代命题、规划未来道路的使命。当前中央对哲学社会科学愈发重视，尤其是提出要发挥哲学社会科学在治国理政、提高改革决策水平、推进国家治理体系和治理能力现代化中的作用。从2015年开始，中央已启动了国家高端智库的建设，这对哲学社会科学博士后工作提出了更高的针对性要求，也为哲学社会科学博士后研究提供了更为广阔的应用空间。《文库》依托中国社会科学院，面向全国哲学社会科学领域博士后科研流动站、工作站的博士后征集优秀成果，入选出版的著作也代表了哲学社会科学博士后最高的学术研究水平。因此，要善于把中国社会科学院服务党和国家决策的大智库功能与《文库》的小智库功能结合起来，进而以智库意识推动品牌意识建设，最终树立《文库》的智库意识和品牌意识。

第三，积极推动中国特色哲学社会科学学术体系和话语体系建设。改革开放30多年来，我国在经济建设、政治建设、文化建设、社会建设、生态文明建设和党的建设各个领域都取得了举世瞩目的成就，比历史上任何时期都更接近中华民族伟大复兴的目标。但正如习近平总书记所指出的那样：在解读中国实践、构建中国理论上，我们应该最有发言权，但实际上我国哲学社会科学在国际上的声音还比较小，还处于有理说不出、说了传不开的境地。这里问题的实质，就是中国特色、中国特质的哲学社会科学学术体系和话语体系的缺失和建设问题。具有中国特色、中国特质的学术体系和话语体系必然是由具有中国特色、中国特质的概念、范畴和学科等组成。这一切不是凭空想象得来的，而是在中国化的马克思主义指导下，在参考我们民族特质、历史智慧的基础上再创造出来的。在这一过程中，积极吸纳儒、释、道、墨、名、法、农、杂、兵等各家学说的精髓，无疑是保持中国特色、中国特质的重要保证。换言之，不能站在历史、文化虚无主义立场搞研究。要通过《文库》积极引导哲学社会科学博士后研究人员：一方面，要积极吸收古今中外各种学术资源，坚持古为今用、洋为中用。另一方面，要以中国自己的实践为研究定位，围绕中国自己的问题，坚持问题导向，努力探索具备中国特色、中国特质的概念、范畴与理论体系，在体现继承性和民族性，体现原创性和时代性，体现系统性和专业性方面，不断加强和深化中国特色学术体系和话语体系建设。

新形势下，我国哲学社会科学地位更加重要、任务更加繁重。衷心希望广大哲学社会科学博士后工作者和博士后们，以《文库》系列著作的出版为契机，以习近平总书记在全国哲学社会科学座谈会上的讲话为根本遵循，将自身的研究工作与时代的需求结合起来，将自身的研究工作与国家和人民的召唤结合起来，以深厚的学识修养赢得尊重，以高尚的人格魅力引领风气，在为祖国、为人民立德立功立言中，在实现中华民族伟大复兴中国梦征程中，成就自我、实现价值。

是为序。

王京清

中国社会科学院副院长

中国社会科学院博士后管理委员会主任

2016 年 12 月 1 日

摘 要

改革开放以来，我国社会主义市场经济的体制建设取得了辉煌成就，绝大部分产业的市场准入限制已被打破，逐步建成了“以公有制为主体、多种所有制经济共同发展”的基本经济制度（党的十八大报告）。然而，在电信、石油、金融、电力、运输等垄断性行业，政府保留了相对较高的市场准入规制。这些市场竞争受到行政权力干预和限制的产业，即所谓的行政垄断产业或垄断性行业。不同于欧美市场经济成熟的国家，我国的垄断性行业的形成主要缘于政府管制，而非发端于市场竞争，其制度变迁可追溯至两千多年前的秦国，并直接承起于计划经济时期的苏联模式。显然，关于中国垄断性行业政府管制问题的研究是一个极富中国特色的课题。

党的十八届三中全会明确提出“使市场在资源配置中起决定性作用”。然而，当前市场准入受到政府管制的垄断性行业占据了国计民生的经济命脉，其背后依托的“有形之手”无疑大大制约了市场在资源配置中的决定性作用。基础产业的垄断弊端，已对社会经济发展全局产生了日益明显的负面影响。在位者凭借政府管制限制潜在进入者进入，坐享庞大的市场份额，赚取丰厚的超额利润，不仅严重妨碍了市场的公平竞争，而且造成要素和产品价格扭曲，进而导致社会资源错配。因此，垄断性行业的发展与改革已经成为社会主义市场经济建设中的核心要务。如何推进行政垄断产业的体制改革，优化政府自身的管制水平，提升企业个体乃至行业整体的运行效率，成为理论界和实务界共同关心的学术问题。

本书主要从行政垄断产业的市场准入规制和国有企业监管体系两个维度，对行政垄断产业的政府管制体系进行规范研究，通过系统分析行政垄断产业及其政府管制体系的现状、特征与不足，尝试探索出一条普遍意义与行业特色相结合、低成本与高效率相结合的制度改革与创新之路。

本书借鉴了经济史分析提供的经验总结，基于制度变迁理论、成本函数模型、动态序贯古诺博弈模型、无限期博弈模型、工具变量模型、双重差分模型等方法论，立足于行业监管改革与管制措施改良的实践，探讨了垄断性行业政府管制体系的历史渊源、管制对象的客观界定法和管制效率的量化分析法，并给出了法律框架修订及管制政策的具体改进，等等。

主要内容及进展如下：

（1）通过对战国末期秦国的管制措施及其政策效果进行归纳，并对新中国成立初期的制度变迁进行经济史研究，从而揭示中国式政府管制的历史渊源；改革开放以来的制度变迁历程则表明：行政垄断、国有经济与市场经济长期稳定共存，是短期内任何体制改革都难以动摇的制度基石。

（2）通过理论与实证研究，首创了一个多维度的、客观的（而非基于人治的）政府管制对象的判定法，量化了行政垄断产业的现实边界，从而界定了有效政府管制的具体对象。首先，对相关法律体系进行梳理，从法律维度构建行政垄断产业判定法。其次，从产业自然垄断和企业规模经济两个维度，对行政垄断产业的现实边界进行量化，并基于规模经济的角度对政府管制效率进行测量。

（3）近年来全面推进的自由贸易区战略，正是针对涉及外资准入的行政垄断体制的重大改革。放松外资准入壁垒，推广自由贸易区会带来“转移支付”、“扩大内需”、“价格平抑”以及“国产化”等政策红利。而在放松外资准入壁垒的同时，政府也必须重新考虑最优关税问题。

（4）由于当前国有经济主要分布在行政垄断产业，因此国有企业改革不能忽略行政垄断问题。通过研究笔者发现，混合所有制改革可以减轻国有企业的政策性负担，更重要的是，行政垄断产业的混合所有制改革效率高于竞争性行业。因此，从提升企业效率角度看，下一阶段的混合所有制改革重点应该是行政垄断产业。

（5）综上所述，本书从法制保障、市场化导向、行业监管、地方政府政绩考核、行政主体设置等维度，提出一系列具体的政府管制新举措，以图重构当前的行政垄断产业政府管制体系。本书的研究成果对于丰富产业经济学与政府管制理论，推动和深化下一阶段相关的经济体制改革，建立规范、有效的行政垄断产业管制体系具有一定的积极意义。

关键词：行政垄断；政府管制；自然垄断；规模经济；国有企业

Abstract

Since China's reform and opening up, brilliant achievements has been made in China's socialist market economic system construction, most industry's market access restrictions have been broken, and the basic economic system (the party's "eighteen big" report) that " Take public ownership as the main body and promote common development of multi-economic sectors" has been gradually built. However, in the telecommunications, oil, finance, electric power, transportation and other monopoly industries, the government still keeps relatively strong market access regulation. These industries whose market competition is intervened and limited by administrative power are so-called administrative monopoly industries or monopoly industries. Differing from Europe and the United States who have a mature market economy, the formation of monopoly industries is mainly due to government regulation in our country, rather than originates from market competition, its institutional change can be traced back to the Dynasty of Qin more than two thousand years ago, and directly inherits the Soviet model of the planned economy era. Obviously, the research on the problems of government regulation in China's monopoly industries is a subject with Chinese characteristics.

The Third Plenum of the 18th Central Committee of the Communist Party of China Clearly put forwards "make market play a decisive role in the allocation of resources". However, current monopoly industries whose market access is limited by government regulation occupy the economic lifeblood of the national economy and people's livelihood, the "visible hand" behind them undoubtedly greatly restricted the decisive role of the market in the allocation of resources. Monopoly abuses of basic industries have brought increasingly obvious negative influence on the whole economic and social development. The incumbent relying on government regulation to limit potential entrants, sitting on a huge market share and earning a lot of profits, not only seriously hinders the fair competition of the market, but also causes facts and product price distorted, resulting in a misallocation of social resources.Therefore, the development and reform of monopoly industries has become the core of the socialist market economic construction. How to accelerate the system reform of administrative monopoly industries, optimize the government's own control level, improve enterprise efficiency of individuals and even the industry as a whole become the common concern of the theoretic and practical field.

This book carries out a normative research on the government regulation system of administrative monopoly industries mainly from the two dimensions of administrative monopoly industry—market access regulation and state-owned enterprises supervision system. Through the systematic analysis of administrative monopoly industries and the status, characteristics and problems of government regulation system, this book tries to find out a universal significance combined with industry characteristics, low cost and high efficiency of institutional reform and innovation.

The book refers to the experience summary which economic historical analysis provides, based on methodologies such as the theory of institutional change, cost function model, dynamic sequential Cournot game model, indefinite period game model, instrumental variables model, double difference model and so on, based on the practice of industry regulatory reform and regulations measures improvement, discussing the historical origin of government regulation system in monopoly industries, objective defining method of regulated objects, quantitative analysis method of regulation efficiency, and giving the concrete improvement of the legal framework for revision and regulation policy, and so on.

Main content and progress areas follows:

(1) by summarizing the regulatory measures and policies effects of Qin dynasty at the late Warring States and further examining the institutional change in early statehood, the book reveals the historical origin of Chinese government regulation. Based on the institutional change since China's reform and opening up, it also finds the long-term stable coexistence of administrative monopoly, state-owned economy and market economy is the foundation system which is hard to shake by any institutional reform in short term.

(2) by the oretical and empirical studies, the book pioneers a multi-dimensional and objective (rather than the rule of man) government regulation object judging method and quantifiesreal boundaries of administrative monopoly industries so as to define concrete object of the government regulation effectively. First of all, the book combs of relevant legal system and builds a judging method of administrative monopoly industries from the legal dimension. Secondly, the book quantifies the real boundary of administrative monopoly industries from two dimensions—the natural monopoly industry and enterprise scale economy, and measures the efficiency of government regulation based on economies of scale.

(3) The strategy of free trade zone comprehensively promoted in recent years is a major reform of system of administrative monopoly involving in foreign investment access. Relaxation of foreign investment access barriers and promotion of free trade area will bring policy dividends such as "transfer payment", "expanding domestic demand", "price stabilization" and "localization" and so on. Barriers to foreign investment access must be relaxed, at the same time, the government must also reconsider the optimal tariff rate problem.

(4) Because the current state-owned economy is mainly in administrative monopoly industries, the reform of state-owned

enterprises can't ignore the administrative monopoly problem. This book find that the mixed ownership reform can reduce the policy burden of state-owned enterprises, more importantly, the mixed ownership reform efficiency of administrative monopoly industries is higher than competitive industries. From the view of improving enterprise efficiency, therefore, the key of the next phase of the mixed ownership reform should be administrative monopoly industries.

(5) Above all, this book puts forward a series of concrete measures for the government regulation from many dimensions such as the legal system safeguard, the market-oriented, industry regulations, local government performance appraisal and administrative subject settings, etc. in an effort to reconstruct the current government regulation system of administrative monopoly industries.The research results of the book has certain positive meaning for enriching the theory of industrial economics and government regulation, promoting and deepening the next stage of related economic system reform and establishing a standardized and effective administrative monopoly industry regulation system.

Key words: Administrative Monopoly; Government Regulation; Natural Monopoly; Scale Economy; State-owned Enterprise

目　录

Contents

第一章　导言

第一节　问题的提出

改革开放以来，我国社会主义市场经济的体制建设取得了辉煌成就，绝大部分产业的市场准入限制已被打破，逐步建成了“以公有制为主体、多种所有制经济共同发展”的基本经济制度（党的十八大报告）。在电信、石油、金融、电力、运输等垄断性行业，政府保留了相对较高的市场准入规制。这些市场竞争受到行政权力干预和限制的产业，即所谓的行政垄断产业或垄断性行业（胡鞍钢和过勇，2002）。从理论上看，行政垄断是指行政机关使用行政权力对市场竞争的限制或排斥。它既可以表现为政府行为，也可表现为经济制度。

然而，时至今日，政府对行政垄断产业的宏观管理水平及相关的经济体制改革没能赶上市场经济高速发展的步伐，从而导致中国垄断性行业的运行效率不高，亟须进行体制改革。

当前，中国垄断性行业的政府规制体制的基本问题有以下两个方面：

第一，规制市场准入的制度体系有待完善。当前，各级发展和改革委员会（局）既是对市场准入实施行政审批的部门，又是国务院反垄断委员会的主要成员单位，行政机关的权力定位存在自我冲突。以至于张曙光和张弛（2007）提出应该进行经济体制改革，把国家发展和改革委员会改造成国家反垄断委员会。而行政法体系又制约着《中华人民共和国反垄断法》（以下简称《反垄断法》）这部“经济宪法”对行政垄断权力的制衡，以至于《反垄断法》施行至今还没有任何一宗行政垄断案件被法院正式受理。保证国有经济主体地位离不开对市场准入的合理规制，而反行政垄断则是激活市场竞争活力的必要手段。如何平衡社会主义市场经济的这两大制度需求，成为今后经济体制改革中不可回避的重大问题。

第二，对行政垄断产业的宏观管理水平有待提高。除了效率损失，行政垄断产业还存在诸如技术创新能力（余东华和王青，2009；周权雄和朱卫平，2010）、收入分配公平（姜付秀和余晖，2010）、产品价格扭曲（陈林，2011）等问题。由于高价格和高利润，行政垄断产业的支出占据了消费者可支配收入和下游企业成本的一大部分，从而挤出我国其他领域的消费和内需增长。为进行更有效的价格规制、利润规制、薪酬规制，提高企业的生产效率及创新能力，相关的宏观管理体系和国有企业监管体系亟须进行制度创新与改革。

行政垄断产业的科学发展，对今后我国保证国有经济主体地位、扩大内需、激发市场竞争活力，乃至整个国民经济的可持续发展都起着至关重要的作用。为此，本书主要从行政垄断产业的市场准入规制和国有企业监管体系两个维度，对行政垄断产业的政府管制体系进行规范研究（Normative Research），通过系统分析行政垄断产业及其政府管制体系的现状、特征与不足，尝试探索出一条普遍意义与行业特色、低成本与高效率相结合的制度改革与创新之路。

第二节　已有文献的回顾

一、行政垄断产业研究以中国为主

关于行政垄断产业的研究从“进入规制（Entry Regulation）”开始。以施蒂格勒（Stigler）为首的一批学者对政府实施进入规制（规制即管制，两者在主流经济学中基本同义）的政策效果进行了经验研究（Stigler 和 Friedland，1962；Stigler，1971；Swidler，1986；Djankov et al.，2002；Bertrand 和 Kramarz，2002；Klapper et al.，2006）。研究发现，进入规制对企业及产业的影响比各种经济性进入壁垒来得更为强烈（施蒂格勒，2006）。但进入规制不限制竞争，而是以社会福利最大化为目标。王俊豪

（余东华和于华阳，2008）据此引申出进入规制与行政垄断的本质差异——目的差异决定行为差异。他认为，进入规制对所有企业都一视同仁，以实现公平竞争，而行政垄断却容易偏向于某些特殊企业，造成不公平竞争。因此，进入规制不等价于行政垄断。

正因如此，国外近年来几乎没有产生关于行政垄断的重大研究成果，即使出现关于行政垄断的外文文献，也是针对中国问题（Laffont，2000；Gordon 和 Li，2003；Owen et al.，2007；Chan，2009）。西方学界对行政垄断的热衷程度远不如国内，归根结底在于西方国家的体制对行政权力作出了较为严厉的制约。行政垄断实质上是渐进转轨国家的特色经济制度（王晓晔，1999；周其仁，2004；于立、余东华和于华阳，2008；于良春和张伟，2010），以致国外学界忽略了这个兼具理论和实践意义的课题。

二、交叉学科属性明显

行政垄断理论一出现便带有交叉学科色彩。经济学者胡汝银（1985）、陆德明（1988）与法学者王保树（1990）较早在我国提出了行政垄断的基本概念。随后，胡光志和王波（2004）、包锡妹（2006）以经济学与法学相结合的研究视角，对反行政垄断进行研究。温观音（2007）以新制度经济学理论分析产权与行政垄断的理论关系，提出了反行政垄断的办法。近年来，行政垄断产业的研究方法呈现出越来越多样化的趋势，博弈论、制度变迁理论、计量经济学、行政法学、经济法学等领域的成果层出不穷。本书将借鉴已有的成果，集多种研究方法之所长。

三、关于自然垄断与行政垄断的现实边界争论

在我国，行政权力大面积渗透到自然垄断产业，使自然垄断产业具有浓厚的行政垄断色彩（石淑华，2006）。王俊豪和王建明（2007）认为：现实中的自然垄断和行政垄断往往交织在一起，两种垄断并存的经济现象即为垄断性行业的“二元性”。如何确定行政垄断与自然垄断在现实中的边界，在学界引起很大的分歧。有学者认为，以上所谓的行政垄断产业其实都是自然垄断产业。如王学庆（2003）提出，电信、电力、航空运输、铁路、高速公路、水运港口设施、邮政、天然气管道、市政供水、城市燃

气供应、城市居民供热、城市排污 12 个产业都是自然垄断产业，只有石油与成品油、广播电台、无线与有线电视台、烟草专卖、食盐专卖 5 个产业属于行政垄断产业。石淑华（2006）对此持明确的反对态度，该文将以上 17 个产业都纳入到行政垄断产业的范畴。丁启军（2010）根据相关统计指标测算各行各业的行政垄断程度，结果发现上述产业大部分是强势行政垄断产业，高度行政垄断产业占全国行业数量的 20%以上。还有一些学者围绕某些具体产业内部是否存在自然垄断性质进行了激烈的争论（何大安，2008，2009；毛伟，2009）。

笔者赞同王俊豪和王建明（2007）的观点：虽然自然垄断和行政垄断是不同的经济学概念，有不同的理论特征，但并不意味着自然垄断和行政垄断可以完全分离。为此，本课题界定的行政垄断产业的现实边界是——不管一个产业是否具有成本弱增性、规模经济等自然垄断性质，只要企业在进入产业（投资设厂）和参与竞争（生产经营）的过程中，曾经或正在被行政机关的具体行政行为所干预，或者企业时时刻刻都必须遵守法律法规政策等形式的抽象行政垄断制度的限制竞争规定，该产业就是行政垄断产业。

四、关于效率损失测算的研究

杨秀玉（2009）首先研究了电信产业行政垄断的制度变迁历程，然后以 ISCP 框架对行政垄断的经济绩效进行实证检验。结果发现：中国电信产业受行政垄断的影响较严重，电信企业利用行政垄断的保护进行寻租，行政权力成为资源配置的主要手段，市场机制发挥的作用极其微弱。丁启军和杨骞（2009）认为，行政垄断在电信产业造成较高的所有制结构与市场结构，使实际利润向职工收入转移，并产生巨大的效率损失。

在石油业方面，张耀辉和蔡晓珊（2008）对原油开采业的行政垄断制度进行了制度变迁和计量分析，结果发现：行政垄断会阻碍企业的效率提升和技术进步，放松规制的积极作用非常明显。单东（2010）从制度变迁、进入壁垒及政府行为等层面进行探究，提出行政垄断是我国石油市场出现问题的根源。

在金融业方面，Gordon 和 Li（2003）的研究表明，行政进入壁垒对银行业的作用远超经济性进入壁垒，行政垄断保护着国有银行的高额利润。

任兆璋和郁方（2008）对农村金融中的行政垄断现象进行研究，结果发现行政垄断导致了金融资源供给不足的效率问题和农村金融资源配给不公等问题。刘长霞（2008）的研究表明：行政垄断与银行业的微观效率指标显著负相关，行政垄断损害了银行的经营业绩。

在航空运输业方面，Le（1997）、陈学云和江可申（2008）考察了航空业的行政垄断对市场结构和市场绩效的影响，结果发现：行政垄断存在"规制失灵"问题，行政垄断制度是不合理的。白让让（2007）的经验研究发现，行政垄断是导致航空企业实施价格合谋和政府干预价格竞争的主要原因。杨永忠和游文城（2008）建立制度间关系模型，对我国航空业的结构性壁垒进行实证分析。

王会宗（2009）、杨淑云（2010a）、于良春和牛帅（2009）、白让让（2009）、杨蹇和刘华军（2009）、刘建华（2004）、叶逊（2007）、彭晓娟（2008）、周耀东和余晖（2005）分别对铁路运输、电力、航空、烟草、计程车、市政供水等行政垄断产业进行研究，结论基本一致——行政垄断对产业效率产生了负面影响。

五、现有成果集中于实证研究领域，对政府管理体系缺乏规范研究

刘小玄（2003）、过勇和胡鞍钢（2003）、Guo 和 Hu（2004）较早开始使用实证研究（Positive Research）的方法对行政垄断产业进行分析。刘小玄（2003）使用国有经济比重作为衡量行政垄断强弱的代表变量，考察行政垄断对产业经济和市场结构造成的影响，研究结果表明：高度集中的产权结构与行政垄断相结合导致了较高的垄断利润和较低的企业效率。随后，学界对行政垄断产业进行了大量的实证研究，详见上文的回顾。

在规范研究方面，王学庆（2003）提出：行政垄断干预必须以社会福利最大化、提高发展效率以及维护市场公平为目标，必须为行政垄断产业引入竞争和规范的政府管理体系。白让让（2009）对煤炭和电力产业以及电煤价格进行研究，结果发现行政垄断是电煤价格扭曲的根本原因，并提出电煤价格市场化是治理产业效率低下和价格扭曲的主要途径。王晓晔（1998）、徐士英（2008）等从《反垄断法》的立法与执法角度，研究行政垄断产业的法治问题。国家计划委员会由中央财政经济委员会下属的中央

财经计划局于1952年改组而成，它是国家发改委的前身。在传统的计划经济体制下，计划委员会的行政权力具有相对的权威性。由于当前行政垄断产业的政府管制体系缺乏一个独立的、权力在各职能部门之上的权威管制机构，张曙光和张弛（2007）为此提出“把现行的国家发展改革委员会改造成国家反垄断委员会。这完全符合市场化改革的方向”。即把原来设置行政垄断的行政机关转化为行政垄断产业的政府管制部门。

从整体来看，现有的研究成果还没有尝试通过较系统的理论分析和经验研究，为发展行政垄断产业、提高政府宏观管理水平和企业效率，从政府宏观政策与管理的视角，提出具有普遍意义的“最优可行解”。缺乏规范研究是现有研究成果最为薄弱的一环。本课题尝试为此进行突破，从政府宏观政策与管理的视角入手，以多种理论工具与方法论，研究政府应该如何提高行政垄断产业内的宏观管理水平和国有企业监管效率，为政府决策提供理论依据和经验素材。

第三节　研究的目标、方法与创新

本书以深化行政垄断产业改革、促进行政垄断产业更好更优发展为目标，基于行政垄断产业与国有企业改革等领域的相关成果，通过构建理论模型和运用实证分析工具，深入分析我国行政垄断产业的现状与不足，探索如何提高政府对行政垄断产业的管理水平，提出并论证深化我国行政垄断产业的经济体制改革的有效途径，因而具有较强的政策实践指导意义。

目前，国内行政垄断产业研究主要停留在计量经济学和法学层面，理论模型和实证检验相结合的经济学研究仍然较少，全面剖析行政垄断产业的经济体制改革的文献也不多。本书在理论模型构建和实证研究方法上将进行多层次创新，从崭新的角度对行政垄断产业的改革与提升展开系统性研究，从而对行政垄断理论进行补充和拓展，具有一定的理论价值。

研究方法的介绍与创新将放在附录部分。

主要创新之处在于：

（1）研究我国行政垄断产业的制度结构现状，分析今后改革过程中可能碰到的主要制度约束。

（2）分析政府管制行政垄断产业、治理国有企业的微观机制，并探讨政府如何提高对行政垄断产业的管理水平。

（3）提出一个具有可行性和现实意义的行政垄断产业政府管制体系，从制度创新与改革的视角，为行政垄断产业的经济体制改革提供指导依据。

第二章　垄断性行业的政府管制体系变迁

本章将剖析垄断性行业制度结构的历史与现状，从而分析制度创新的约束条件。具体而言，即分析今后行政垄断产业制度改革所面临的制度环境与制度性约束条件。通过经济史研究，深入分析行政垄断制度及垄断性行业管制体系的历史沿革，探讨市场准入规制方面的制度环境，研究今后行政垄断制度改革的可行性。

什么是经济史？经济史就是过去，过去带给我们现在，引领我们的未来。计量经济学用数据说话，告诉我们经济、社会发展历史呈现了怎样的规律；经济学的各种理论研究则总结这些历史规律，揭示经济、社会的未来走向。联结过去与将来，经济学正是这样一门以过去解释现在、以过去找寻未来的社会学科。但除了统计数据，历史还会通过经济史的发展来表达它自己，因此经济史是后人了解过去的主要手段。作为一门经济史学说，新制度经济学特别是制度变迁理论，是经济学者研究相对缺乏统计数据的经济史和制度演化的最有力工具。本章将基于制度变迁理论，整合中国行政垄断制度变迁过程中纷繁复杂的历史事件，厘清制度演化背后的经济学规律，从而揭示垄断性行业的制度现状与特色。

第一节　支柱产业的政府管制历史起源

近年来，随着肩负垄断性行业管制职能的部分国家部委（如发改委、国资委、铁道部等）的下属司、局陆续出现的权力寻租问题，学术界对垄断性行业管制的反思愈趋激烈[①]。现行的垄断性行业管制体系亟须进行制度上的调整，已在学术界基本达成共识。

一般认为，中国政府通过支柱产业管制对市场经济进行干预的传统，起源于20世纪80年代末对日本产业管制的学习。其中，小宫隆太郎（1988）以及筱原三代平（1957）的著作影响甚广，而当时的政府各部门也曾组织大规模的日本考察。在日本20世纪的产业管制体系中，选取所谓的主导产业、支柱产业进行扶持，使部分产业在短期内进入高速增长阶段，刺激产业结构演化出现跨越式进步，实际上这是一种“非均衡”的经济发展战略。在制度变迁的路径依赖作用下，当前中国的垄断性行业管制体系同样形成了显著的“非均衡”特征。现行的《当前国家重点鼓励的产业、产品和技术目录》、《当前优先发展的高技术产业化重点领域指南》、《国家产业技术政策》、《产业结构调整指导目录》等纲领性管制文件，均强调了对支柱产业、主导产业的选择与扶持，也提出了对衰退产业的调整与淘汰，甚至为部分支柱产业与主导产业制定了具体的产业发展政策——《汽车产业发展政策》、《钢铁产业发展政策》、《水泥工业产业发展政策》与《船舶工业中长期发展规划》。

然而，师承日本的中国垄断性行业管制体系实则与日本同中有异——中国式“非均衡管制”的实施依赖于政府的直接行政干预，而日本20世纪五六十年代以来的“非均衡管制”则主要采取间接干预的方式，主要包括对支柱产业和主导产业实行优惠的、有选择的财税以及金融政策，同时制定“有选择”的行业关税和非关税壁垒，并在相关行业限制进口和外商直接投资。当日本政府试图对市场实施直接行政干预的政府管制时，往往会因为企业界的强烈抵制而难以在国会通过，甚至可以说直接干预式政府管制从未在日本成为主流（小宫隆太郎等，1988）。至于中国，由于有着长期实施计划经济的传统，政府在直接干预经济方面有着巨大的制度路径依赖性，因而更倾向于推行政府主导的直接干预式政府管制（江飞涛和李晓萍，2010）。

其实，“非均衡”与“直接干预”的政府管制特征，并非源自日本或

① 资料来源见近期媒体报道及 http://finance.sina.com.cn/china/20140924/073320397189.shtml；http://business.sohu.com/20081011/n259968708.shtml；http://news.hexun.com/2013-04-06/152858123.html。

者其他执行政府管制的国家，亦非源自新中国成立以来的计划经济体制，而是深深植根于中国自身的经济史与古代政府管制的历史传统之中。一直以来，封建时期的中国就制定并执行着琳琅满目的政府管制措施。而且古代中国的政府管制体系在不断演化与发展，历朝历代政府会根据不同时代所赋予的历史任务去干预或调整产业结构、产业组织结构等产业形态的发展方向。

以“非均衡”与“直接干预”为特征的政府管制体系，最早形成于中国第一个封建王朝——秦帝国，并对后世中国乃至崇尚汉文化的古代日本的经济政策体系都产生了极其深远的影响。本课题并非对古代中日的经济政策及其相互影响进行分析，也不能肯定日本“二战”后的产业管制确实根植于中华文明教化下的日本经济史传统。但可以肯定的是，中国于20世纪80年代乐于接受“非均衡”式的政府管制，并与日本完全不同地选择了“直接干预”的管制模式，同时很快地形成了自有的产业政府管制体系，其中的原因必定有来自于中国经济史传统的路径依赖因素。

在偏安一隅的秦诸侯国到一统中国的秦国的产业体系形成过程中，秦国垄断性行业的政府管制体系一直指引着国家产业体系的发展方向。尤其是秦国首创的“重农抑商”政府规制模式是“非均衡”政府管制的始作俑者，其崇尚通过直接行政干预的方式影响产业结构与产业组织结构，对中国后世的经济社会发展模式，以及政府与市场之间的关系产生了极其深远的影响。由于秦国最终得以一统中国，从而导致原来山东六国的重商主义、小政府大市场的经济传统被湮没在经济史的尘埃之中，最终促使中国步入了两千年的“重农抑商”与严重依赖政府管制市场经济的时代。

探究我国垄断性行业政府管制体系“非均衡”与“直接干预”特征的历史渊源具有较大的理论意义，为审视当前中国政府管制提供一种经济史视角。为此，本课题将从产业结构、产业组织、产业布局、产业技术的视角，对秦国的政府管制理论及其政策效果进行系统性归纳，试图通过对战国末期秦国非均衡与直接干预的政府管制模式进行经济史分析，以冀当前中国经济改革能鉴古知今、镜烛得失。

一、以“重农抑商”为根本的非均衡管制战略

在封建时期，各行各业中垄断性行业不多，但与垄断性行业战略价值

一致的支柱产业是存在的。其中，农业就是秦国中央政府重点管制的支柱产业。

春秋战国时期是处在中国历史上承前启后的重要时期，进行了中国历史上一次重大的经济社会转型。随着秦国逐渐统一中国，我国最初的全国性政府管制体系在战国末期逐渐形成。在此之前的先秦（夏、商、西周、春秋战国）时期，由于诸侯分封、贵族分权等体制因素，中国实质上是处于地区自治状态，从来没有出现过真正意义上的中央集权政府，也未形成统一的政府管制体系。

特别是在春秋战国的王权衰落、地区战争频发时代，为求生存发展，各地区（诸侯国）均谋求发展自成体系的产业系统，各地区的政府管制存在明显的不同。直至公元前二世纪，秦任用商鞅以变法，先后颁布实施一系列强有力的改革措施，使国力空前发展。秦国凭借其强盛的综合国力，横扫六国，席卷天下，建立统一的中央集权国家，全国性政府管制体系才逐渐形成。自秦代以来，国家的发展呈现统一化、集权化的趋势，从中央政令的通畅下达到地方的调整配合，国家经济开始在加强政府行政干预与放松农工商业管制交替作用间发展。可以说，战国末期秦国形成的政府管制体系，对中国历代经济史的演化起着巨大作用的时代指导，对整个中国的历史进程起着关键性的推动作用。

秦国政府干预经济发展方向，是其政府管制体系的一项重要内容。其中以“重农抑商”为其根本，也即大力发展农业、全面抑制商业发展的政府管制。从史料中可以发现，商鞅变法之前的先秦社会并不重农抑商，相反人们重视并擅长经商，商业经济在相对自由的氛围中萌芽、形成和发展；自秦孝公任用商鞅以变法之后，重农抑商政策首次以国家政策性纲领在秦国自上而下地实行。“重农抑商”的政府管制在国家权力机器的强力推动下，在秦国国内得到彻底地贯彻，对秦国产业结构产生莫大的影响。自此，秦国经济发展走向“大政府小市场”之路，开启了中国两千年的“重农抑商”与政府直接干预市场经济的时代。

1. 大力发展农业的产业导向

以农业为代表的第一产业、以手工业为代表的第二产业、以商业为代表的第三产业在中国先秦时期的社会生产分工中是同等重要的。正如《周书》所言“农不出，则乏其食；工不出，则乏其事；商不出，则三宝绝”，因此农、工、商都是“民所衣食之源”（《史记·货殖列传》）。更有齐国大臣管仲提出“四民分业，士农工商”，乃将四业作并举之义，而未有先后尊卑之分。但始于公元前 4 世纪的秦国农业改革，使农业经济成为了中国经济命脉，导致其后中国古代封建社会维持了两千多年的“士、农、工、商”社会等级分化和“一、二、三”梯次的产业结构。

公元前 408 年秦国颁布“初租禾”法令，从法律角度肯定了个人对土地的产权，国家保证了土地私有化的合法性并以之为据收取土地使用租税。公元前 3 世纪中叶，秦国客卿商鞅针对秦国关中平原的地广人稀国情，进一步开展农业制度改革，确立了沿用至秦始皇后期的“制辕田，开阡陌”制度，即国家定期授予农民田地可以自由买卖（雷依群，2000），大力鼓励土地开荒、私有化，从而使社会产生了大批自耕农阶层。同时，为保证农业开荒、垦田有充足劳动力资源，商鞅实施了“徕民”政策，免除了国内山地、丘陵、洼地等新开发土地的十年赋税，以免费的土地产权授予、低廉的租税吸引六国农民归附秦国进行耕种生产（《商君书·垦令》）。除产权制度支持外，商鞅制定的农业管制措施还包括：以官爵、免劳役等政治经济利益来鼓励人民从事农业生产（《商君书·农战》）；提高粮食价格，增加农业生产的经济收入（《商君书·内外》）；大力推行县制，集小乡邑聚而为县，建立起直属于中央政府的地方行政单位，有利于把农业生产纳入集权政治和规模生产的轨道上来。

商鞅变法后的一百多年，秦国一直致力于发展农业生产，制定了一系列的农业管制措施，主要包括：正式提出“重农”的建国大纲，把农业生产定性为立国之本，并从理论上系统地阐明了农业在国民经济中的重要性（《吕氏春秋·上农》）；制定了每年春耕时节皇帝本人亲率皇室贵族进行躬耕与祭天仪式的政策（《吕氏春秋·正月纪》），这个农业政策一直沿用至清朝末年；在农忙时节严禁人民进行建筑施工、婚嫁、集会等耗用大量劳动力的活动（《吕氏春秋·三月纪》）。

重农的政府管制使秦国拥有极高的农业生产力水平，当时首都咸阳及旧都栎阳“入禾仓，栎阳二万石一积，咸阳十万石一积”（《云梦秦简·仓律》），秦国粮食储备规模之大、农业生产力之高可见一斑。然而秦举国发展农业生产，挤占工商业的发展空间，忽视工商业加强农产品流通、帮助农业最大限度提高产量的做法，割断了三大产业之间的有机联系，为其后期产业结构严重失调导致的国家经济衰退埋下了祸患。

2. 全面抑制商业的政府管制

重视农业生产的“重农”思想古已有之。然而秦国实行的重农政策最为典型也最为极端，秦孝公任用商鞅实行变法，制定了“耕战”政策，严格限制私营商业以及商人的活动，使用了经济、政治等干预手段从商业中挤出人力物力转移至农业，大力抑制以商业为代表的第三产业发展。秦国使用“剪刀差”式政府管制调整国家三次产业结构比例，在我国历史上是首次，对其后两千年的中国政府规制体系产生了深远的影响。

要理解秦国重农抑商政府管制的革命性影响，首先要分析商鞅变法前中国地区原有的产业结构体系。在春秋时期，农业生产技术有了长足的进步，农产品产量快速增长，全国各地开始大量铸造官方发行的标准铜币，而黄金也普遍作为通货使用。在此物质基础上，中原地区的商业活动逐渐兴盛起来，促成了专门从事商业活动的自由商人阶层的诞生，他们有的出身自贵族官僚，也有的出身自手工业者、农民等庶民阶层，他们原来的阶级属性转化为对经济利益追逐的共性。随着自由商业的迅速发展，规模生产的商业企业也逐渐出现。正如《管子·轻重篇》描述的“万乘之国必有万金之贾，千乘之国必有千金之贾”，以子贡、范蠡、猗顿、白圭、吕不韦等为代表的一大批最早的大商业家出现了。随着大商业家的财富积累，商人的政治地位也大为提高。出身庶民的商人管仲权倾齐国，成就春秋霸业；大商人子贡被孔子收为徒弟，“常相鲁卫”且有着与国君“分庭抗礼”的待遇；越国上卿范蠡离开越国后又为齐相，最终还是抛弃政治转而从商；战国时期的魏国商人白圭亦官至相国，卫国商人吕不韦更是从经商发展到经营天下。到了春秋中后期，商业活动逐渐成为社会风尚，商业在国民经济中的作用越来越大，各国随之制定了鼓励商业发展的政策：晋国减免贸易关税，加大运输业基建投入，鼓励第三产业发展（《国语·晋语四》）；齐桓公减免鱼、食盐专业市场的税收（《国语·齐语》）；公元前651年，周、齐、鲁、宋、郑、许、曹等国在葵丘会盟，签订了“毋忘宾旅”、“毋遏籴”的通商、保商条款；公元前579年，晋、楚两大国签订了“交贽往来，道路无壅”的商贸协定；公元前562年，晋、齐、鲁、宋等国签订了“毋蕴年”、“毋壅利”的通商条款。这些商业政策保证了处于交战状态的各诸侯国得以自由通商往来，进一步促进了中原地区的商业发展。

反观地处西部、远离中原的秦国，它的支柱产业历来以农业为主，国内的商业发展远不如其他诸侯国。面对各诸侯国商品经济的巨大冲击，秦国于公元前 378 年颁布“初行为市”法令鼓励商业发展。但在短短的 18 年后，作为商业欠发达的秦国通过商鞅变法作出了一个重要战略决策——进一步发展具有大卫·李嘉图“比较优势”的农业，抑制新兴商业的发展，即重农抑商政策。

秦国抑制商业发展的主要管制措施包括：第一，限制劳动力资源向商业流转，规定因弃农从商而致贫穷者统统变成奴隶，“事末利及怠而贫者，举以为收孥”（《史记·商君列传》），对商业人口实施登记制度，严格限制商业人口规模（《商君书·内外》），通过加重商人家庭的劳役负担造成“农逸而商劳”局面（《商君书·垦令》），并禁止商人服劳役不得雇他人代役（《云梦秦简·司空律》）。第二，“重关市之赋”，通过对道路关卡、交易市场施以重税控制商业活动的利润水平，使商业活动无利可图，“不农之征必多，市利之租必重”（《商君书·内外》）。第三，对粮食加工贸易进行严格的产业规制，严禁私商买卖、运输粮食，使粮食加工、贸易、储存产业实现国有化，“盗出珠玉邦关及卖于客者，上珠玉内史，内史材予购”（《云梦秦简·效律》）。

抑制商业发展的政府管制破坏了秦国商品经济的发展，使商业发展陷入困境。商品经济发展会使城市功能由原来单一的军事防御功能转化为手工业、商业的产业集聚中心，而秦国错失了这样的机会。但据《盐铁论·通有》记载，“燕之涿、蓟，赵之邯郸，魏之温、轵，韩之荥阳，齐之临淄，楚之宛、郢，郑之阳翟，三川之二周”都是著名的商业大都市，但就是没有一处是关中秦国的城市，由此可见秦国的商业发展处于较低的水平。

二、“官进民退”与政府直接干预下的非均衡式政府管制

1. 农业的国有化经营与直接干预式的政府规制

秦国将国内大部分耕地授予农民耕作，因此小农经济是农业的典型业态。但中央政府也保留了一部分农田作为国营农场，由国家奴隶从事耕种，“隶臣田者，以二月月禀二石半石，至九月尽而止其半石”（《云梦秦简·仓律》）。并建有国营畜牧场——太厩、中厩、宫厩等饲养公家牛马（《云梦秦简·厩苑律》），使畜牧业在一定程度上实现了国有化经营。政府

制定了严格的国有农场管理条例，如《厩苑律》要求"将牧公马牛，马牛死者，亟谒死所县，县亟诊而入之"，耕牛腰围在饲养期间每减瘦一寸要鞭笞饲养工人十下，如牛马自然死亡则必须及时向县一级政府汇报，然后由县政府核验后上缴牛马尸体。

秦国对林业、渔业等农业生产活动进行严格的政府规制。例如据《云梦秦简·田律》、《吕氏春秋·十二纪》记载："县所葆禁苑之傅山，远山，其土恶不能雨，夏有坏者，勿稍补缮，至秋无雨时而以徭为之"，制定春天二月不准到山林中砍伐木材、堵塞水道，到了夏季才准许烧山开荒、捕捉鸟兽。由于漆器具有重要的军事、经济用途，秦国建有大型国有漆树种植园（《秦律杂抄》、《云梦秦简·效律》）。

2. 手工业的国有化经营与直接干预式的政府规制

商鞅变法后，秦国对制盐业、金属加工业进行全面国有化改革，国有企业垄断了制盐业、铜铁冶炼加工业的生产，实现"专川泽之利，管山林之饶"（《汉书·食货志》）。首先，对盐、铁、铜矿、工业燃料等主要工业生产原料进行国有产权改革，严禁私营企业从事工业生产原料经营。其次，在流通领域实行盐铁专卖制度，在各地设置盐铁官，严禁私营企业参与盐、金属产品的商贸流通。

为垄断重工业生产，秦国建立了大型国有金属冶炼、加工企业，其中包括国有采矿冶炼管理部门和企业"右府、左府、右采铁、左采铁"（《云梦秦简·司空律》）。为对金属加工业实施国有化，秦国在栎阳、咸阳、雍等大城市建立了中央直属国有金属加工企业。而且现今出土的秦后期兵器绝大部分刻有当时的内阁总理"相邦"的名字"义"（张仪）、"冉"（魏冉）、"触"（寿烛）、"吕不韦"的名字，还依次刻有兵器工厂厂长、车间主任、工匠的名字（张占民，1986）。根据秦国手工业国有企业管理制度——"物勒工名"的四级责任制，可见这些金属加工企业是直属中央政府管理的国有企业。

在轻工业生产方面，秦国设有陶器工室、漆器工室、酿酒作坊等国有企业（吕卓民，1989；肖亢达，1984）。在纺织业，秦国鼓励自耕农从事家庭纺织业，但也在首都咸阳建立了两家大型国有纺织企业——东、西织室。为保障手工业劳动力供给，政府明文规定：国有纺织企业的奴隶籍女工不能够赎身，有手工业技术的奴隶必须从事手工业生产，而已赎身的奴隶籍手工业工匠必须继续从事手工业生产（《云梦秦简·仓律》、《云梦秦简·均工律》、《云梦秦简·军爵律》）。这些国有手工业企业产品供给官府、军队使用，并明文规定库存产品可以外借给百姓生产使用，多余部分可在市场出售（《云梦秦简·厩苑律》）。

为保证国有手工业企业正常运营，秦国对手工业进行政府管制、不断修缮法规，主要体现在“云梦秦简”的《工律》、《均工律》、《工程律》、《司空律》等法律篇章中。这些手工业政府管制不仅涵盖了具体的国有手工业企业的管理模式、质量管理、技术鉴定等内容，也包括了针对国有手工业的具体政策、法规等相关政府规制手段。

3. 对私营手工业的过度管制

对民间私营的手工业，政府实施了严格规制政策，抑制私营手工业的发展。但部分规制政策也比较灵活，并未使国有企业实现完全垄断，仍给私营手工业留有部分发展空间。除了国有化、政府垄断的经济手段外，主要政府规制手段是空间管制措施——迁移大型私营手工业企业至经济落后地区，在《史记·货殖列传》有记载：“蜀卓氏之先，赵人也，用铁冶富。秦破赵，迁卓氏，卓氏见虏略，独夫妻推辇，行诣迁处……致之临邛，大喜，即铁山鼓铸。”秦国的手工业规制主要针对大型手工业企业，而对小作坊式的手工业则放松规制，鼓励其发展（蔡锋，2004）。

由于秦国对私营手工业采取抑制发展的政府管制，国有手工业企业在特殊产业保护政策下拥有充足的资源供给和技术高超的工匠，生产规模没有受到“重农”政策的干扰，国有手工业得到了空前发展。手工业国有化经营使秦国的国有制经济占据着主导地位，其中国家土地所有制的农业生产占据着绝对支配的地位，官营工商业经济也有着极其重要的地位。尽管私营手工业并未完全禁断，但终不能与国有手工业相提并论，私营手工业在夹缝中发展。因此，秦国手工业的产业组织结构明显表现出国有化、政府垄断的特征。

秦国经济产业体系在政府行政力量的直接干预下，全面推行官营工商业，私营经济的发展受到压制束缚，使国有制经济占主导地位。虽然农业、手工业国有化经营是增加国家财政收入，稳定市场价格，打击割据势力和富商大贾、加强中央集权制度的物质基础的有力措施，也使生产规模可观，但这种国有计划经济体制的突出特点就是国有经济与民营经济的非均衡式发展，将导致商品经济的发展因缺少多元主体参与而致使市场缺乏活力。甚者，秦国的国有制产品经济体制主要服务于君主贵族、各级政府和军队，作为丰富普通百姓生产生活需求的私营工商业的发展却受到政府的长期管制束缚，这将抑制全社会的工业商品供给与需求。

三、秦国空间与技术管制的模式选择

1. 与众不同的经济空间管制：强调均衡发展

秦国统一前，在国内实施的空间管制以均衡发展策略为主。在手工业布局方面，金属加工、制陶、制漆器、纺织等各类手工业国有企业分属中央政府、省、县各级政府管理（罗开玉，1986）。中央政府直属国有企业主要分布在栎阳、咸阳、雍等大城市。省级国有企业由所属地方政府最高官员"郡守"管理，据史料显示省级铜器加工国有企业主要分布在上郡、蜀郡、陇西郡、河东郡等地（王慎行，1985）。每个县级政府一般都设有各类县级手工业工室，以满足当地居民生活、生产需要。

在商业布局方面，秦国各地都设有较大商业市场，如在四川成都就设有一个规模宏大能够媲美首都咸阳市集的商业市场（《华阳国志·蜀志》）。目前还没有史料表明，统一前的秦国曾在关中、四川地区进行过产业转移，在其政策体系中也没有关于产业布局的明确规定。由此可见，统一前的秦国政府主要采用均衡发展的空间管制体系。

2. 农战导向与制度激励的技术管制

秦国统一六国前就制定颁布了一系列产业技术管制，重点支持铸铁冶炼、铁农具牛耕、水利灌溉、军工器械和交通工具等方面的技术创新（王勇，2009）。秦国不仅重视自身技术创新，而且在技术引进和传播方面也不余遗力地推行（朱宏斌，2002）。

战国时期，冶铁技术在铸铁冶炼技术和柔化技术上取得巨大的突破，并迅速推广至各国。秦国对冶铁生产也尤为重视，建立大型国有金属冶炼、加工企业，设专门主管铁政的官吏，大力应用冶铁技术。在铁制品的设计和制作工艺方面进行长期的创新积累，制造出先进的生产工具铁农具和军工器械。技术取得较大进步不仅在于自身技术创新积累，更得益于技术传播应用时的集成创新。秦国在关中利用其特殊的地理气候环境，促使其水利技术提升，秦人在关中发展水利事业的技术经验，推广到巴蜀地区，除了继承原有的技术积累，也有显著的创新，典型事例是都江堰水利工程。《史记》卷二九《河渠书》记载："蜀守（李）冰凿离碓，辟沫水之害，穿二江成都之中。”《华阳国志·蜀志》记载，李冰主持的水利灌溉工程，“溉灌三郡，开稻田。于是蜀沃野千里，号为‘陆海’。旱则引水浸润，雨则杜塞水门，故记曰：水旱从人，不知饥馑，时无荒年，天下谓之‘天府’也”。秦国推行技术引进与传播的产业技术管制也表现在秦国的学术文化方面——重视实用之学，实用之学即技术之学，其在秦国的学术文化上有突出的地位，《史记·秦始皇本纪》记载秦始皇、李斯焚书坑儒，“所不去者，医药卜筮种树之书”，就显示了秦始皇重视技术之学的文化倾向。

生产组织管理方面的创新是技术发展的制度保障，秦国的产业技术管制也包括土地制度、管理组织形式的创新与安排。在土地制度方面，废除贵族的井田制，“开阡陌封疆”（《史记·商君列传》），用法令形式保护农户的土地私有产权，必然会极大地提高土地所有者的生产积极性，进而促使农业生产技术的进步。在官营手工业中，政府实行精确化经济管理方式，从产品的品种、规格到劳动力的调配及劳动定额，技术工人的培训都有法律规定的标准或依据。从秦简《工人程》和《工律》来看，其相关制度具有重视技术的特点，例如区别对待简单劳动和复杂劳动，对技术工人的培训要求在规定时限学成，如能提前学成的有赏；到期未学成者，要上报主管官吏以示惩罚。

秦国的产业技术管制具有明显的产业导向性和制度激励性，“非均衡”地鼓励和扶持重点产业的技术发展，使秦国在水利灌溉、交通运输、军工等方面的技术处于领先水平。秦人取得技术层次的优越，一方面促使其国内经济得到空前的发展，另一方面也使其在对外兼并战争中取得强势的地位。

四、起源于秦代由来已久的支柱产业政府管制体系

秦国重农抑商、官进民退的政府管制具有明显的非均衡特征，政府干预强势介入国家经济产业体系的形成过程，这种非渐进的制度变迁给秦国乃至后世经济发展带来一定的负面路径依赖效应。第一，过分夸大农工商矛盾，割裂农业、手工业、商业作为社会三大经济部门的有机联系，造成产业结构失衡。使小农经济占主导，打乱工业与商品经济自然发展的趋势，使工商业发展一直处于较低水平。第二，秦国的国有制产品经济体制主要服务于君主贵族、各级政府和军队，私营工商业的发展受到行政力量的长期压制束缚，严重抑制了社会需求，最终导致人民生活水平下降。第

三，战国末期秦国的农战、国有化政策正是服务于其军国及中央集权统治。专制统治者从其政治需求出发，用行政强制手段过度干预经济发展，会导致工商业的发展缺乏市场活力。第四，重农抑商、官进民退、政府直接干预等思想自战国末期的秦国产生后，逐渐成为中国封建社会的传统经济思想，深刻于民族心理和思维方式中，对后世的经济改革造成思想意识上的阻碍。

秦国首创的“重农抑商”政府规制措施是“非均衡”政府管制的始作俑者，其崇尚通过直接行政干预的方式影响产业结构与产业组织结构，对中国后世的经济社会发展模式，以及政府与市场之间的关系产生了极其深远的影响。由于秦国最终得以一统中原，从而导致原来山东六国的重商主义、小政府大市场的传统经济模式被湮没在经济史的尘埃之中。而在非均衡的“重农抑商”政府管制作用下，中国古代商业经济受到政府的严格规制，产业结构在政府的直接干预下形成前文所述的特征，而工业的产业组织则以“官进民退（国有化)”、行政垄断为主要业态特征。最终促使中国步入了两千年的“重农抑商”与严重依赖政府管制市场的时代。

政府管制对推动产业发展与促进经济稳定增长具有重要作用，20 世纪 80 年代后期，中国正式制定政府管制，试图通过积极发挥政府管制的作用，推动产业发展和促进经济增长。然而近年来，随着经济体制改革的逐步深入以及宏观经济运行的复杂化，政府管制干预微观经济主体运行的趋势不断加剧，行政手段在政府管制中发挥着越来越多的作用，中国政府管制表现出强烈的直接干预市场、以政府选择代替市场机制和限制竞争的管制性特征。在这种对市场经济进行高强度直接干预的“新模式”下，三农问题，服务业发展缓慢，第二产业为主的产业结构短期内难以调整，产能过剩与城乡居民消费不足的矛盾，民营企业发展举步维艰等问题日益严重。以上种种经济问题，政府管制的过度规制或是其中成因之一。

中国当前政府管制模式深深植根于两千年前秦国政府管制的历史传统与惯性思维，从经济史角度看，这种非均衡与直接干预式政府管制的制度绩效存在一定弊端。其实，汉初崇尚的法治下的市场机制才是优化资源配置，促进产业成长，推动产业结构和经济结构合理化的根本性机制，政府应从经济发展的干预者转变为竞争秩序的维护者，做到真正的“简政放权”。摆正政府与企业、政府与市场的关系，转变政府职能，加快市场化改革进程，仍是当前中国经济改革的第一要务。本课题通过对战国末期秦国政府管制的经济史分析，试图厘清非均衡与直接干预并存的中国式政府管制的历史渊源，这对重新认识当前中国政府管制具有一定的理论价值和现实意义。

第二节 当前垄断性行业的政府管制体系：近现代的起源

近年来，学界对如何开展国有企业产权改革进行了大量研究，却没能深入研究国有经济与行政垄断的历史渊源。这种重现状和将来而轻历史的研究思路，实在值得商榷。假如把经济改革视为治病救人的话，不了解病源病灶，治疗和改革将无法保证成效。新中国成立至今，行政垄断制度从诞生后几经变化，再到成熟，此过程中历史事件纷繁复杂。要探寻行政垄断与当今国有经济之间的关系，要剖析行政垄断制度在当今转轨时期的角色定位，研究其制度起源以及发展历程是很有必要的。为此，本课题在新制度经济学的动态制度变迁分析框架上，结合我国经济国有化进程，对中国行政垄断的制度变迁历程进行经验研究，试图揭示行政垄断制度的现状和特征。

此外，为何说行政垄断是传统经济体制的残留（王俊豪和王建明，2007）？此问题看似简单，但对于每一位经济学者而言却不好回答。

这是因为，新中国成立初期计划经济体制的建立是一个复杂的制度变迁过程，而计划经济运行的具体细节也纷繁芜杂，似乎均被湮没在史料之中。尽管经济学界对此问题缺乏深入的研究，但却热衷于作出如下假定：从计划经济到社会主义市场经济的制度变迁，即改革开放以来的时间段，是一个制度绩效提升的阶段。事实上，计划经济体制在经历多次全国性运动的冲击后，其运行效率本来就受到了严重的损害。而且，我国当前的社会主义市场经济保留了计划经济旧体制的残留形式，如行政垄断、价格操控等，当前市场经济似乎并未完全与计划经济脱钩。因此，研究改革开放以来的制度变迁及其绩效是无法对计划经济与市场经济的效率差异进行完全客观的评价。那么，计划经济具体是如何运作的，其真实效率究竟如何？本课题尝试从经济史的角度，结合定量研究的方法，解答以上问题。

改革开放以来，社会主义市场经济体制的建立与完善，对计划经济与市场经济进行了扬弃与融合，为我国经济社会带来了巨大的发展。近年来，随着一系列经济与社会发展瓶颈的凸显，关于完善社会主义市场经济体制的讨论日渐增多。是坚持市场化的改革方向，抑或保留当前的计划经济体制残留，甚至进一步强化行政垄断的力度？本课题组认为，如果把体制改革视作一个惩前毖后、正本清源的过程，新中国成立初期从市场经济到计划经济的制度变迁，以及当时已产生的效率变化，或许更能反映出当前体制问题的本源，更能对今后的体制改革产生启迪。

一直以来，学界有着研究计划经济体制的问题与绩效（效率）的传统。张军（1993）较早使用了新制度经济学及其制度变迁理论框架，尝试对计划经济与市场经济的一些核心要素进行分析，从而提出了关于当时经济体制改革的一些建议。陈甬军（2001）通过分析新中国成立初期特定的社会历史条件，发现国家决策者参考苏联模式以重工业跨越式发展为经济发展中心，使我国不得不选择消灭市场。因此，急促地实现重工业化是我国建立计划经济体制的根本原因之一。瞿商（2008）尝试使用投入产出分析法，对计划经济体制建立并完成第一个“五年计划”后的1957~1958年国民经济效率进行定量分析。董志凯（2003）根据其掌握的第一手经济史料，对整个计划经济时期（1953~1980年）进行经验总结与问题剖析，该文从“决策科学化难”、“实施形式单一”、“中央与地方、政府与企业衔接难”、“部门割据与利益分割”、“重资本轻技术创新”等多维度对计划经济的根本性问题进行了分析。向新和苏少之（2002）指出，计划经济的根本问题在于产权模糊，该文提及了这种判断根源——“1922年，米塞斯发表《社会主义》，指出没有私有产权，尤其是没有生产资源的私有产权，理性的经济计算根本不可能；而没有合理的经济计算，资源的最优配置就只能是天方夜谭”。

第三节　新中国成立后的制度变迁

一、计划经济制度的初步形成

1949 年，政务院（国务院的前身）成立了中央财政经济委员会（简称“中财委”），并内设中央财经计划局。两者既是最早的中央计划经济管理机构，也是当今国家发展和改革委员会与国家计划委员会的前身。中财委于 1950 年 5 月编制了《1950 年国民经济计划概要》，首次尝试对 20 多个产业（事业）提出计划发展要求。随后中央政府逐步扩大计划调拨物资品种，严格控制多方面投资。1952 年 1 月，中财委颁布了中国第一个系统的“计划法”《关于国民经济计划编制暂行办法》（简称《计划办法》）。1952 年 11 月国家计划委员会（简称“国家计委”）改组成立，并编制出《中华人民共和国发展国民经济的第一个五年计划》。1953 年，计划委员会颁布了关于年度计划的“计划法”《关于编制国民经济年度计划暂行办法》（简称《年度计划办法》）。随后“党在过渡时期的总路线”被正式提出，第一个五年计划开始执行。至此，新中国的计划经济体制基本成型。

《计划办法》及《年度计划办法》于 1952 年、1953 年分别出台并实施，是中国基本经济制度变迁的分水岭。1953 年之前，中国的基本经济制度仍处于以市场为主、计划为辅的市场经济时期。1953 年之后，即在上述制度生效且第一个五年计划正式实施后，中国的基本经济制度已是单纯的计划经济。自此，价格、交易、竞争乃至分配都不在市场机制下完成。

1. 自上而下的计划编制

自上而下首先体现在经济计划的制定流程。《计划办法》第二条规定：“国民经济计划的编制按下列程序进行之：（一）自上而下颁发计划控制数字；（二）自下而上逐级编制并呈报计划草案；（三）自上而下逐级批准计划”[①]。

① 《年度计划办法》的表述则为：“全国国民经济年度计划的编制程序如下：颁发控制数字与指示；编制计划草案；批准下达计划（第七条）”。

"计划控制数字"由国家计委根据各部委及大区（东北、华北、华东、中南、西北、西南六大行政区）、省（市）提供的资料和建议编制确定，"呈报中央审查批准后下达"[①]（《年度计划办法》第十一条）。

经济计划的自上而下性还体现在中央对计划控制数字有最终决定权。下达计划控制数字后，各基层计划单位根据上级控制数字，编制年度"计划草案"逐级上报。然后，国家计委根据各级计划草案编制"全国国民经济计划及中央各部、各大行政区的计划"，并由中央审查批准。最后，全国所有工商农业单位均须按照各自的计划草案或上级批准的计划进行生产、交易以及分配。

2. 公私有别的经济计划

由于全面的经济国有化尚未开始，计划因而分为两种[②]：一种就是针对国营企业和生产国家安排一部分公私合营企业的直接计划即"指令性计划"；另一种是针对一般公私合营和私营工商业、运输业，供销合作社商业及一部分手工业的间接计划即"估计性的计划"。为保证"估计性的计划"的准确性并融入整个计划经济，《年度计划办法》规定："对于私人资本主义经济与个体经济，目前仅要求估算，并应加强调查研究，弄清情况；其估算性的计划，尚应通过国家的价格、税收、信贷等政策以及加工订货与收购等措施，促其实现。"

假如计划经济中的私营企业仅是向所属"基层计划单位"（即各省市工商行政管理机关）上报本年度产量、利润和投资等变量的估计值，而实际经营业绩则是在未来的市场竞争与交易中完成，那么计划就是名副其实的"估计性的计划"。因为即使其余国营企业和公私合营企业遵循"指令性计划"进行生产，对于整个产业或地方经济而言，总会有一部分生产、交易和竞争运行在市场这一平台上。这时的"指令性计划"不能完全决定总产量，国营经济产量过高或过低，利益驱动下的理性私营（公私合营）经济自然会减少或提高产量，产量和利润最终还是由市场这只"无形的

① 根据1953年8月的《中共中央关于国家计划委员会〈编制国民经济年度计划暂行办法〉的批示》，这里的"中央"或指中共中央；而此前《计划办法》所指之"中央"则明确为国务院（《计划办法》第七条）。

② 亦有俗称直接计划与间接计划的表述方法。直接计划是指国家向企业下达指令性生产指标；间接计划是指国家主要通过各种经济政策、经济措施和经济合同，采用加工订货、统购包销、经销代销等方法把企业的经济活动纳入国家计划。

手”所决定，市场对社会资源配置依旧起到基础性作用。

然而，根据两部“计划法”，上级单位不会容许下级单位因无法控制私营与公私合营企业产量，而对计划作出调整。除了提高计划数字、政府提出新任务、国外大宗订货以及企业领导系统变更外，下级单位若要修改本级计划数字就只剩下“其他特殊重大原因”（《年度计划办法》第二十六条）。而私营企业在提出下一年度的“估计性的计划”后，若遇到要素价格或销售成本过高等导致的亏损，私营企业的“生产数字”便可能达不到“估计性的计划”中的生产配额，从而影响整个省市县的经济计划完成情况。

因此，在计划经济的运行过程中，各级政府均不愿意出现“其他特殊重大原因”，因而天然地排斥“估计性的计划”的存在。而地方政府尝试通过“加工订货与收购”来控制企业经营，也让私营企业无所适从。为此，政府对私营经济进行彻底的国有化，而私营企业也迅速作出了积极的响应。

3. 只大不小的计划数字

当计划控制数字一级级从中央到部委和大区财委，再分配到部属企业和省（市），最后落实到基层企业，计划控制数只能逐级变大，而不能变小[①]。

另外，经济计划的自上而下性，下级单位没有调整计划数字的（议价）能力。因为《年度计划办法》规定，“计划一经批准，一般不予修改”，“修改中央各部及大区年度计划，必须经国家计划委员会审查，中央批准。”当“大区财委”认为“中央各部”（两者为平级单位）所颁布的计划控制数字根本无法完成或过低时，该争议由中财委（国家计委）决定（《计划办法》第十一条）。也就是说，计划数字的最终决定权还是在上级。

《年度计划办法》进一步规定，基层计划单位（含省市县、各级职能部门、企业、供销合作社、农场等）在接到上级批准的计划后，必须“研究保证实现计划的措施”，“以保证完成和超额完成计划”。

二、关于计划经济制度的一些思考

综上所述，当国家计委和中央分别制定和批准了年度全国计划控制数

① 《计划办法》第十二条：“逐级向下颁发的生产数字不得低于中央的控制数字”，“逐级向下颁发的上缴利润、折旧费数字不得低于中央的控制数字”，而只能“根据实际情况予以适当的提高”。

（产量、上缴利润以及投资等指标）后，各部委及大区财委就必须摊派各自的计划任务。而大区财委辖下的全国所有省市县财委将最终承接全国计划控制数中属于自己的那部分计划任务。用一个比喻进行说明的话，即当中央为下一年度的经济总量画出一个“饼”后（但《计划办法》和《年度计划办法》却没有指出国家计委应该如何科学确定这个“饼”的大小①），各部委及大区财委必须承诺画出一个至少这么大的“饼”，且两部委“计划法”多处强调鼓励下级单位自觉报大和做大这个“饼”。而各省市财委不但要承接下这个“饼”的工作量，且最好这个“饼”能更大一些。

倘若下级单位认为部委把这个“饼”画得太大而难以烧制时，其异议不但要“送函中央有关部”，还要“以副本一份抄送中央财经计划局”。而部委和各大区认为中央这个“饼”画得太大时，则“应立即报告（必要时以电报报告）中财委”，中央对于全国计划控制数的总额有最终决定权。上下级对计划控制数复议结束后，“计划一经批准，一般不予修改”，除非有“其他特殊重大原因”。

在认领了任务后，大区财委、省市财委直至基层计划单位（国营企业或私营企业所在地的工商行政管理局）必须由下至上编制“计划草案”，落实如何把这个“饼”烧出来。这时，计划与现实的冲突将较难调和。

一旦本辖区内的企业根据实际情况上报的计划控制数小于本地分配到的任务，地方政府只有两个选择：一是调低“计划草案”的计划控制数，把“饼”画小一点；二是干预企业经营，确保本年度能够完成计划任务。在地方官员的晋升激励下，地方政府理所当然地会更热衷于后者。地方政府不得不联合国营企业大力调控经济运行，排除亏损、生产要素供应不足、技术不够等困难，使产量、上缴利润、投资等总量指标达到计划预期。

亏损会降低工业企业的积极性，生产要素供应不足、技术不够则会造成工业品质量的下降，两者同时抑制着技术进步，最终影响国民经济的发展潜力与长期增长。再者，完成了今年虚高的控制数，就意味着明年要达成更高的指标。但上游原材料的供应又不是由要素市场所提供，而是由供

① 董志凯提出计划经济的决策科学化难度很大，其根本原因在于：第一，信息不对称和不完全；第二，决策的形成缺乏民主机制；第三，经济建设受意识形态等方面的斗争影响严重；第四，中央与地方的资本供需关系脱节；第五，统计方面的问题，政府甚至连每个五年计划的最终完成情况也摸不准。

销合作社或其他工业企业等受计划控制的单位供给。企业在环环相扣的产业链中处处受限制，不能随意扩产。

“去市场化”是必然的制度变迁结果。但在市场被取代后，国民经济发展没有如预期般在短期内获得量的飞跃。以工业为例，1954 年出现了新中国成立以来首次工业总产值增速下降现象，当年全国工业总产值增速为 13.4%（未扣除通货膨胀），比 1953 年的 33%下降近 20 个百分点，也远比 1952 年的 28%低。1949~1952 年间的农业增加值、工业增加值以及国民收入总额的平均年增长率分别为 14.2%、34.6%、19.1%，而上述指标在“一五”时期的平均年增长率仅为 3.9%、21.7%、10%。除此之外，国民经济的产业体系在其他维度上也受到了影响。

首先，上下游工业链局部断裂。一部分工业原材料供应不足，另一部分工业产品却存在积压滞销。在国务院于 1956 年 7 月 10~30 日召集 15 个省市的工业厅（局）负责人、中央各工业部、各有关单位代表参加的“全国公私合营工业改造会议”① 中，广东省代表反映：制药、烟酒、金属制品、皮革等轻工业出现较严重的原材料紧缺，而砖瓦、纽扣、木材、棉织等轻工业却产品滞销或计划任务不足，导致开工困难，甚至“一些职工只好靠摸鱼打柴为生”。福建省内的棉纱、生胶、铜材、塑胶、造纸等产业同样出现了原材料紧缺的经营难题。江苏和四川的问题与此雷同，四川省代表还反映：皮革企业如需购买牛皮，必须经过食品、畜产、百货公司三个上游产业或行政机关。云南省内多个轻工业的原材料供应不足并影响生产，炼油业和橡胶业甚至因此半停工。江苏、浙江、安徽、江西、广西等多个省区出现了五金器材、钢铁、水泥、木材等工业中间品和建筑材料的紧缺。广西化工厂因缺氯化钾而停产一个多月，农具厂也因缺材料而半停工。江西省内钢铁、造纸、棉纱、木材、制药等产业的原材料供应不足。无锡市 25 个工业门类的 396 种主要原材料，就有 62 种供应不上。上下游工业链的断裂甚至反映在设备维修方面：“南京市曾出现国营企业干部夹着图纸满街走，找不到原有协作关系”。另外，多个省市轻工业生产的部分最终消费品（烟酒、火柴）也出现了大规模的产能过剩和产品积压滞销。

---

① 本小节引用的相关案例及数据均来自《1953~1957 中华人民共和国经济档案资料选编：工业卷》（第 353~482 页）中“公私合营工业改造会议”中的大会简报和各省市提交的分会场简报。

其次，工商业之间的产业链失衡。“去市场化”后，工商企业之间关于价格、产量质量、利润分配等方面的矛盾激化严重。商业企业往往不能为工业按时供应原材料，或供应的原材料货不对板、质量不过关。尽管本地商业企业满足不了本地工业的采购需要，这时贸易公司、商业行政主管部门却又限制工业企业自行向外地采购①。由于计划经济体制下的商业企业既是工业企业的上游原材料供货商，又是下游工业产品的承销商，以至于有商业企业收走了工业产品后不付款，或借口产品质量不高只给七八折货款。一遇到争持不下的情况，商业企业就威胁工业企业停止供应原材料。

与此同时，商业企业反过来又不满意工业企业不按计划生产、工业品质量不高，影响商业零售和批发。为协调工业企业和商业企业的矛盾，当时的安徽省委副书记、副省长亲自主持并商定好办法，但省级商业企业仍以总公司不同意为由拒绝执行。由于工商业之间的激烈矛盾，重庆、安徽、江西、河南等省市工业部门领导在“全国公私合营工业改造会议”期间向国务院建议成立一个专门协调工商业矛盾的权力机关。

关于新中国成立初期产业体系结构的问题，学术界存在一定的争论。姚洋和郑东雅（2008）曾运用一个动态一般均衡模型，去模拟计划经济时期的经济运行与重工业化，从而提出了一个崭新的观点——新中国成立初期重工业化经济发展战略无误。但随后却引起了孙圣民（2009）的争议，他认为虽然“优先发展重工业和推行工业化战略未必错误”，即目标非错，但“实施这种战略的方式方法”必然是错误的。

本书尝试以经济史的视角对以上判断进行补充。通过对计划经济体制建立初期历史事件的分析，笔者认为：试图实现重工业化的目标未必错误，但是国民经济内的整个产业体系会产生一定问题，生产与交易、产业链与价值链、工业与商业等环节都存在脱节现象。因此本课题组认同孙圣民（2009）的判断——“优先发展重工业和推行工业化战略未必错误”，但在计划经济体制下盲目推进重工业化值得商榷。

市场的其中一个根本作用是，使资源配置中的价格自动调节至交易双方的帕累托最优点，经济计划做到这一点相对较难。例如，1956 年苏州市华盛造纸厂的三号黄板纸每吨成本 222.5 元，出厂价被商业部门控制在

---

① 根据“计划法”，当时工业企业到外地采购原材料，必须持有贸易公司的批文或介绍信，以至于处处碰壁。

232.2 元，工业利润仅为 10.7 元；而商业企业的批发价格却为 360 元，毛利达到 127.8 元，为工业利润的 11.5 倍①。显然，印刷、出版社等下游企业购买生产原材料时必须至少多付 127.8 元的价差给中间商业部门。江西省景德镇陶瓷厂在计划经济体制下，不能直接向颜料厂进货，必须经过商业企业开具发票，最终导致生产成本激增。江西省代表还反映，产业体系内部的供销环节太多，如纺织业、食品业均需要经过 7~8 个流通和生产环节。河南省西平大兴烟厂的顶级香烟每箱售价 247.5 元，总利润为 21 元，其中专卖公司得 19 元，大兴烟厂仅得 2 元。

价格规律的丧失甚至造成了国营和公私合营工业企业的大面积亏损或停工。如川沙县 48 个毛巾厂，1953~1955 年间平均每年有 30 家亏本；苏州市织带业和福建省酿酒业均亏本；云南省织染业两三个月发不出工资，工人两天只吃三顿饭，并带着孩子到企业吃饭；武汉市铜线业曾因原材料定价过高、产成品定价过低而在半年内亏损 56.3 万元。价格规律的丧失和工业原材料因经济计划不合理而紧缺是企业亏损的主要原因。

此外，交易对象还会出现错配现象，甚至使有效的交易无法实现。南昌市贸易公司曾规定所属商店必须从合作社酱油厂进货，并限制从合营酱油厂进货。考虑到贸易公司和下属商店的上下层级关系，这样的硬性交易规则似乎无可厚非。但是，当郊区一个卖酱油的个体摊贩，拿着发票要向合营企业“老同兴”批发酱油时，贸易公司的业务员却把发票撕掉，指定该个体户必须到合作社酱油厂购买，导致该个体户空担而返。最终导致整个南昌市的酱油行业陷于半停工状态，酱油的零售市场自然也运行不畅。缺乏市场的价格规律，交易难以实现高效率，产品价格将会严重偏离社会合意值，国民经济也会受到损害。

根据“公私合营工业改造会议”中武汉等市的汇报材料，“一五”计划期间，由于商业部门和行政机关对零售状况（即市场中的需求）摸不准，武汉市制药业的经济计划不断改变，甚至一个月内改变十多次，导致工业生产无法进行。制药业不是因滞销而停产减产，就是因畅销连加班加点也赶不上生产进度。在昆明，工业局为本年度酿酒业制定的经济计划控制数为 85 吨产量，但商业部门的计划销售量却仅为 45 吨。工商计划与实

① 本小节引用的相关案例及数据均来自《1953~1957 中华人民共和国经济档案资料选编：工业卷》(第 353~482 页）中“公私合营工业改造会议”中的大会简报和各省市提交的分会场简报。

际需求脱节，行政部门之间互不配合导致计划常常自相矛盾。南昌市食品工业公司下属的所有分厂均出现产品积压现象，滞销产品规模惊人——2.1万斤糕饼、10万公斤糖果、0.4万斤冰糖、0.8万斤橘饼。工业企业提出出现严重滞销现象的根本原因在于，本年度的产量计划控制数编制得过高，远远超出历年来的市场销售情况，如糖果的全市计划控制产量为324万公斤，而全市全年总销量仅为108万公斤，在本地产量已远大于销量的时候，商业部门却从外地购进大批糖果。经济计划无法准确预测产品需求量，直接导致南昌食品工业的停产及产品滞销。其实，原材料紧缺、工商业矛盾、价格体系混乱、日常消费品难买、工业品不是短缺就是滞销等经济现象，并非20世纪50年代的个案，这些问题几乎从头到尾陪伴着我国经济，直至改革开放前夕也未能绝迹。

黄少安（2001）指出，“在高度集中的经济体制下，企业的活力从属于行政主管部门的决策与指令，不能及时反映市场供求和价格的变化，使生产与需求严重脱节，造成产品不能适销对路。”本课题组认为，价格规律、供求规律、竞争规律、配置资源等正是市场机制的基本功能所在，通过“去市场化”而获得市场原有的基本功能相对较难。

三、行政垄断、计划经济制度与效率变化

在行政垄断与计划经济相结合的体制下，工业产品及消费品的定价与产量主要由行政权力所决定，所以工业规模指标的经济学含义没有比例指标来得实际，故本课题选用以平均每位职工的年工业产值（劳动生产率）来衡量工业企业的生产效率。市场经济转入计划经济后[①]，全国工业企业（不含集体所有制企业）的劳动生产率[②]呈上升态势，各年增长率见表2-1和图2-1。1949~1957年间以劳动生产率为代表的经济运行效率增长较快（除1957年稍有下降）。计划经济的建立及运行似乎对国民经济的效率不存在负面作用。行政垄断与计划经济相结合的“一五”计划对国民经济运

① 本书对计划经济与市场经济时间段划分参考张鹏等。

② 测算劳动生产率的数据来源于《1953~1957中华人民共和国经济档案资料选编：工业卷》、《1958~1965中华人民共和国经济档案资料选编》和《1949~1952中华人民共和国经济档案资料选编》所提供的第一手资料，而非改革开放后整理出来的官方统计数据。由于三年的“大跃进”使得国民经济处于严重的全局失衡状态，故本书选择1957年作为样本的时间终点。

行效率的真实影响到底如何？这些问题必须通过更严谨的实证检验来回答。

实证研究中衡量生产效率常采用全要素生产率（TFP）指标。这是因为无论是在（新）古典增长还是内生增长理论中，全要素生产率对经济增长均起决定性作用，是决定均衡增长率的最重要指标之一。但由于经济史数据的贫乏，无论是索洛模型还是内生增长模型，以往的研究都无法很好地确定新中国成立初期生产函数的具体形式，以至于影响实证检验的可行性与有效性。

表 2-1　1950~1957 年工业劳动生产率的增长率

年份	1950	1951	1952	1953	1954	1955	1956	1957
增长率（%）	9.0	17.5	11.4	13.9	8.7	10.6	18.5	-1.0

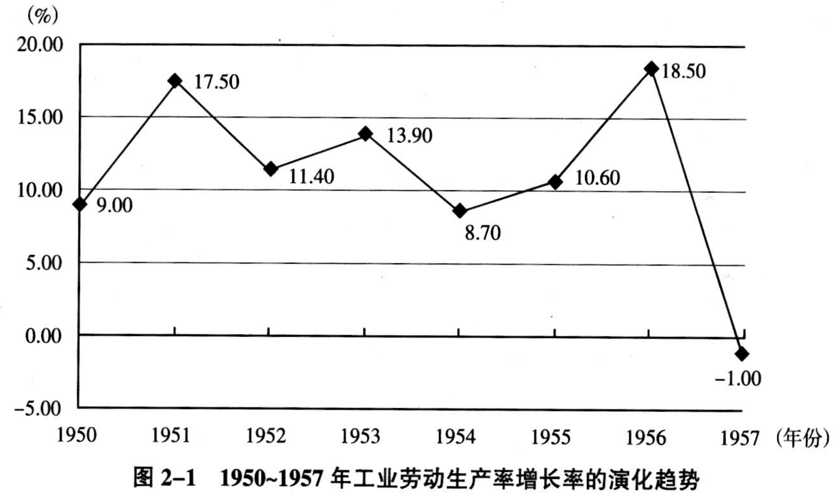

图 2-1　1950~1957 年工业劳动生产率增长率的演化趋势

笔者发现，基于 Malmquist 指数的 DEA 非参数方法因无须先验确定生产函数的形式、允许无效率形式存在以及可以反映生产率变化等特征，可以应用在本次经济史研究中，并有利于本书获得计划经济建立前后的经济效率演化过程。故本书将采用基于 Malmquist 生产率指数的 DEA 方法来测算 1949~1957 年的全要素生产率。

由于缺乏企业层面数据，本书把工业和农业作为决策单位（DMU）。关于行业产出数据，本书采用工农业的生产总值表示。根据数据的可得性，工业以生产工人人数，农业则以农业劳动者人数[①] 来表示各自的劳动投入。以上数据除生产工人数量出自《1988 中国工业经济统计年鉴》外其他均来自《1983 中国统计年鉴》。关于资本存量数据，由于官方并没有统计 1949~1957 年的工农业资本存量则采用“永续盘存法”进行估算。工业资本的估算方法是，首先以 1949 年工业企业固定资产原值作为基期的资本存量，提取工业的固定资产投资总额作为当年投资额，然后根据公式 $K_{i,t} = I_{i,t} + (1 - \delta_{i,t})K_{i,t-1}$，t = 1950，…，1957，计算工业 1949~1957 年的资本存量。农业资本的估算则是用 1952 年的资本存量 112.9 亿元和农业的固定资产投资总额代入上述公式，计算出 1949~1957 年的农业资本存量。折旧率均取值为 5%，工农业固定资产投资额数据来源于《1950~1995 中国固定资产投资统计年鉴》。工农业固定资产投资额缺失的数据通过整理《1949~1952 中华人民共和国经济档案资料汇编：农业卷》、《1958~1965 中华人民共和国经济档案资料汇编：固定资产投资和建筑业卷》填充。

本书使用 Deap2.1 软件，对 1949~1957 年中国工农业全要素生产率（TFP）的变化指数（即 Malmquist 指数）进行测算。研究结果表明，工业的 TFP 增长率并非如表 2-2（直观数据）所反映的那样均为正增长。从 1955 年开始，全要素生产效率的演化就出现拐点，由正增长直接转为负增长。而生产效率的增长趋势亦非如图 2-1 那样没有规律性，相反，TFP 的增长率几乎是逐年下降的，具有显而易见的下降趋势（见图 2-2）。由此可见，从市场经济转向计划经济，工农业生产效率的增长势头逐渐减弱；行政垄断与计划经济相结合的体制似乎不利于生产效率的持续提高，并抑制着国民经济的潜在产出增长。

1949~1952 年我国工农业的 TFP 平均每年分别增长 20.0%、13.1%，工农业生产的效率蒸蒸日上，企业乃至整个国民经济的活力与潜力得到了释放。但行政垄断与计划经济相结合的体制的建立似乎扭转了国民经济发展的大好形势——“一五”计划期间，我国工农业的 TFP 增长率骤然下降至 2.1%、4.4%的年均水平，区间降幅分别高达 89.5%和 66.5%。

① 1949~1951 年农业劳动人数缺失，鉴于农业人口增长相对缓慢，而 1952~1957 年农业人数占总人口的比例一直保持在 30%左右，因而本书以 1952~1957 年的农业人口比重来推算 1949~1951 年的农业劳动人数。

如果把 1953 年划入计划经济体制尚未健全的阶段[①]，那么，前后四年全要素生产率的差异更大。行政垄断与计划经济相结合的体制健全前的 1949~1953 年，工农业的 TFP 平均每年分别增长 18.5%、12.9%，而 1953~1957 年的农业 TFP 增长率则降至 2.5%，接近于零增长的水平。至于工业的效率变化则更为明显，计划经济健全后的四年间（1953~1957 年），工业 TFP 的年均增长率为负值，即平均每年下降 0.8%。

表 2–2　1950~1957 年工农业全要素生产率的变化值

年份	1950	1951	1952	1953	1954	1955	1956	1957
工业 TFP 的 M 指数	1.235	1.181	1.185	1.137	1.036	0.989	0.985	0.958
农业 TFP 的 M 指数	1.190	1.109	1.095	1.121	1.070	1.091	1.065	0.873

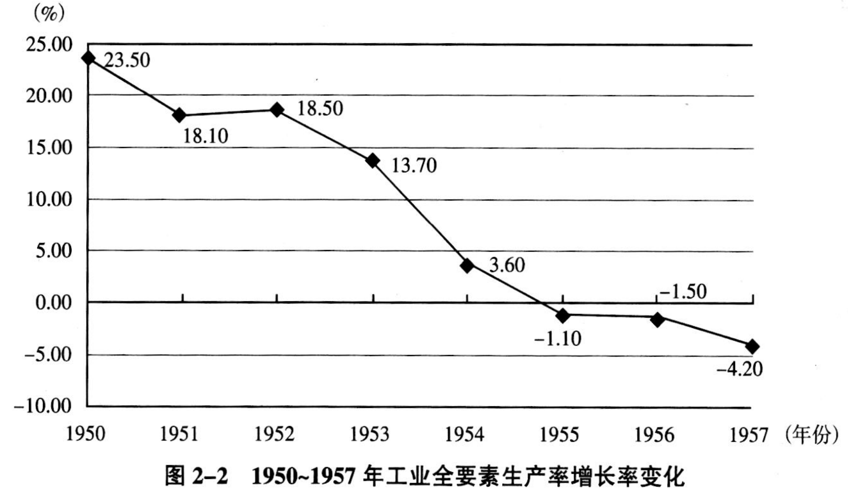

图 2–2　1950~1957 年工业全要素生产率增长率变化

由于缺乏省级面板数据，本次 DEA 研究的 DMU 只能选取工农业，甚至连第三产业（商业）的数据也未能获得。1949~1951 年的资产价格平减指数也未能获得，以至于无法消除通货膨胀的因素。诸如此类的数据问题很多，但总体而言，作为本次经济史研究的佐证（辅助证明），基于全要素生产率及 DEA 法对计划经济建立前后的生产效率进行定量分析，还是

① 第一个五年计划从 1951 年开始编制，1954 年基本定案，到 1955 年全国人民代表大会才正式通过，前后共修改了五次，因此计划是边编制边实施的。因此，1953 年的计划经济体制其实并未完全健全。

相对有力地验证了以往学术界常用的先验假设——行政垄断与计划经济相结合的体制存在一定问题。

从经济史的角度看，笔者认为，行政垄断与计划经济相结合所导致问题的更直接或者更有力的证据，其实来自于上文从《中华人民共和国经济档案资料选编》等史料[①]归纳出来的种种历史事件及案例。行政垄断与计划经济相结合的“自上而下”与“只大不小”，可能带来“上有所好，下必甚焉”的浮夸风；而去市场化后，原有的经济规律又可能丢失。在这样的制度变迁背景下，产业体系失衡、价格机制缺失、供求关系紊乱等乱象便自然而然地接踵而来，加上行政垄断损害了市场竞争，最终在一定程度上影响了国民经济的运行。

第四节 改革开放以来的制度变迁

一、个体经济的兴起：1978~1982 年

1957~1978 年，全国私营企业数量微乎其微。在改革开放前夕全国“只剩下个体工商户 15 万户，其中大多是修自行车、修鞋子的，几乎没有什么工业产值”[②]。1978 年 12 月党的十一届三中全会历史性地将党的工作重心转到经济建设上来。党的十二大报告提出在农村和城市都要鼓励个体经济发展。1982 年新版《宪法》规定：“在法律规定范围内的城乡劳动者个体经济，是社会主义公有制经济的补充。国家保护个体经济的合法权利和利益”。

一系列制度变迁和重大政策出台，鼓励了个体手工业和商业的发展，为个体和私营经济打开多年来的发展禁区。据国家工商总局的资料，1979

① 除此以外，部分史料和政策文件出自《建国以来重要文献选编》和《中国资本主义工商业的社会主义改造》。

② 晓亮：《论改革开放和中国民营经济三十年》，《理论前沿》2008 年第 8 期。

年底全国私营企业增至 10.78 万户，从业人员有 183.89 万人。1981~1982 年，个体工商户（当时的官方统计资料把私营企业统计为个体工商户）已分别增至 96.1 万户和 150.4 万户，从业人员分别有 121.9 万人和 184 万人。个体经济从业人员从 1978 年的 15 万人发展到 1982 年的 135.9 万人，四年增长了 9 倍。1982 年的城镇个体工商业户数、从业人员和资金数同 1980 年比较，分别增长了 1.39 倍、1.46 倍和 5.55 倍。1982 年的农村个体工商业户数、从业人员和资金数分别比 1981 年增长了 4.57 倍、0.51 倍和 0.94 倍[①]。

二、民营经济的蓬勃发展和全行业行政垄断的取消

1983~1988 年，私营经济逐步发展，全行业行政垄断开始放松。1987 年 10 月党的十三大报告指出：实践证明，私营经济一定程度的发展，有利于促进生产，活跃市场，扩大就业……是公有制经济必要的和有益的补充；目前，全民所有制以外的其他经济成分，不是发展得太多了，而是还很不够。1988 年版《宪法》第十一条规定“国家允许私营经济在法律规定的范围内存在和发展，私营经济是社会主义公有制经济的补充”。

在 1988 年版《宪法》的引导下，政府开始取消全行业行政垄断，并于同年颁布了一项极为关键的新经济制度——1988 年版《私营企业暂行条例》。该法令取代了 1951 年版《条例》，成为新中国成立以来私营经济发展的一条重要分水岭，也是改革开放后中国正式取消全行业行政垄断的重要标志。

1988 年版《私营企业暂行条例》及其施行办法指出：国家保护私营企业的合法权益。它明确规定私营企业可以“自由”进入和禁止经营的产业领域。且新法令只要求“申请开办私营企业，必须持有关证件向企业所在地工商行政管理机关办理登记，经核准发给营业执照后，始得营业”，而不再是旧法令的“报经地方主管机关核准营业”。相对于“核准”制，“登记”制使私营企业的创设变得容易。同时新法令明确了私营企业可以进入和不得进入的产业。部分产业中的行政垄断制度被取消，这标志着

① 王庆菊：《改革开放三十年私营经济的历史发展》，《岱宗学刊》2009 年第 9 期。

30 多年来的全行业行政垄断被正式取消，是新中国行政垄断制度的一次重大变革。

1988 年版《私营企业暂行条例》打破了实施 30 多年来的全行业行政垄断，使私有产权进入部分产业和市场的权利得到法律保护，使私营企业创设重新成为合法行为。此举直接引起了 1988 年的私营企业登记注册热潮，中国私营经济发展由此进入新中国成立后的第二次黄金时期。

1988 年版《私营企业暂行条例》明确划分了私营企业必须经过审批才能进入的以及完全禁止进入的产业领域。改革开放初期至 2003 年，各级投资主管部门对私营企业的市场准入实施“行政审批制”。此期间的投资审批制是“不分投资主体、不分资金来源、不分项目性质，一律按投资规模大小分别由各级政府及有关部门审批的企业投资管理办法”，而项目行政审批的主要法律依据是国务院各部委发布的“有关企业投资项目审批管理的规定”①。

在新颁布的《行政许可法》的基础上，国务院颁布了《国务院关于投资体制改革的决定》及其附件《政府核准的投资项目目录》和行政法规《指导外商投资方向规定》，在原有制度的基础上建立起“项目核准制”。国家发改委也相应地制定出部门规章《企业投资项目核准暂行办法》、《外商投资项目核准暂行管理办法》以及《外商投资产业指导目录》，对相关制度进行配套完善。

《政府核准的投资项目目录》明确划分了实施核准制的“重大项目和限制类项目”产业范围，规定部分产业中的投资项目必须经各级“投资主管部门”核准。相比于改革开放前的全行业行政垄断，由以上法规政策构成的转轨时期行政垄断制度只是针对部分产业。在转轨时期的中国，私营企业有权自由进入“法律法规未禁入”的任何产业。全行业行政垄断在中国彻底消失，取而代之的是仅在部分产业保留行政垄断的新制度。

对于项目核准的实施主体“投资主管部门”，《企业投资项目核准暂行办法》作出明确界定：国务院投资主管部门是指国家发展和改革委员会；地方政府投资主管部门，是指地方政府发展改革委（计委）和地方政府规定具有投资管理职能的经贸委（经委）。以发改部门、经贸部门为首的“投资主管部门”是中国现阶段掌握行政垄断权力、依据相关制度实施行

① 摘自《国务院关于投资体制改革的决定》和《企业投资项目核准暂行办法》。

政垄断的主要行政机关。在一些法律法规的授权下，其他行政机关也可以实施行政垄断。

转轨时期的中国行政垄断制度脱胎于1951年版《条例》的“企业创设核准制”，通过1988年版《私营企业暂行条例》和《国务院关于投资体制改革的决定》等法规政策逐步走向成熟，最终以成文的行政法规、部门规章等为法律载体，形成一套“项目核准制”。转轨时期的中国行政垄断制度正式形成。

三、当前垄断性行业的制度特征

本书尝试跳出“改革开放以来”这一研究视角的桎梏[①]，对中国1949~1957年“一五”计划完成时期的制度变迁进行经验研究，并使用基于Malmquist生产率指数的DEA方法，揭示了我国基本经济制度变迁（从市场经济、相对自由的竞争到计划经济、行政垄断制度建成）产生的影响。

笔者发现，工农业的生产效率可能受到了制度变迁的影响。当中国经济发生变迁后，市场被取代，市场机制失灵，生产和交易难以再反映出市场供求和价格的关系与规律，从而影响国民经济的整体运行。市场机制（价格规律、供求规律、竞争规律）缺失，以至于产业体系乃至整个国民经济体系失衡。国民经济的生产和分配环节缺少市场作为“润滑剂”，其运行效率很有可能受到影响。

产业体系失衡、价格机制缺失、供求关系错配、企业缺乏竞争等经济现象几乎从头到尾陪伴着我国经济，直至改革开放前夕也未能绝迹。笔者认为，价格规律、供求规律、竞争规律、配置资源等，正是市场机制的基本功能所在，通过“去市场化”而获得市场原有的基本功能相对较难。

改革开放以来，社会主义市场经济的建设扭转了这一局面——我国经济制度运行效果相对顺利。时至今日，渐进转轨则要求我们必须坚持“以公有制为主体、多种所有制经济共同发展的基本经济制度”，加上路径依赖效应，国有企业和行政垄断制度的改革自然会是渐进的。中国行政垄断

① 更早的尝试有张杰，该文甚至试图跳出新中国研究视角桎梏，使用诺思的制度变迁理论去梳理中国古代经济与社会制度结构，从而“让我们更加深刻地认识现实中的改革”。该文认为，改革开放以来的“经济增长以及改革本身的动力与激励基本上是由下层新获得的经济自由所提供的，这种经济自由曾经一度被中央计划经济体制所禁锢”。

的制度变迁历程与国有经济发展史基本同步，行政垄断制度与国有经济存在很强的共生关系。因此，国有经济和行政垄断制度将在中国今后很长的一段转轨时期内，保持稳定和长期共存。

与我国相反的是激进转轨国家。正是由于行政垄断对国有经济的重要意义，东欧诸国在实施“大爆炸”(Big Bang) 式激进转轨时，国有企业私有化与反行政垄断同步进行。激进转轨国家从大力实施行政垄断数十年不变，一下跳跃到经济制度的另一极端——严厉地反对行政垄断。根据罗兰[①]的统计，所有激进转轨国家在转轨之初都会改革行政垄断制度，允许私有产权和私营企业进入各行各业。例如乌克兰共和国于 1992 年 2 月颁布了《禁止垄断和企业活动中不正当竞争行为法》。其中一项重要的内容就是反对政府滥用行政权力限制竞争行为，即反行政垄断。其第 6 条明令禁止政府及相关机构出于限制竞争的目的，禁止某个经济领域建立新企业或企业的其他组织形式，即剥夺了相关机构原有的行政垄断权力和否定了行政垄断的合法性。乌克兰反垄断委员会仅在 1994 年就依据这条法令查处了 22 起行政垄断案件，其中就包括国家铁路管理局限制私有企业进入货物运输市场的行政垄断案件[②]。而俄罗斯联邦反垄断局则依据《竞争法和限制商品市场的垄断活动法》，分别在 1994 年、1997 年和 1998 年查处了 881 起、1400 起、1737 起行政垄断案件，占到全部垄断案件的 1/4 左右[③]。在激进转轨中，国有企业产权改革与反行政垄断是相辅相成、不可割裂且互为一体的新制度体系。

与之不同的是，中国当前的行政垄断制度并非针对全行业，部分产业虽然受到了强烈的行政干预，但国民经济运行主要还是依赖于市场。因此，渐进转轨还会导致一种独特的经济形态——行政垄断与市场经济紧密结合。该经济形态从未出现在资本主义国家和苏联式计划经济国家，而只会在渐进转轨国家出现。

行政垄断、国有经济与市场经济长期稳定共存，是转轨时期中国经济制度的一大特色。以至于有经济学者和法学者不约而同地提出：行政垄断

---

① 罗兰：《转型与经济学》，北京大学出版社 2002 年版，第 28 页。

② 王晓晔：《依法规范行政性限制竞争行为》，《法学研究》1998 年第 3 期。

③ 郭连成、刁秀华：《转轨国家的竞争政策与立法研究——以俄罗斯为例》，《财经问题研究》2007 年第 4 期。

成为我国转型时期特有的经济现象和当前我国垄断的主要形式[①]；目前我国盛行的行政垄断既非市场经济初级阶段的共有现象，也非现代市场经济的共同特点，而是世界经济史中的一个特例[②]。

---

① 除此以外，部分史料和政策文件出自《建国以来重要文献选编》和《中国资本主义工商业的社会主义改造》。

② 薛克鹏：《行政垄断的非垄断性及其规制》，《天津师范大学学报》（社会科学版）2007 年第 3 期。

第三章 垄断性行业的现实边界：多维度判定法

经济史分析也只是使用案例与数据来研究过去的垄断性行业及其管制体系。那么，我们应该怎样证明理论研究揭示的经济学规律确实客观存在呢？为此，本章将基于经济史研究结论进行实证研究，以检验出垄断性行业的现实边界，确认政府管制的具体对象。

第一节 基于法律法规的界定法

一、行政垄断的法律载体

2004 年前后，我国行政法体系随陆续出台的《行政诉讼法》、《行政处罚法》、《行政监察法》、《行政复议法》等而日渐成熟，行政权力的使用逐渐从“无法可依”到“有法可依”。尤其是在 2004 年 7 月，全国人大制定的《行政许可法》正式生效。

对于行政垄断，这种冲击或者说变化尤为明显——行政垄断开始受到法律保护。《行政许可法》从法律的高度给行政垄断赋予合法性。该法第十二条规定：涉及国家安全、公共安全、经济宏观调控、生态环境保护以及直接关系人身健康、生命财产安全等特定活动、有限自然资源开发利用、公共资源配置以及直接关系公共利益的特定行业的市场准入、企业或者其他组织的设立等事项，行政机关可以设定“行政许可”。

几乎在《行政许可法》生效的同一时间（2004 年 7 月），国务院出台了行政规范性文件《国务院关于投资体制改革的决定》。该政策及其附件

《政府核准的投资项目目录（2004 年本）》规定了我国哪些产业、项目属于“重大和限制类固定资产投资项目”，其市场准入必须进行行政审批。2004 年 9 月，国家发改委“依据《行政许可法》和《国务院关于投资体制改革的决定》”，制定了部门规章《企业投资项目核准暂行办法》，制定了详细的行政审批制度。

公民或法人若要在《政府核准的投资项目目录》指明实行核准制的产业投资项目或进入市场，就必须按《国务院关于投资体制改革的决定》的规定，“向政府提交项目申请报告”。国务院投资主管部门（国家发改委）和地方政府投资主管部门（地方发改委）依据部门规章《企业投资项目核准暂行办法》，进行行政审批、核准或备案。而外资企业的市场准入同样必须严格遵守《指导外商投资方向规定》等法规，由投资主管部门进行审批。此外，《国务院关于投资体制改革的决定》还规定：国家法律法规和国务院有专门规定的项目的审批或核准，按有关规定执行，即所有法律法规都可以设置行政垄断。

在《行政许可法》的基础上，国务院先后颁布了《国务院关于投资体制改革的决定》及其附件《政府核准的投资项目目录》和行政法规《指导外商投资方向规定》，国家发改委也相应地制定出部门规章《企业投资项目核准暂行办法》、《外商投资项目核准暂行管理办法》以及《外商投资产业指导目录》，对行政审批制度进行配套完善。

依据上述行政法规和部门规章，对企业进入特定产业参与竞争进行行政审批，是各级“投资主管部门”合法实施行政垄断的行政权力。

当然，在我国的法律体系中，涉及垄断性行业的法律不得不提《中华人民共和国反垄断法》（简称《反垄断法》）。因为反行政垄断是当前反垄断工作中不可或缺的一环。作为“经济宪法”[①]，《反垄断法》以整个第五章对行政垄断进行规制，可见反行政垄断是我国经济制度中的关键环节，对经济社会发展具有重要意义。以至于有学者[②][③]认为：反行政垄断是整部

① “经济宪法”之称谓来自于学术界，亦曾被时任国务院法制办公室主任的曹康泰在 2006 年 6 月 24 日第十届全国人民代表大会常务委员会第二十二次会议上所做的《关于〈中华人民共和国反垄断法（草案）〉的说明》报告引用。

② 王晓晔：《经济体制改革与我国反垄断法》，《东方法学》2009 年第 6 期。

③ Gordon Y. M. Chan, “Administrative Monopoly and the Anti-Monopoly Law: An Examination of the Debate in China”, Journal of Contemporary China, Vol.18, No.59, 2009, pp.263-283.

《反垄断法》的重中之重，没有反行政垄断的条款，反垄断法就会变成“无牙老虎”。

然而《反垄断法》于2008年生效至今，反行政垄断工作开展得甚为缓慢，行政垄断案件数量寥寥无几，甚至找不到原告胜诉的案例。较典型的案例是，北京兆信公司等四家防伪标识企业于《反垄断法》生效当天[①]起诉国家质检总局。但司法机关并没有援引《反垄断法》的法律条文，而是沿用行政法条文驳回原告的起诉。在一宗涉及经济纠纷的案件中，司法机关却依据行政法进行判决，而非已然生效的“经济宪法”《反垄断法》。不难看出，反行政垄断的推进举步维艰。

二、量化法律的垄断性行业界定法

关于行政垄断的代表性变量选择一直是学界的难点。这导致学界尚未达成共识，引用频率较高的有国有经济比重衡量法（刘小玄，2003；白重恩等，2004；丁启军和伊淑彪，2008）和“指标体系”衡量法（于良春和余东华，2009；于良春和张伟，2010）。前者以国有经济比重作为代表变量测度行政垄断的强弱，研究结果表明国有经济比重与行政垄断高度正相关，国有经济比重是行政垄断的合理变量。随后，于良春和余东华（2009）、于良春和张伟（2010）运用主成分分析法对行政垄断行业的界定方法进行了改良。然而，以上方法虽能较为客观地测度出行业性行政垄断程度，但将其运用于行业行政垄断性质的界定时，仍无法避免所采取的行业类别界定临界值缺乏客观性的问题，其“具体数值可以根据实际情况确定”（丁启军和伊淑彪，2008）。

有鉴于此，笔者认为，在“以公有制为主体，多种所有制经济共同发展”的基本经济制度下，行政垄断同产业政策一般仅对特定产业发挥作用，而这些特定产业主要分布在“控制国有经济命脉”的重要行业和关键领域，行政垄断势力较强，其余产业则为相对自由的市场竞争行业。因此，在渐进式经济转轨的中国，将行政垄断变量看作一个取值空间，只有“是”或“否”的状态。

---

① 浙江省名邦税务师事务所也于2008年8月1日起诉余姚市政府违反《反垄断法》，该案最后以原告撤诉告终。

综上所述，本书结合宋凌云和王贤彬（2013）、黎文靖和李耀淘（2014）对产业政策的量化界定办法，并考虑到混合估计可能存在的问题及不同性质行业样本的比较，根据2004年国务院颁布的《国务院关于投资体制改革的决定》及其附件《政府核准的投资项目目录（2004年本）》等行政垄断法规，将172个工业行业划分为行政垄断行业[①]及竞争性行业，以Am代表行政垄断性质，取值0或1。当行业为行政垄断行业时，Am = 1；当行业为竞争性行业时，Am = 0。一个产业及其市场的行政垄断变量存在与否，就是制度变量Am的表现形式。

中国垄断性行业及竞争性行业的界定结果见表3-1。

表3-1　行政垄断行业与竞争性行业界定一览表

	Am = 1的垄断性行业	Am = 0的竞争性行业
采矿业	烟煤和无烟煤的开采洗选（061）、褐煤的开采洗选（062）、天然原油和天然气开采（071）、铁矿采选（081）、其他黑色金属矿采选（089）、常用有色金属矿采选（091）、贵金属矿采选（092）、稀有稀土金属矿采选（093）、采盐（103）	土砂石开采（101）、化学矿采选（102）、石棉及其他非金属矿采选（109）、其他采矿业（110）
农副食品加工业	制糖（134）	谷物磨制（131）、饲料加工（132）、植物油加工（133）、屠宰及肉类加工（135）、水产品加工（136），蔬菜、水果和坚果加工（137）、其他农副食品加工（139）
食品制造业		焙烤食品制造（141），糖果、巧克力及蜜饯制造（142）、方便食品制造（143）、液体乳及乳制品制造（144）、罐头制造（145），调味品、发酵制品制造（146）、其他食品制造（149）
饮料制造业		酒精制造（151）、酒的制造（152）、软饮料制造（153）、精制茶加工（154）
纺织业		棉、化纤纺织及印染精加工（171），毛纺织和染整精加工（172）、麻纺织（173）、丝绢纺织及精加工（174）、纺织制成品制造（175），针织品、编织品及其制品制造（176）
纺织服装、鞋、帽制造业		纺织服装制造（181）、纺织面料鞋的制造（182）、制帽（183）

① 具体的行政垄断行业见附录的表。

续表

	Am = 1 的垄断性行业	Am = 0 的竞争性行业
皮革、毛皮、羽毛（绒）及其制品业		皮革鞣制加工（191）、皮革制品制造（192）、毛皮鞣制及制品加工（193）、羽毛（绒）加工及制品制造（194）
木材加工及木、竹、藤、棕、草制品业		锯材、木片加工（201），人造板制造（202）、木制品制造（203），竹、藤、棕、草制品制造（204）
家具制造业		木质家具制造（211）、金属家具制造（213）、其他家具制造（219）
造纸及纸制品业	纸浆制造（221）、造纸（222）	纸制品制造（223）
印刷业和记录媒介的复制		印刷（231）、装订及其他印刷服务活动（232）、记录媒介的复制（233）
文教体育用品制造业		文化用品制造（241）、体育用品制造（242）、乐器制造（243）、玩具制造（244）、游艺器材及娱乐用品制造（245）
石油加工、炼焦及核燃料加工业	精炼石油产品的制造（251）、炼焦（252）	
化学原料及化学制品制造业	基础化学原料制造（261）、肥料制造（262）	农药制造（263），涂料、油墨、颜料及类似产品制造（264）、合成材料制造（265）、专用化学产品制造（266）、日用化学产品制造（267）
医药制造业		化学药品原药制造（271）、化学药品制剂制造（272）、中药饮片加工（273）、中成药制造（274）、兽用药品制造（275），生物、生化制品的制造（276）、卫生材料及医药用品制造（277）
化学纤维制造业		纤维素纤维原料及纤维制造（281）、合成纤维制造（282）
橡胶制品业		轮胎制造（291），橡胶板、管、带的制造（292）、橡胶零件制造（293）、再生橡胶制造（294）、日用及医用橡胶制品制造（295）、橡胶靴鞋制造（296）、其他橡胶制品制造（299）
塑料制品业		塑料薄膜制造（301），塑料板、管、型材的制造（302），塑料丝、绳及编织品的制造（303）、泡沫塑料制造（304），塑料人造革、合成革制造（305）、塑料包装箱及容器制造（306）、塑料零件制造（307）、日用塑料制造（308）、其他塑料制品制造（309）

续表

	Am = 1 的垄断性行业	Am = 0 的竞争性行业
非金属矿物制品业	水泥、石灰和石膏的制造（311）、水泥及石膏制品制造（312）	砖瓦、石材及其他建筑材料制造（313）、玻璃及玻璃制品制造（314）、陶瓷制品制造（315）、耐火材料制品制造（316）、石墨及其他非金属矿物制品制造（319）
黑色金属冶炼及压延加工业	炼铁（321）、炼钢（322）、钢压延加工（323）、铁合金冶炼（324）	
有色金属冶炼及压延加工业	稀有稀土金属冶炼（333）、贵金属冶炼（332）	常用有色金属冶炼（331）、有色金属合金制造（334）、有色金属压延加工（335）
金属制品业		结构性金属制品制造（341）、金属工具制造（342）、集装箱及金属包装容器制造（343）、金属丝绳及其制品的制造（344），建筑、安全用金属制品制造（345）、金属表面处理及热处理加工（346）、搪瓷制品制造（347）、不锈钢及类似日用金属制品制造（348）、其他金属制品制造（349）
通用设备制造业		锅炉及原动机制造（351）、金属加工机械制造（352）、起重运输设备制造（353），泵、阀门、压缩机及类似机械的制造（354），轴承、齿轮、传动和驱动部件的制造（355），烘炉、熔炉及电炉制造（356），风机、衡器、包装设备等通用设备制造（357）、通用零部件制造及机械修理（358），金属铸、锻加工（359）
专用设备制造业		矿山、冶金、建筑专用设备制造（361），化工、木材、非金属加工专用设备制造（362），食品、饮料、烟草及饲料生产专用设备制造（363），印刷、制药、日化生产专用设备制造（364），纺织、服装和皮革工业专用设备制造（365）、电子和电工机械专用设备制造（366），农、林、牧、渔专用机械制造（367）、医疗仪器设备及器械制造（368），环保、社会公共安全及其他专用设备制造（369）
交通运输设备制造业	铁路运输设备制造（371）、汽车制造（372）、船舶及浮动装置制造（375）、航空航天器制造（376）	摩托车制造（373）、自行车制造（374）、交通器材及其他交通运输设备制造（379）
电气机械及器材制造业		电机制造（391）、输配电及控制设备制造（392），电线、电缆、光缆及电工器材制造（393）、电池制造（394）、家用电力器具制造（395）、非电力家用器具制造（396）、照明器具制造（397）、其他电气机械及器材制造（399）

续表

	Am=1 的垄断性行业	Am=0 的竞争性行业
通信设备、计算机及其他电子设备制造业	雷达及配套设备制造（402）	通信设备制造（401）、广播电视设备制造（403）、电子计算机制造（404）、电子器件制造（405）、电子元件制造（406）、家用视听设备制造（407）、其他电子设备制造（409）
仪器仪表及文化、办公用机械制造业		通用仪器仪表制造（411）、专用仪器仪表制造（412）、钟表与计时仪器制造（413）、光学仪器及眼镜制造（414），文化、办公用机械制造（415）、其他仪器仪表的制造及修理（419）
工艺品及其他制造业		工艺美术品制造（421）、日用杂品制造（422）、煤制品制造（423）、其他未列明的制造业（429）

从测算结果可以看出，垄断性行业具有较强的重化工特征，且其附加值、利润额也较高，垄断性行业主要集中在国有经济占控制地位的、关系国民经济命脉和国家安全的行业，行政垄断的干预性较强。

一方面，这些行业中的企业大都处于产业价值链高位，企业生产的产品附加值较高，相对容易获得较高的利润。与此同时，这些行业的市场进入门槛较高，大部分受到政府部门的市场准入规制。自 2003 年以来，中国行政性准入壁垒的制度体系越来越完善，行政垄断行业凭借行政部门赋予的垄断势力过多地占用社会资源并向社会转嫁运营成本而获得超额利润，加剧了要素价格扭曲程度。另一方面，政府凭借其行政权力支配要素供给体系，在生产要素供给上一直存在“抓大放小”的结构性矛盾，资源要素租金变成行政垄断行业的超额利润，导致分行业要素价格扭曲现象更为突出。

第二节　基于自然垄断的界定法：以工业为例

一、自然垄断与行政垄断

一个行业若是自然垄断，那么政府干预自然是理所当然的。因为特殊的自然垄断业态，会导致整个行业的生产成本会随着在位企业数量减少而降低。也就是说，政府干预与行政垄断在自然垄断产业中必不可少。因此，自然垄断产业就是中国垄断性行业的一个特殊群体，一旦可以在现实中识别自然垄断，那么垄断性行业的一部分边界就出来了。

早期西方经济学认为规模经济是自然垄断的充分必要条件，具有规模经济的产业即为自然垄断。中国的行业监管与规制机构一直沿用这一裁判原则，强调自然垄断明显的规模经济特征，自然垄断产业因而需要用行政权力控制市场准入，以保护企业的规模经营（王学庆，2003）。国家发改委价格司、价检司联合课题组（2006）也曾提出，规模经济的自然垄断可以增进社会福利，因此不应盲目反对自然垄断。但随着鲍莫尔等学者（1977，1981）对自然垄断理论进行了全面拓展，现代自然垄断理论认为：规模经济不再等价于自然垄断，“成本次可加性（Cost Subadditivity）”才是自然垄断的充要条件。西方国家的自然垄断产业规制模式从此产生了根本性的转变——政府对自然垄断产业的判定以及市场准入壁垒的设置变得极为谨慎，规模经济甚至自然垄断，都不意味着政府需要设置市场准入壁垒。

虽然中国产业经济学界一直致力于推广现代自然垄断理论及其“成本次可加性”测度法（王俊豪，1998；王俊豪，2007；于立和肖兴志等，2004），甚至建议政府不应该在所谓的规模经济产业和部分自然垄断产业设置过度的市场准入壁垒（罗云辉和夏大慰，2003；于良春和张伟，2003；王俊豪和王建明，2007）。尽管如此，相关的行业监管机构却未能采纳理论界的建议，对自然垄断的理解一直停留在规模经济和粗线条的准入规制之上，对自然垄断产业的界定因而缺乏科学严谨的测度方法。加上垄断性行业往往关乎国计民生，其行业监管所带有的不合理性，势必影响中国资源配置与经济运行的效率。

理论与实践似乎产生了难以逾越的鸿沟。其实，中国政府对自然垄断的测度方法一直未能与现代自然垄断理论接轨，行业监管水平有待提高，其部分责任还在于理论界自身。虽然中国产业经济学界早在20世纪90年代就推介了由鲍莫尔等学者创立的“成本次可加性”测度法，但国内几乎全部的相关学术论文均是定性的理论分析，时至今日还未出现任何一篇以该法进行定量的实证研究的学术论文。有鉴于此，本书首次尝试突破数据、指标以及成本估计等方面的制约，以现代自然垄断理论为框架，结合国际前沿的超越对数成本函数模型，对中国重化工业的自然垄断属性以及规模经济效应进行实证检验，为中国垄断性行业的科学监管与体制改革提供理论依据与经验素材。

二、自然垄断的测度模型

1. 基于“成本次可加性”的现代自然垄断理论模型

假设企业生产满足CES生产函数f（x），y^i为企业i的产量，$x=(x_1, x_2, \cdots, x_k)^T$为企业i的生产要素投入量，$w=(w_1, w_2, \cdots, w_k)$为企业i在上游要素市场中获取的生产要素价格，k为生产要素种类，C（·）为企业的成本函数，得：

$$y^i=\left(\sum_{j=1}^{k}\delta_j x_j^{-\rho}\right)^{-\frac{\gamma}{\rho}} \qquad \sum_{j=1}^{k}\delta_j=1 \tag{3-1}$$

$$C(x)=\sum_{j=1}^{k}w_j\cdot x_j \tag{3-2}$$

设y为产业总产量，当成本函数满足（3-3）式，则该产业具有严格的“成本次可加性”：

$$C(y)<\sum_{i=1}^{m}C(y^i) \tag{3-3}$$

m为大于1的任意整数，即产业内在位企业数。鲍莫尔等（1982）从传统自然垄断理论拓展开来的自然垄断定义是：如果一个产业的成本函数都满足（3-3）式的成本次可加性时，即为自然垄断产业；成本次可加性是自然垄断的充分必要条件，即“成本次可加性⇔自然垄断”。根据（3-3）

式，只要比较一家垄断企业（m = 1）和两家寡头企业（m = 2）市场结构下的产业总成本差异，即可得学界常用的成本次可加性指数 sub，见（3-4）式：

$$sub = \frac{C(y^1)+C(y^2)}{C(y)} = \frac{C(\theta y)+C(y-\theta y)}{C(y)} y^1 + y^2 = y \tag{3-4}$$

θ 为大于 0 且小于 1 的任意值。当 sub > 1，该产业满足（3-3）式具有成本次可加性，为自然垄断产业；sub≤1 则为非自然垄断产业。因此，sub > 1 为该产业自然垄断的充分必要条件，即 sub 指数成为判定自然垄断的最基本标准。一系列国外实证研究使用了 sub 指数去测度各行各业的自然垄断属性，研究结果表明：由鲍莫尔等开创的这个自然垄断测度模型，能够很好地反映出产业的成本次可加性与自然垄断强度，具有较强的实用性。

2. 成本函数具体形式的估计

不过，只要企业成本函数 C（·）的具体形式未知，成本次可加性指数 sub 便无法获得，自然垄断测度模型也无法投入应用。为此，本书根据（3-1）式、（3-2）式，转换出一个超越对数形式的成本函数 C（w，y^i）①：

$$\ln C(w, y^i) = \alpha_0 + \alpha_y \ln y^i + \frac{1}{2}\alpha_{yy}(\ln y^i)^2 + \sum_{j=1}^{k}\alpha_j \ln w_j + \frac{1}{2}\sum_{j=1}^{k}\sum_{l=1}^{k}\alpha_{jl}\ln w_j \ln w_l + \sum_{j=1}^{k}\alpha_{yj}\ln y^i \ln w_j \tag{3-5}$$

α 为变形后的待估参数。为保证成本函数二次可微，$\alpha_{jl} = \alpha_{lj}$，$\forall j \neq l$。为满足成本函数关于要素价格向量 w 的一次齐次性（即全体要素价格与总成本同比增长），必须满足约束条件：

$$\sum_{j=1}^{k}\alpha_j = 1, \quad \sum_{l=1}^{k}\alpha_{jl} = \sum_{j=1}^{k}\alpha_{yj} = 0 \tag{3-6}$$

当 $\alpha_{jl} = \alpha_{yj} = 0$，$\forall j, l$ 时，f（x）便会退化为 CES 生产函数的特例 Cobb-Douglas 函数（C-D 函数），C（·）也会退化为经典的对数成本函数。将 Shephard's Lemma（即谢泼德引理：$x_j(w, y^i) = \partial C(w, y^i)/\partial w_j$），代入（3-5）式可得（3-7）式。$s_j$ 为第 j 种生产要素成本在总成本中的份额。

① 从（3-1）式、（3-2）式推导出（3-5）式，是一个非常复杂的过程，可参考 Christensen 等（1975）和 Diewert（1993）进行推导。

（3-5）式、（3-7）式组成的方程组（j+1 个方程）加上（3-6）式的约束条件，即为学界常用的超越对数成本函数模型：

$$s_j = \alpha_j + \sum_{l=1}^{k} \alpha_{jl} \ln w_l + \alpha_{yj} \ln y^i \tag{3-7}$$

三、成本函数的估计

1. 基于规模经济与数据可得性的样本选择

根据以往的经验研究，重化工业平均企业规模远高于轻工业，前者的规模经济水平往往高于后者。由于规模经济与自然垄断密切相关，重化工业是研究自然垄断的理想样本。美国学者进行了最早的尝试，为解答美国汽车制造业到底是一个自然垄断还是经济性垄断产业，高集中度的市场结构是源自成本弱加性还是企业竞争，Friedlaender 等（1983）构建了超越对数成本函数模型进行研究，其 sub 指数显示：美国汽车制造业接近于自然垄断，但不能断定它是自然垄断产业。正因这种不确定的自然垄断属性，在《政府核准的投资项目目录》等规制政策中，以重化工业为主的两大类工业受到了中国政府的重点规制：一是石油化工、农药、钢铁、机械装备等重化工业；二是资源初级加工的资源型工业，如石油开采、煤炭开采、氮磷钾化肥、水泥、造纸、发电等。

此外，由于估计成本函数具体形式需要较详尽的要素价格、总成本以及产出等数据，因此数据可得性决定了超越对数成本函数计量模型的回归效度。在国内，中国统计信息服务中心编制的“中国工业企业数据库”由于其来源的可靠性与数据的精确性，被越来越多的实证研究所使用，尤其是工业方面的经验研究。

鉴于篇幅有限，并考虑到样本代表性与数据可得性，本书选取“中国工业企业数据库”中数据较完整的 7 个重化工业作为研究样本。即“251 精炼石油产品的制造（即石油化工）”、“263 农药制造”、“32 黑色金属冶炼及压延加工业[①]（即钢铁）”、“371 铁路运输设备制造”、“372 汽车制造（不含 3725 汽车零部件和 3726 汽车修理）”、“375 船舶及浮动装置制造”（不含

① 该产业没有三位数产业，只有 4 个四位数产业：3210 炼铁、3220 炼钢、3230 钢压延加工、3240 铁合金冶炼。

3755 船舶修理及拆船和 3759 航标器材及其他浮动装置的制造)、“376 航空航天器制造”这 7 个规模经济较明显的三位数代码重化工业。

2. 数据处理与变量说明

“中国工业企业数据库”提供了中国规模以上工业企业的历年数据，本书采用的企业层面数据全部来自该数据库。所截选 7 个产业样本的时间段为 1998~2008 年。其中，2003 年四位数产业代码的统计口径出现变动，本书以 2003 年后的产业代码对 1998~2002 年的产业代码进行调整。

(1) 要素价格 w_j 和要素投入量 x_j。研究生产函数 f (x) 时一般将固定资本存量作为资本要素 x_K 的投入量，但成本函数 C (x) 中 x_K 的大小却是取决于固定资本价格 w_K 和产出 Y 的内生变量，即固定资本投入量 x_K 是企业基于要素相对价格（如 w_K/w_L）和产量所做的成本最小化决策变量。同时，现实经济社会中影响资本价格的应是固定资本的增量而非固定资本的存量，以至于资本存量所反映出的资本价格信息极为有限。企业每年新增固定资本（土地、设备）的价格信息却又难以获取，且难以跨企业、跨行业进行比较。企业层面资本价格数据的缺乏及难以估算，是成本函数模型在中国应用的主要制约。

基于 Jorgenson（1963）提出的资本价格计算公式，国内成本函数研究主要使用当年折旧除以固定资产存量作为资本价格的代表变量（黄薇，2007；范建双和李忠富，2009；范建双和李忠富，2010）。而赵旭（2011）则使用固定资产占总资产比重。由于没有考虑到资本的机会成本——资本利息，且企业申报的折旧率很大程度上取决于企业执行的会计制度及具体方法[①]，而非设备、厂房的真实折旧和耗损比率，从而造成以上两个比例变量均不能完全反映资本的价格信息[②]。关键的解释变量缺乏合理的代表变量，或将严重影响计量方程及回归结果的有效性。

在国际上，Shin 和 Ying（1992）曾对固定资本作一个类似于永续存盘法的变形，加上流动资产后乘以利率，所得的固定资本年度损耗量 x_K 除以实物产出 Y（电话线路接入量）即为资本价格。公式为 $w_K = (\frac{K \cdot r}{1 - e^{-rt}} + K_C \cdot r)/Y$，即包含固定资本和流动资本因素。但此法有明显缺陷：未考察

① 折旧计提有四种不同的方法：直线折旧法、年限积数法、余额递减法、成本加速补偿法。

② 以本书的汽车制造业数据为例，当年折旧除以固定资产净值得出的资本价格变量的离散程度非常严重，极差（最大值减最小值）与平均值的比高达 608，对回归结果影响严重。

企业资本的实际折旧，而折旧则是国内估算资本价格的主流方法；且该法计算 w_K 时的分母包含另一个解释变量产量 Y 本身，将影响成本函数模型的推导及计量模型的合理性。Jara-Diaz 等（2004）的资本价格计算法为：$w_K=(Dep+所有者权益\cdot r)/K$，其明显缺陷为未考虑流动资本因素。为此，本书结合国内数据的可得性与特征，融合上述两种资本价格计算法，得资本价格为：

$$w_K=\frac{x_K}{K_A}=\left[Dep+\frac{K\cdot r}{1-e^{-rt}}+(K_C-stock)\cdot r\right]/K_A \tag{3-8}$$

式中，x_K 为资本要素投入量（消耗量）的估算值。K_A 为“工业企业数据库”中的资产总计（含固定资本和流动资本）。K 为固定资产净值，代表企业的固定资本存量。r 为人民银行公布的当年年初一年定期存款的基准利率，代表资本的机会成本。Dep 为当年折旧①。t 为固定资产的折旧年限，参考中国相关会计准则取值为 20 年。K_C 为流动资产，stock 为存货，由于本书将存货作为一种生产要素和控制变量，所以流动资产需减去存货。加工完成和未加工好的存货在某种意义上代表了企业的原材料投入量，理所当然地影响着生产总成本。既然存货扮演着生产要素的角色，流动资产需减去存货。根据 Shin 和 Ying（1992）关于资本价格应剔除通货膨胀因素的建议，资本存量、当年折旧均以 1998 年为基期和历年中国统计年鉴的固定资产投资价格指数进行平减。其他货币形式的现金流变量则采用统计年鉴中的工业品出厂价格指数进行平减。

劳动投入 x_L 使用本年应付工资总额，劳动价格 w_L 等于 x_L 除以全部职工人数，即职工平均工资。根据范建双和李忠富（2009）、张光南等（2010）的经验，加入控制变量——存货价格 w_T 和存货投入 x_T。存货价格 w_T 等于存货除以产品销售收入，同时用作稳健性检验。

（2）被解释变量产出 Y 与成本 C。Y 为企业产出，以产品销售收入为代表变量。C 为总成本，根据《工业统计报表制度》的工业企业成本费用类别（制造成本、年初存货、销售费用、管理费用、税收等，但不考虑财务费用等），取其值为固定资本投入 x_K、劳动投入 x_L、存货投入 x_T、产品销售费用、管理费用及应交所得税之和。

① 2008 年样本的当年折旧变量全部缺失，根据中国会计准则，以固定资产原价减固定资产净值进行推算。

（3）统计性描述。各变量的统计特征见表 3-2，报告值为未取自然对数的初始值。资本价格 w_K 的变异系数（标准差除以均值）远低于以当年折旧除以固定资产净值核算出来的资本价格变量。以（3-8）式估算出来的资本价格变量相对于传统方法，其离散程度和稳定性方面的表现均更为良好[①]。结合下文的回归结果，源于国外文献且有所创新的资本价格估算（3-8）式，不失为估算企业层面固定资本价格的有效方法。

表 3-2 显示出样本数据包含极少数的缺失值和零值。零值取自然对数后变为缺失值，若该零值具有经济含义，部分研究会采用广义超越对数法或 Box-Tidwell 法进行处理（Christodoulopoulos，1995）。而在本书中通过研究发现变量出现零值的原因，实为人工填写“工业企业统计报表”产生的错误和遗漏。比如，全部职工人数不为零的企业应付工资总额为零，销售收入为零的企业销售成本不为零，也有多家企业样本出现了极为严重的变量缺失现象（这些企业基本没有填报多少数据）。其零值基本不具有经济含义，本书遂剔除含有零值或缺失值变量的样本。行业的有效样本量将在表 3-3 的回归结果中报告。

表 3-2　变量统计特征

单位：千元

变量	观测量	均值	标准差	最小值	最大值	观测量	均值	标准差	最小值	最大值
	石油化工（251）					农药制造（263）				
C	9982	172236	905225	0	2.21×10^7	7543	28558	77735	0	2118377
Y	10079	879194	4399559	0	9.02×10^7	7635	73756	207377	0	6037483
w_K	9965	0.088	0.298	0	26.524	7557	0.076	0.112	0	4.341
w_L	9970	16.716	20.47924	0	920.051	7569	11.915	10.809	0	211.679
x_K	10073	61295	505254	0	1.73×10^7	7628	5612	25742	0	830477
x_L	10079	12162	60422	0	1373945	7635	2946	7203	0	125645
	钢铁（32）					铁路运输设备（371）				
C	56377	100972	1102848	0	1.25×10^8	4668	59062	201890	0	3083633
Y	57156	312849	2388254	0	1.51×10^8	4720	112376	386517	0	7093500
w_K	56406	0.103	6.190	0	1470	4662	0.071	0.087	0	1.325
w_L	56524	12.967	12.995	0	885.260	4673	16.553	23.260	0	1235.918

① 以汽车制造业和铁道车辆制造业为例，其 w_K 的变异系数分别为 0.98 和 0.60，而以当年折旧除以固定资产净值的变异系数则高达 7.61 和 1.76。

续表

变量	观测量	均值	标准差	最小值	最大值	观测量	均值	标准差	最小值	最大值
	钢铁（32）					铁路运输设备（371）				
x_K	57111	30259	584370	0	9.84×10^7	4715	8431	39349	0	1021574
x_L	57156	10525	99304	0	5853083	0	10151	31900	0	412273
	汽车制造（372）					船舶制造（375）				
C	8745	238425	1157195	0	2.99×10^7	6003	89207	431841	0	1.28×10^7
Y	8813	740186	3845224	0	8.34×10^7	6292	160378	687185	0	1.80×10^7
w_K	8713	0.067	0.096	0	3.003	6180	0.079	0.117	0	2.879
w_L	8728	17.021	80.043	0	7340	6263	16.726	14.194	0	179.979
x_K	8810	50217	388700	0	1.81×10^7	6222	16221	142746	0	7352312
x_L	8813	20819	104657	0	3419098	6292	9128	33670	0	765153
	航空航天（376）					—				
C	1721	259699	568082	0	6614456					
Y	1722	325160	863779	0	1.10×10^7					
w_K	1711	0.056	0.032	0.003	0.520					
w_L	1706	20.071	20.676	0	210.322					
x_K	1722	32223	69073	0	1073250					
x_L	1722	37835	85619	0	2211827					

3. 计量方法与回归结果

基础计量模型采用以（3-6）式为约束条件、由（3-5）式和（3-7）式组成的计量方程组，得：

$$\ln C = \alpha_0 + \alpha_y \ln Y + 0.5\alpha_{yy}(\ln Y)^2 + \alpha_K \ln w_K + 0.5\alpha_{KK}(\ln W_K)^2 + \alpha_L \ln W_L + 0.5\alpha_{LL}(\ln W_L)^2 + \alpha_{KL}\ln w_K \ln w_L + \alpha_{yK}\ln Y \ln w_K + \alpha_{yL}\ln Y \ln w_L + \varepsilon_1 \quad (3-9)$$

$$s_K = \frac{x_K}{C} = \alpha_K + \alpha_{KL}\ln w_L + \alpha_{KK}\ln w_K + \alpha_{yK}\ln Y + \alpha_{yK}\ln Y + \varepsilon_2 \quad (3-10)$$

$$s_L = \frac{x_L}{C} = \alpha_L + \alpha_{KL}\ln w_k + \alpha_{LL}\ln w_L + \alpha_{yL}\ln Y + \varepsilon \quad (3-11)$$

ε 为随机扰动项，上述计量方程组未表达含有控制变量 w_T，x_T，s_T 的方程。（3-9）式~（3-11）式存在共有的解释变量和回归系数，方程间显著相关的误差项必然导致其联合分布不等于边际分布的积，所有方程的扰动项因而统计相关。受当前要素价格水平、经济环境的共同影响，同一产业内不同企业间的成本、要素投入比例具有同期相关性，以至于超越对数成本函数模型不能使用一般的联立方程模型估算，而应该使用似不相关回归法（简称 SUR）。SUR 回归还可以在一定程度上克服样本数据的异方差性。应用 SUR 回归的动机主要分为两类：一是充分利用不同方程间的信息来获得参数的有效估计；二是对不同方程的参数进行约束检验（陈永伟，2008）。本文使用 SUR 回归法的原因兼而有之。

为检验（3-9）式~（3-11）式之间的相关性是否客观存在，SUR 回归是否合理，本书根据 Breusch 和 Pagan（1980）提供的 LM 检验统计量，假设检验各方程间扰动项同期不相关的原假设。SUR 回归的 Breusch-Pagan 相关性检验结果显示，各行业的计量方程组均在 0.01%的显著性水平下同期相关。本文据此推断，SUR 回归法的使用是合理的。表 3-3 的回归结果显示，所有计量方程的拟合优度较高，自变量的回归系数基本显著。由于样本量较大，且资本价格 w_K 和资本投入量 x_K 能够较好地反映出工业企业新增资本的价格，w_K 的回归系数因而较为显著。而平均工资 w_L 和工资福利总额 x_L 也都为最常用的劳动价格及投入量的代表变量，解释变量 w_K，x_K，w_L，x_L 得以较好地拟合总成本 C。添加控制变量 w_T 后，计量结果的显著性及拟合优度等均无大的变化，说明本计量结果具有一定的稳健性。

表 3-3　回归结果

产业 回归系数	石油化工 (251)	农药制造 (263)	钢铁 (32)	铁路车辆 (371)	汽车制造 (372)	船舶制造 (375)	航空航天 (376)
$Y(\alpha_y)$	**0.001** (**0.977**)	−0.495 (0.000)	−0.631 (0.000)	−0.454 (0.000)	−0.370 (0.000)	−0.720 (0.000)	0.387 (0.000)
$w_K(\alpha_K)$	0.583 (0.000)	0.645 (0.000)	0.578 (0.000)	0.576 (0.000)	0.582 (0.000)	0.497 (0.000)	0.631 (0.000)
$w_L(\alpha_L)$	0.417 (0.000)	0.355 (0.000)	0.422 (0.000)	0.424 (0.000)	0.418 (0.000)	0.503 (0.000)	0.369 (0.000)
α_{yy}	0.072 (0.000)	0.116 (0.000)	0.130 (0.000)	0.124 (0.000)	0.111 (0.000)	0.148 (0.000)	0.038 (0.000)
α_{KK}	0.052 (0.000)	0.051 (0.000)	0.056 (0.000)	0.042 (0.000)	0.060 (0.000)	0.049 (0.000)	0.021 (0.000)
α_{LL}	0.052 (0.000)	0.051 (0.000)	0.056 (0.000)	0.042 (0.000)	0.060 (0.000)	0.049 (0.000)	0.021 (0.000)
α_{KL}	−0.052 (0.000)	−0.051 (0.000)	−0.056 (0.000)	−0.042 (0.000)	−0.060 (0.000)	−0.049 (0.000)	−0.021 (0.000)
α_{yK}	0.019 (0.000)	0.009 (0.000)	0.019 (0.000)	0.012 (0.000)	0.020 (0.000)	0.018 (0.000)	0.006 (0.000)

续表

产业 回归系数	石油化工(251)	农药制造(263)	钢铁(32)	铁路车辆(371)	汽车制造(372)	船舶制造(375)	航空航天(376)
α_{yL}	–0.019 (0.000)	–0.009 (0.000)	–0.019 (0.000)	–0.012 (0.000)	–0.020 (0.000)	–0.018 (0.000)	–0.006 (0.000)
截距项	5.839 (0.000)	8.913 (0.000)	9.219 (0.000)	8031 (0.000)	7.843 (0.000)	9.064 (0.000)	5.401 (0.000)
有效观测值	9741	7382	55004	4564	8581	5918	1702
R^2	0.778	0.547	0.613	0.701	0.622	0.589	0.719

注：括号内为 t 检验的 P 值，字体加粗系数在 1%显著性水平下不显著。所有方程均通过了 0. 1%显著性水平下的 Breusch-Pagan 相关性 LM 检验。

α_{jl}，α_{yj} 能够通过 5%显著性水平下的 t 检验，既不会同时不显著，也不会同时等于 0。因此，本书为重化工业设定的 CES 生产函数不能退化为 C-D 函数，CES 生产函数（3-1）式、超越对数成本函数（3-5）式及计量方程（3-9）式~（3-11）式的设定具有合理性。估计结果显示，7 个产业的超越对数成本函数，均具有"U 形"平均成本曲线特征，满足边际成本递增规律。除船舶制造业外，所有重化工业的 α_K 均大于 α_L。即重化工业的成本对劳动价格波动的敏感度不强，资本价格上涨对企业成本的影响较大。这表明，重化工业需要投入大量的沉没实物成本，是典型的资本密集型产业。这些受到政府严格规制的重化产业的计量结果基本一致，显示出超越对数成本函数模型的适用性与计量检验结果的稳健性。根据这个成本函数的估计形式与要素价格，我们可以进行下一步的工作。

四、自然垄断测度模型的应用

1. 自然垄断的测度结果

根据表 3-3 中 7 个产业成本函数 C(w，y）的估计结果，按（3-4）式和（3-5）式计算具体产业的成本次可加性指数 sub。根据成本次可加性的原理，只要两家企业的生产成本高于一家企业的生产成本，则表明该行业具有自然垄断属性。因此在 sub 指数测算中，假定一个产业由两家企业组成，得到两家企业的成本之和，然后假定这个产业的全部产量由一家企业生产。通过比较独家经营的成本与两家企业的总成本，即可得到 sub 指数的大小，从而发现究竟哪一种方式的总生产成本更低。当 sub 指数大于

1时，表明两家企业的成本之和大于一家企业的成本，该行业具有自然垄断属性。反之，当sub指数小于1时，表明一家企业生产成本高于两家企业的成本，该行业不具有自然垄断属性。

要素价格 w_K，w_L 的参数赋值取各样本产业的全行业均值，行业总产量y则分别取值为2000~2008年各年的行业总产量，并将θ赋值为0.5和0.1来计算sub指数。sub_1 意为 $\theta = 0.1$ 时的sub指数，sub_5 意为 $\theta = 0.5$ 时的sub指数，详见（3-12）式。$\theta = 0.5$ 代表把全行业总产量的50%各分给两家企业生产，以此类推。所得的sub指数即为两家企业兼并前后的产业总成本比，sub > 1表明该产业为自然垄断，两家企业进行生产的总成本比绝对垄断企业的高，反之则不是自然垄断。sub指数测算结果见表3-4。

$$sub_5 = \frac{C(0.5y) + C(y - 0.5y)}{C(y)}, \quad sub_1 = \frac{C(0.1y) + C(y - 0.1y)}{C(y)} \tag{3-12}$$

表3-4　重化工业的自然垄断（成本次可加性）指数

产业	指标	1998年	1999年	2000年	2001年	2002年	2003年	2004年	2005年	2006年	2007年	2008年	均值
石化	sub_5	0.831	0.829	0.809	0.810	0.809	0.802	0.790	0.777	0.771	0.764	0.749	0.795
	sub_1	0.935	0.934	0.926	0.926	0.926	0.923	0.919	0.914	0.911	0.909	0.903	0.921
	S	0.774	0.772	0.752	0.752	0.752	0.745	0.733	0.720	0.714	0.708	0.693	0.738
农药	sub_5	0.763	0.760	0.760	0.757	0.750	0.743	0.728	0.712	0.701	0.688	0.669	0.730
	sub_1	0.911	0.910	0.910	0.909	0.906	0.903	0.898	0.892	0.888	0.883	0.876	0.899
	S	0.699	0.697	0.696	0.693	0.687	0.681	0.667	0.653	0.644	0.633	0.617	0.670
钢铁	sub_5	0.572	0.571	0.563	0.557	0.550	0.516	0.507	0.496	0.489	0.476	0.461	0.523
	sub_1	0.843	0.843	0.840	0.838	0.836	0.825	0.822	0.818	0.816	0.811	0.807	0.827
	S	0.540	0.540	0.534	0.529	0.525	0.500	0.494	0.486	0.481	0.473	0.463	0.506
铁道	sub_5	0.690	0.690	0.680	0.669	0.667	0.665	0.651	0.643	0.632	0.617	0.594	0.654
	sub_1	0.884	0.884	0.880	0.876	0.876	0.875	0.870	0.867	0.864	0.858	0.851	0.871
	S	0.633	0.633	0.625	0.616	0.614	0.613	0.602	0.595	0.586	0.574	0.558	0.605
汽车	sub_5	0.644	0.637	0.629	0.619	0.605	0.589	0.581	0.575	0.564	0.552	0.538	0.594
	sub_1	0.867	0.865	0.862	0.859	0.854	0.849	0.846	0.844	0.840	0.837	0.832	0.850
	S	0.597	0.592	0.586	0.578	0.567	0.555	0.549	0.545	0.536	0.528	0.517	0.559

续表

产业	指标	1998年	1999年	2000年	2001年	2002年	2003年	2004年	2005年	2006年	2007年	2008年	均值
船舶	sub_5	0.620	0.618	0.619	0.617	0.611	0.595	0.574	0.553	0.538	0.517	0.483	0.577
	sub_1	0.860	0.859	0.860	0.859	0.857	0.852	0.844	0.837	0.832	0.825	0.814	0.845
	S	0.574	0.572	0.574	0.572	0.567	0.556	0.540	0.524	0.514	0.499	0.476	0.543
航空	sub_5	0.996	0.997	0.995	0.992	0.989	0.987	0.990	0.979	0.979	0.973	—	0.998
	sub_1	1.004	1.005	1.004	1.002	1.001	1.000	1.002	0.996	0.996	0.993	—	1.006
	S	0.981	0.983	0.980	0.975	0.972	0.969	0.974	0.958	0.957	0.950	—	0.986

注：本表是根据表 3-4 的成本函数回归结果及（3-12）式计算所得，其中要素价格取行业均值，产量取行业总产量。航空航天制造业缺 2008 年数据，遂未报告其 2008 年的自然垄断指数计算结果。

根据表 3-4，从纵向比较来看，航空航天产业的历年 sub 指数大致围绕着 1 而略有波动。其中，sub_5 指数接近于 1（历年均值为 0.998），sub_1 指数基本大于 1（历年均值为 1.006）。从横向比较看，相对于其他 6 个产业，航空航天制造业的 sub 指数最大，自然垄断属性最明显。根据航空航天制造业的 C（w，y）及 sub 指数计算可得：假如把 2007 年全国 181 家航空航天企业的总产值（1006.4 亿元）集中于唯一的绝对垄断企业，社会生产总成本（824.3 亿元）也只是比两家寡头的总成本（802.1 亿元）高出 22.2 亿元，而远低于由 181 家企业分散生产的现实总成本（958.7 亿元）。相对集中甚至垄断的市场结构能够节省生产总成本。至于企业产值的均值（3.3 亿元）与最大值（110 亿元），航空航天产业在这样的总产值水平上，均满足严格的成本弱加性 sub > 1。因此，绝对垄断的市场结构最能节省生产成本，航空航天制造业为典型的自然垄断产业。究其根本原因，该产业的规模经济效应较显著，规模经济指数 S 远高于其他 6 个产业（历年均值为 0.986）。

进一步测算结果显示，决定该产业是否为自然垄断的产量阈值大约在 360 亿元[①]。规模大于此值的垄断性企业分拆可以节省成本；而在 0~360

① 但在 360 亿元的产量阈值下，规模经济指数 S < 1，企业生产规模不经济，平均成本并非最低。若要航空航天业既为自然垄断，又能发挥规模经济效应，单个寡头企业的产量则需保持在 253 亿元左右。这时的平均成本最低，且分拆企业会增加生产总成本，此时最优市场结构为 4 家寡头企业垄断。也就是说，若以传统的规模经济法测定产业的自然垄断属性，会出现不准确的情况——当行业总产量为 360 亿元，明明是绝对垄断最节省成本的航空航天制造业，却因规模不经济而被误判为非自然垄断产业。这是规模经济不能用于测定自然垄断的另一个明证。

亿元的产量区间，航空航天企业越独占市场越能节省生产总成本。换言之，在 2007 年全国总产量（1006.4 亿元）下，航空航天业的最优市场结构为 3 家寡头企业垄断，这时的产业总成本将会最低。

在现有的可得数据范围内，根据以上实证结果，可以基本确定航空航天制造业是一个具有自然垄断属性的产业。此实证结果与自然垄断的理论预期较为一致——航空航天业在国内的所有重化工业中，属于技术壁垒最强的一类，其成本函数理应具有自然垄断特征。航空航天业需要十分尖端的核心技术，需要长期的制造技术积累，具有各种严格的专利保护，等等，这样的一种很高的进入门槛，会形成某种独特的在位优势。这种成本优势似乎来自于一种创新造成的领先技术的进步，而不管是来自主创新，还是来自国外引进或其他，从而形成自然垄断的市场壁垒。

石化、农药、钢铁、汽车、铁道车辆、船舶等重化工业的自然垄断属性基本可断定不存在。其中，石油化工的自然垄断指数远高于其他 5 个产业，最接近自然垄断状态。在这些非自然垄断产业，独家生产的成本总是高于分别生产的成本，其他企业通过竞争进入该产业，能够降低社会生产的总成本。因此，并非所有受《政府核准的投资项目目录》重点规制的重化工业均是自然垄断产业。过度保护在位企业的专营权，并不能节省社会生产总成本，也无益于发挥规模经济效应。

2.“成本次可加性”测度法的中国适用性

如前文理论部分所述，现代自然垄断理论认为：存在规模经济的产业必然是自然垄断的，但规模不经济的产业却不能武断为非自然垄断产业，因为自然垄断产业也可以规模不经济。表 3-4 的 sub 指数、S 指数测算结果与此完全吻合。sub > 1 的自然垄断产业不一定具有规模经济效应 S > 1，如航空航天制造业，其 S < 1。这样的产业尽管具有自然垄断属性——合并企业可以节省成本，但其行业总产量却已超过规模经济的阈值，合并后的绝对垄断企业的平均成本处于递增阶段，为规模不经济。基于以上原因，使用规模经济效应及相关指标测度特定产业的自然垄断属性，是不稳健且需谨慎对待的。成本弱加性与 sub 指数才是测度自然垄断的唯一标准。本书基于中国数据的实证结果与现代自然垄断理论——“规模经济是自然垄断的充分非必要条件”（鲍莫尔等，1982）一致。

在中国，倘若使用规模经济指数进行测度，航空航天制造业便会被误判为非自然垄断产业，而实质上它是非规模经济却自然垄断的“弱自然垄断产业"（王俊豪和王建明，2007）。若一个自然垄断产业（如航空航天制造业）被误判为非自然垄断，政府未能进行必要的规制，或任由市场出现过度竞争，或任由其中寡头企业滥用市场势力，生产效率与社会公平中的两者之一必将受到损害。反过来，若非自然垄断产业（如石化、农药、钢铁、汽车、铁道车辆、船舶）被误判为自然垄断，政府严格限制其市场准入以保护规模经营与节省社会生产总成本，则会损害市场机制的运行，阻碍当前关注"市场公平竞争"的新一轮体制改革。

当人工改变行业总产量的取值时，同一产业的 sub 指数随之上升而下降。当行业总产量取值较小时，如取行业中的企业产量均值或最大值，sub 指数一般大于 1；行业总产量取值越大，自然垄断指数 sub 越小。即产业的自然垄断属性随产量增长而减弱，绝对垄断市场结构的生产越来越不能节省成本。以自然垄断理论解释上述经济现象的话，由于企业的边际成本必然是水平或者上升的，随着垄断企业的产量不断上升，其规模经济效应最终将被耗尽，分拆独占市场的垄断企业有利于节省总成本。以交易成本理论解释的话，一家独大企业的内部交易成本随产量规模的上升而加速上涨，并终将大于规模经济带来的成本节省效应，一体化不再是垄断企业的理性选择。以古典经济学的分工理论解释的话，当生产超过一定产量规模，两家企业分工合作生产所消耗的总成本，小于一家企业垄断生产。正如一个城市的供水产业，政府合并本市各区、县的供水企业，或许能节省建设和运营供水管网的总成本；但这样的兼并却不可能无视边际成本递增规律及地理空间的限制，例如合并全省乃至全国的供水企业及其管网，必不能节省总成本。

综上所述，本书的实证结果较好地满足了主流经济学理论及其相关定律，表明国际主流的现代自然垄断理论可适用于中国的规制政策制定与行业监管。

五、小结

在自然垄断产业，政府的市场准入规制理所当然要发挥积极作用。因为，调控自然垄断产业的在位者数量，规避因过度竞争而附加的社会生产成本，克服社会资源配置错位现象，是政府规制与行业监管应具备的基本功能。但中国以往对自然垄断的定量研究主要停留在定性分析层面，似乎从未将现代自然垄断理论投入实际应用，以至于官方测度自然垄断的主要方法停留在20世纪70年代前常用的规模经济法。但根据现代自然垄断理论，单纯测算规模经济无法准确判定产业的自然垄断属性。为此，本书以超越对数成本函数计量模型，估计了中国部分重化工业的具体成本函数形式，然后使用现代自然垄断理论的成本弱加性指数sub进行研究。结果发现，与理论预期一致，规模经济指标确不能用于测度自然垄断。这意味着，中国官方测度自然垄断的方法必须更新，否则相关的行业监管与政府规制便会毫无准则可言。

本书为此提供了一个崭新的实证研究框架，具体产业是否自然垄断，可以较好地在此框架内进行测度，如本书所发现的航空航天制造业，被测定为自然垄断产业。本实证框架还可以从理论上，从社会总成本最小化的角度，给出该产业最优市场结构的政策建议。航空航天等自然垄断产业，既具有显著规模经济效应，也涉及国家发展战略。政府如何能在充分发挥规模经济的前提下，尽量节约生产总成本，也是一个具有很强实践指导意义的问题。

国家发展和改革委员会根据《中华人民共和国反垄断法》（以下简称《反垄断法》）制定的配套性法规《反价格垄断规定》和《反价格垄断行政执法程序规定》不适用于自然垄断产业①。即《反垄断法》豁免了自然垄断产业内的垄断定价行为。那么，中国自然垄断产业的定价受什么法律法规规制？《中华人民共和国价格法》规定：关于自然垄断产业的产品定价，"政府在必要时可以实行政府指导价或者政府定价"，"应当建立听证会制度"。也就是说，一旦某产业被判定为自然垄断，其企业定价行为不受"经济宪法"《反垄断法》所规制，而是通过价格听证会和政府指导等形式进行"价格规制"。一旦具体产业被判定为自然垄断，其企业定价行为可豁免于反垄断法，而须实行政府指导价或政府定价制度。

在这个行政权力环环相扣，部门职能相互交叉的规制领域（准入规制与价格规制），一个科学客观的自然垄断测度方法不可或缺。倘若一个非自然垄断产业被误判为自然垄断，本应在市场的价格机制下产生的均衡价格，将变成一个取决于政府职能部门个体决策的市场外生变量。价格过高过低均会引起供求关系失衡，从而损害市场的供求机制，进而从不同维度

① 相关司法解释来自 http：//news.xinhuanet.com/fortune/2011-01/06/c_12950395.htm。

危害社会主义市场经济的运行效率。反过来，若一个自然垄断产业被误判为非自然垄断，政府未能进行必要的价格规制，任由其中的寡头企业滥用市场势力，以垄断定价行为攫取过度的生产者剩余，社会公平将受到损害。一旦测度自然垄断的方法不准确、不客观，诸如此类的效率与公平问题便会层出不穷，政府价格规制的科学性将无以保证。

从党的十八届三中全会决议提出自然垄断行业要“实行以政企分开、政资分开、特许经营、政府监管为主要内容的改革”，到国务院出台《关于促进市场公平竞争维护市场正常秩序的若干意见》并提出“改革自然垄断行业监管办法”，经济体制改革正在自然垄断领域不断推进。解答如何测度自然垄断，怎么判定一个产业是否自然垄断等理论问题，显然是中国产业经济学界当前的第一要务，是今后垄断性行业体制改革的理论基石。本书所构建的自然垄断测度方法，可以为今后垄断性行业的经济体制改革提供决策参考和行政依据，具有一定的理论与实践价值。

总之，自然垄断无非是一种经济性垄断，是一种在特定领域或行业内，由一家企业独占可以节省社会生产成本。如果中国的理论界与实务界能够从理论上和实践上明确自然垄断或经济性垄断的界限，那么除此之外的其他垄断，则是不合理的非经济垄断，其必然会导致社会福利的损失，应当属于明确的反垄断对象。因此，通过合理的界定自然垄断理论与测度依据，我们便能从纷繁复杂的各种垄断中，把那些不合理的垄断（如行政垄断）从中识别出来，就能够把有效率与无效率的垄断行为相区别，就能真正地奠定市场公平竞争的准则。

第三节　基于规模经济的界定法：以服务业为例

一、规模经济与行政垄断

当前，在重化工业、零售业等大型寡头企业占主导的行业，中国通过行政审批制度，保留了较强的市场准入壁垒。一般认为，这些行业的规模经济效应，是对其市场准入进行政府规制的主要理由。对于规模经济，中国行政审批体系中的核心制度《国务院关于投资体制改革的决定》[①] 提出：对于企业和民间的投资，政府要使其“保持合理投资规模”；对于政府投资，要“合理确定政府投资规模”。所谓的“投资规模”，指的是以下两个维度的规模经济：一是宏观层面的全社会投资的最优规模、结构及其规模经济效应；二是微观层面的企业规模经济效应，政府要确保新进入市场的企业具有最小有效规模（Minimum Efficient Scale，MES）。最能体现政府上述目标导向的是“上大压小”、“关停并转”等市场准入规制措施——前者将新建电力项目与关停小火电机组挂钩，迫使电力企业建设大型发电机组，后者通过行政命令淘汰或合并小型企业，促进企业层面的规模经济。

但在实际的产业规制过程中，我国似乎一直未充分考虑受规制产业本身是否存在规模经济效应，也从来没有给出过测度规模经济的相关依据或方法。这样一来，中国当前各种市场准入规制措施不可避免地带有随意性，从而严重影响产业资源配置的优化，进而拖累国民经济的整体运行效率。更为关键的是，规模经济的理论依据是与科学的测定方法相联系的，没有比较客观的实证评价指标，规模经济就很难取得合理的界定。只有在定量的经验数据分析基础上，学界与政府才可能科学地测度产业的规模经济效应。因此，分行业测度规模经济效应，是政府为市场准入实施烦琐的审批制度的依据，也是保证没有出现过度规制的前提。

为此，本书将通过统计研究与指数构建，从定量分析的角度确定哪些产业具有明确的规模经济效应，从而检验政府对于重点规制行业的政策效应，进而识别和界定合理规制与过度规制。

二、以零售业为例的规模经济测算

零售业作为现代产业体系的核心构成，是国民经济发展的支柱产业和“润滑剂”，较能体现现代国家的经济繁荣与社会进步。近年来，中国经济发展势头强劲，在一系列刺激消费、扩大内需、发展经济的政策推动下，

---

① 围绕该行政规范性文件，国务院及各部委制定了《政府核准的投资项目目录》、《企业投资项目核准暂行办法》、《国家发展改革委关于实行企业投资项目备案制指导意见的通知》。上述法规的主要规制对象为内资企业，政府专门制定了专门规制外资的准入壁垒制度，主要以《指导外商投资方向规定》、《外商投资项目核准暂行管理办法》和《外商投资产业指导目录》等法规为法律载体（陈林和罗莉娅，2014）。

表 3–5 关于产业规制的行政审批制度一览表

项目类型 / 审批主体	不使用政府性资金，《政府核准的投资项目目录》外的产业/领域（即囊括整个国民经济的全行业）实施“备案制”	不使用政府性资金，《政府核准的投资项目目录》内的产业/领域实施“核准制”	政府投资和使用政府性资金的企业投资项目实施“审批制”
国家发改委	—	额定规模以上的水利、电力、煤炭、石油、天然气、水陆运输、钢铁、有色金属、石油化工、化肥、汽车、铁道车辆、船舶、纸浆、制糖、供水等；不分规模的电信、邮政、部分信息产业、民航、燃料乙醇、烟草、制盐、航空航天、城市轨道、文教金融等	使用中央财政资金项目
省级发改委	总投资 2 亿元及以上的基本建设投资项目	农业、水泥、年产 10 万吨以下的纸浆、制糖、投资 5 亿元以下的矿山、储量 5000 万吨以下的铁矿、100 公里以下的省内铁道、5 亿立方米以下的输气管网等	使用省级财政资金项目
市级发改部门	总投资 3000 万元（含）~2 亿元（不含）的基本建设投资项目	除法定由国家及省级发改委审批之外的核准项目	使用市级财政资金项目
县（市、区）发改部门	总投资 3000 万元（不含）以下的基本建设投资项目	除法定由国家及省级发改委审批之外的核准项目	使用县（市、区）级财政资金项目

注：除工业、交通、商业领域技术改造投资项目由各级经贸部门备案外，其余领域技术改造项目由各级发改部门（发改部门为各级发展和改革委员会的简称）备案；除外资企业外，本表适用于国有、民营、集体企业；备案制的项目分级采用广东省的法定标准，各省略有不同。实施“备案制”的行业，发改部门一般采取自由裁量执法来对产业投资进行干预。资料来源为笔者根据相关法律法规、政策文件归纳总结。

中国零售业每年正以平均 14.88%的速度扩张。中国成为全球零售市场发展最快的国家。从绝对规模上看，2014 年我国全社会消费品零售总额 26.2 万亿元，同比增长了 12.0%[①]。不仅如此，中国零售业也正与制造业、金融业一同成为国内外资本最热衷进入的行业。2001 年中国加入 WTO 后，零售市场进一步对外开放，面对沃尔玛等国际零售巨头进入的挑战，发展迅

① 如无特别注明，本书资料来源为历年《中国统计年鉴》。

锁经营、进行分店扩张，规模经营成为零售业发展的主题词（夏春玉等，2006；伍业锋，2013）。2000 年前后，中国零售企业竞相开展大规模“跑马圈地”运动，以期在中国零售市场对外资企业全面开放之前抢占市场份额，从而获得竞争优势。

然而，我国连锁零售企业门店个数增长率自从 2004 年达到最高之后直线下降，到 2010 年增速几乎为 0，在 2011 年小幅反弹之后，2012 年开始出现负增长。与门店个数增长率下降相对应的事实是，2012 年以来多个城市出现了超市、百货“关店”现象。据《国际商报》2013 年 1 月统计，2012 年，沃尔玛、家乐福、乐购等国际零售巨头在中国纷纷关闭了多家门店。进入 2013 年，即便在农历春节前夕的消费旺季，零售卖场关店的消息仍不绝于耳。中国连锁经营协会的调查数据显示，中国连锁百强企业排名前两名的苏宁和国美，2013 年门店总数分别较 2012 年减少 79 家和 100 家。2013 年连锁百强企业销售规模达到 2.04 万亿元，同比增长 9.9%，新增门店 6600 余个，总数达到 9.5 万个，同比增长仅为 7.6%。销售额增幅比 2012 年下降 0.9%，是“百强”统计以来销售增幅最低的一年①。

“关店潮”不禁让人反思，多年前中国零售企业“跑马圈地”的决策是否合理？规模经济效应是否在中国零售行业实现过，还是规模过度扩张导致的“规模不经济”已然出现？

对于零售业是否存在规模经济的问题，国外的早期研究（McClelland，1962；Shaw，et al.，1989）认为，零售业存在规模经济，因此扩大企业规模可以获得规模经济。Guy 等（2005）通过论述连锁企业成本的降低与连锁商店的规模成正比，表明连锁经营应该通过扩大商店规模、增加连锁店数量来获得规模经济效应。Keh 和 Chu（2003）、Keh 和 Park（1997）运用数据包络分析（DEA）方法，基于企业层面测量了 1988~1997 年美国 13 家连锁百货店的产出效率与规模经济效应，结果表明其所研究的百货零售也存在规模经济效应。

在国内研究中，由于数据的局限，学者们热衷于使用上市公司数据，而非国外常用的连锁零售业的数据。杨宜苗（2010）采用 2003~2007 年中国上市零售企业数据的平均值进行研究，认为中国以上市公司为代表的零售业存在企业规模与零售企业成长显著正相关的经济规律，因此规模经济

① 资料来源：中国连锁经营协会“2013 年度行业发展状况调查”。

应该是存在的。陈奕奕和刘成昆（2013）使用同样的研究思路，更新了上市公司数据，实证研究发现企业规模与公司价值呈负相关关系，因此零售业已经出现了规模不经济。

从上述截然相反的结论不难看出，实际上中国上市零售企业的规模经济效应是随着时间而变动的，然而现有实证研究受制于计量模型而无法得出这种规模经济的时间波动性。本书将依托超越对数成本函数在规模经济测度方面的灵活性——企业规模经济程度可以随时间而变，进行一系列拓展尝试。

早期研究文献中都是假定零售企业规模报酬不变，零售行业的长期均衡是在大量的研究中被当成公理（Ingene，1984），而门店的相似规模性也支持企业层面研究的规模报酬不变（Thomas，et al.，1998；De Jorge，2008）。可变规模报酬假设大多数被用于衡量零售组织之间存在巨大规模差异时的变动，从而在生产函数模型中得以用不同的规模形式展现（Barros and Alwes，2006；Mostafa，2010）。当零售企业或者门店经历规模报酬递减时，意味着其规模太大从而不能充分利用规模经济效应的优势；当零售企业处于规模报酬递增阶段，说明其规模太小而无法充分发挥规模经济效应的优势（Perrigot and Barros，2008）。

中国的相关研究仍遵循规模报酬不变的传统，主要使用规模报酬不变（递增或递减或等于 1）的 C-D 生产函数进行研究。赵凯（2008）采用 2005 年的上市零售企业数据运用 C-D 生产函数进行多元线性回归，研究上市零售企业的规模经济效应。但由于当年上市零售企业只有 46 家，截面样本过少而导致测度出的规模经济效应不稳健。陈金伟和张昊（2013）同样使用 C-D 生产函数对上市零售企业进行了计量检验，并结合 DEA 效率分析，得出了上市零售企业已经出现了规模报酬递减的现状和趋势这一论断。但由于 C-D 生产函数的制约，根据回归结果计算出来的规模经济指数是全行业的，而非单一企业，即造成行业内全体企业的规模经济程度一模一样，并且这个测度出来的零售业规模经济指数不随时间变化。

其实，使用要素替代弹性恒为 1 和规模报酬不变的 C-D 生产函数，无法拟合出符合实际情况的长期平均成本函数，亦无法考虑到规模报酬可变的情况。为此，本书使用基于 CES 生产函数推导出来的超越对数成本函数模型进行改良研究，测度出来的企业层面规模经济指数既有企业异质性，也有时间波动性。

综上所述，本书试图通过对中国上市零售企业2002~2013年的数据进行成本函数的拟合，计算出各企业的规模经济指数，对以上市公司为代表的中国零售业规模经济问题进行探讨，以期对中国零售业龙头企业的规模扩张问题提供有益的启示。

三、理论与假说

依据新帕尔格雷夫经济学大辞典（伊特韦尔，1996），在一定技术条件下，如果企业的长期平均成本在某一区间上随着企业产出的增加而减少，则存在规模经济。这是西方经济学对规模经济的定义。最近的研究表明，与制造业一样，零售业的规模经济效应同样可以存在。由于零售企业完全专业化于“交易的生产”（Demsetz，1997），其资产通用性和技术稳定性使其避免了威廉姆森（2002）的企业“复制和有选择性控制的不可能性”命题的局限。因此，拥有一定的资本规模、专用的交易技术和成熟的零售网络，以集中的交易来替代制造商和消费者之间的分散交易以减少交易次数，以程序化交易替代一次性交易，以合理的网点设置来缩短交易距离，这些措施提高了零售交易效率，降低了零售企业交易成本，进而能够实现交易“生产”上的规模经济。因此，相对于制造业，零售业的规模经济效应是较为明显的。

然而，任何的规模经济都是在某一特定产量上的规模经济，规模经济效应必然会随着产量的上升而减少。因此，一旦企业或产业的规模经历了过度扩张，规模不经济的现象必然会出现。如果用现代经济学的指标量化规模经济效应，其实就是平均成本（AC）与边际成本（MC）之比。随着产量上升，企业的边际成本一般会经历下降与上升的阶段，这是由生产函数的凹性和成本函数的凸性决定的（否则产量最大化和成本最小化的一阶条件便无法实现）。也就是说边际成本总会有大于平均成本的一刻，在那个产量临界点（即文献综述提及的部分研究测度出来的最优规模点）之后，规模经济效应自然消失，规模不经济出现。

从宏观数据来看，中国零售业似乎正是经历了一个类似的规模扩张历程。2013年全社会消费品零售总额达到了23.78万亿元，但由于这些商品的销售分布于大型百货公司、电子商务平台、小型超市以及小商铺，本书无法准确得出每家零售网点的单位规模。为此，本书用一个近似的指标进行推算。假如连锁零售门店（包括大型品牌百货、大中型连锁超市）在全社会消费品零售的市场份额是相对固定的，那么每家连锁零售门店“承担”的社会消费品零售的比例变量就能够反映出零售业务的户均规模变化。本书根据2003~2013年社会消费品零售总额除以全国连锁零售门店的数量，得到图3-1。数据显示，连锁零售店的平均销售额从2006年的最低谷（约6000万元）激增到2013年的历史高峰（接近1.2亿元），年均增长率高达9.6%。这个高峰发展期几乎与2008年以来财政扩张和经济周期同步。户均规模的高速扩张必然导致每家企业的边际成本上升（图3-1的U形柱状图或许是边际成本从下降到上升的一个侧证），从而拖累了零售业规模经济效应的发挥，甚至导致规模不经济现象的出现。当然，这只是一个从宏观经济运行角度的间接证据。至于企业层面数据是否如图3-1所示——规模经济效应正在逐步消失，这还有待进一步的实证分析。综上所述，本书提出假说1。

假说1：中国上市零售企业存在一定程度的规模经济效应，但近年来会由于规模过度扩张而导致增速放缓。

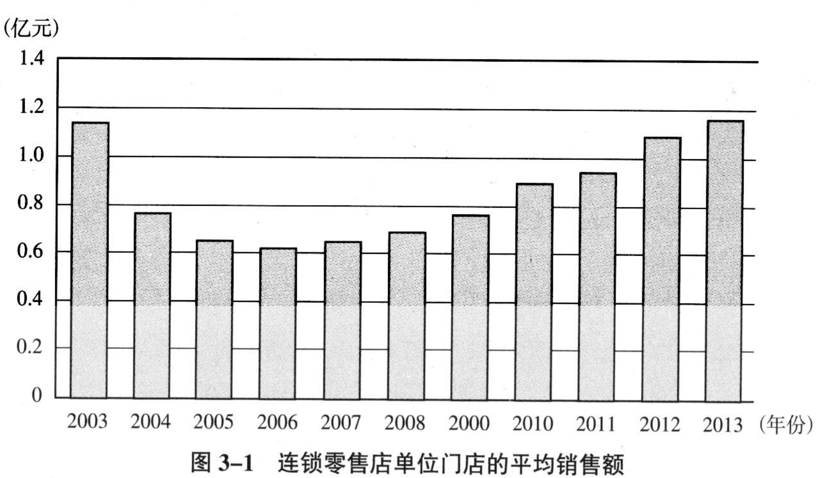

图3-1　连锁零售店单位门店的平均销售额

此外，本书认为零售业，尤其是以上市公司为代表的零售龙头企业的规模经济效应存在显著的区域差异性。从上市公司的历年数据看，东部沿海地区的零售企业户均营业收入高达44.7亿元，远高于西部地区的均值31.7亿元，发达地区的户均规模为后发地区将近1.5倍。考虑到同为上市企业，这种地区差异是极其显著的。

根据新制度经济学的交易成本理论，零售商场内部各个部门所从事的活动属于“类似活动”（需要相同能力的活动），柜台之间几乎不存在负外部性。因此，零售企业的规模不经济的原因更多来自当地市场条件而非组织成本，如人口、地域、经济发展水平、购买力、政府政策等限制。因为零售行业是整个产业链的最前端，是最接近消费市场的部门，其发展有赖于所在地区经济发展水平、消费者购买力、基础交通设施状况以及政府政策等会影响到行业需求与供给的因素。中国幅员辽阔，各地区的经济发展状况各不相同，居民消费水平和消费能力也有巨大差异，基础设施完善程度和政府政策积极性也有所区别。为此，本书提出假说 2。

假说 2：不同地区零售企业的规模经济效应不同，经济发达地区的零售企业可能会出现规模不经济现象。

四、数据与模型

1. 样本选择和数据来源

截面数据的考察和分析有助于了解给定时点上市场因素对规模经济的影响（Keh and Chu，2003），也可以用于比较面临不同规制程度（De Jorge，2008，2010）、不同技术水平和不同社会文化环境设定下的国家或者地区之间的规模经济状况（Reynolds et al.，2005）。相比之下，对于零售企业规模经济时间变化趋势的纵向研究则有助于评价政府实行行业政策对零售业整体的影响，同时也使得研究者能够对于零售企业组织内部管理决策效率变化进行一个趋势性探讨。本书研究的目标既包括零售行业中长期的规模经济变化趋势分析，也包括不同区域之间的零售企业规模经济比较，从而选择的样本包括既能反映整体变化的时间序列（Donthu and Yoo，1998），又包括能够反映每个比较单元个体差异的截面数据（Donthu and Yoo，1998；De Jorge，2008），因而本书选用了面板数据模型运用似不相关回归方法对样本进行估计。

鉴于 2001 年中国加入世界贸易组织之后，中国的零售市场更加开放，竞争更加激烈，各大企业的规模扩张进入了白热化阶段，本书采用了 2002~2013 年的数据资料。依据 2001 年证监会行业分类，本书选取在上海交易所和深圳交易所上市的零售企业为研究样本。样本数据主要来自于国泰安 CSMAR 中国财经数据库中的上市公司财务报表数据库，该数据库信息内容具有准确、完整、权威等特点，因此从中选择的样本真实而有说服力。

初始样本包含 87 家零售企业，剔除了 21 家在 2003 年以后上市从而截面太少的企业、20 家归为零售业三个会计年度以下（含三个）的企业以及 3 家已经终止上市的企业，合并了同时发行 A、B 股的样本，保留下来的 41 个样本企业来自中国各个地区，既能满足足够的区域分布，又能够在一定程度上代表零售行业的发展水平，同时也符合本次研究的数据要求。

2. 指标选取

要研究零售企业的规模经济问题，首先要对企业投入产出进行界定，才能选取适当的指标进行研究。而学术界对于投入产出的定义方法通常有三种：生产法、中介法和收益产出测量法。生产法将企业视为零售服务产品的生产者，为客户提供交换媒介服务，这种方法下用一定时期内的各个分支门店处理的订单量、员工数（Good，1984）等数据来衡量产出比较合适。中介法通常被研究银行业规模经济的学者所使用，他们视银行为储蓄转化为投资的中介机构，将银行看作是存款人和投资者（即贷款人）之间融通资金的金融中介，认为在进行中介服务过程中，除了劳务和实物资本的投入以外，还包括资金投入（徐传谌等，2002）。收益产出测量法以利润和收益作为中心，把经营收入作为产出指标。国内的研究在使用 DEA 对零售企业效率进行研究时通常使用这种方法，例如 Thomas 等（1998）以销售额和利润额作为指标，王旭晖和徐健（2009）则以主营业务收入净额、净利润来衡量产出。

在产出指标选取方面，由于零售企业以提供商品交换服务为产品，产品特性为无形、不可分、不稳定、易消逝和相似性等，产出难以标准化，也难量化，因而实际操作中只能运用收益测量法，使用销售额、销售量、利润额等指标替代。尽管以利润额最好，但是零售企业的前期和后期都可能面临负利润，无法满足计量方法上样本观测值非负的要求，所以本书选取了营业收入作为替代变量来衡量企业产出 y 的大小，y_{it} 则表示第 i 个企业第 t 年的营业收入。相应的成本指标 c 则以企业营业成本来表示（方虹等，2009）。

在投入指标选取方面，本书一方面受数据可得性限制，另一方面将研究重心放在整个零售企业集团的规模经济，故不适合利用生产法来选取指标。零售企业以提供商品交换服务为营业模式，而相应的财务投资等经营行为并非其主要盈利方式，只是起到商品中介的作用而非资金中介的作用，因而本书在投入要素的选择上运用学术界主流的中介法，认为零售企业的投入要素只包括劳动力投入和资本投入。在生产函数的实证研究中，固定资本存量是资本要素的投入量。但成本函数中资本投入的大小却是企业基于成本最小化决策的内生变量，它取决于固定资本价格和产出两个外生变量的大小。具体而言，资本要素投入量是企业基于要素相对价格、要素边际替代率以及产量所做的内生变量。在现实中，影响资本价格的因素众多，其中新购置资本的支出最能反映资本价格，即资本增量含有资本价格信息最多，所以从资本存量入手难以准确测算出资本价格。而企业新增固定资本的形式各不相同，土地或设备可比的价格信息更是难以获得。事实上，资本价格指标难以估算已成为国内应用成本函数计量模型的主要制约因素。

综合考虑，本书在选取投入要素指标时，选取货币型变量，以上市企业现金流量表和资产负债表为基本数据来源，从流量的角度来衡量，将劳动力要素投入的价格 w_{it} 定义为第 t 年企业 i 支付给职工以及为职工支付的现金与职工人数之比，将资本要素投入的价格 r_{it} 定义为第 t 年企业 i 的资本支出与折旧摊销之比，资本支出为购建固定资产、无形资产和其他长期资产支付的现金净额，折旧和摊销为当年固定资产折旧、油气资产折耗、生产性生物资产折旧与无形资产摊销以及长期待摊费用摊销之和。

3. 计量模型

为了减少对成本函数具体形式的限制，以适应更一般的情况，本书选用了超越对数成本函数模型进行拟合。模型假设企业生产满足 CES 生产函数，依据企业生产成本最小化原则，对成本函数在生产约束下进行转换变形即得到超越对数成本函数模型[①]：

$$\ln C = \alpha_0 + \alpha_y \ln Y + \alpha_w \ln W + \alpha_r \ln R + 0.5\alpha_{yy}(\ln Y)^2 + 0.5\alpha_{ww}(\ln W)^2 + 0.5\alpha_{rr}(\ln R)^2 + \alpha_{wr}\ln W \ln R + \alpha_{wy}\ln W \ln Y + \alpha_{ry}\ln R \ln Y \tag{3-13}$$

其中，α 为待估计的系数，W、R 分别为两种投入要素的价格。为了保证成本函数二次可微和关于要素价格向量的一次齐次性，待估系数 α 必须满足以下条件：

① 本模型为陈林和刘小玄（2015）的一个简化形式。

$\alpha_w + \alpha_r = 1$，$\alpha_{wy} + \alpha_{ry} = 0$，$\alpha_{ww} + \alpha_{wr} = 0$，$\alpha_{wr} + \alpha_{rr} = 0$

按照上式进行回归分析，得出的结果即为成本函数。柯布—道格拉斯模型也可以看作是超越对数模型的一种退化形式，即模型中二次项系数和交叉项系数为0。依据上述模型可得到成本—产出规模弹性系数Ey：

$$Ey = \partial \ln C/\partial \ln Y = \alpha_y + \alpha_{yy}\ln Y + \alpha_{wy}\ln W \tag{3-14}$$

成本—产出规模弹性即为学界常用的规模经济指数S = AC/MC（陈林和刘小玄，2015）的倒数，当Ey > 1时，表明产出增加1%时成本上升的幅度大于1%，则依据规模经济的定义，此时不存在规模经济；当Ey<1时，表明产出增加1%时成本上升的幅度小于1%，则表示存在规模经济，这表明产业处于平均成本递减的阶段，具有规模经济效应。

4. 统计描述

本书依据CSMAR数据库中上市公司注册地址所在城市所属的地区，以参照国家统计局的标准为基础，综合考虑了零售业的基本特征，进行了一定的区域合并。国家统计局划定的中国7大区域为：华北（北京、天津、河北、内蒙古、山西、山东）、东北（辽宁、吉林、黑龙江）、华东（上海、浙江、江苏、安徽）、华中（河南、湖北、湖南、江西）、华南（广东、福建、广西、海南）、西南（四川、重庆、云南、贵州、西藏）、西北（陕西、宁夏、青海、甘肃、新疆）。

首先，考虑到年度截面样本不能过少，本书将国家统计局划分的西南地区和西北地区归并为“西部地区”。其次，考虑到历史沿革与文化同质性（清代两江总督府管辖毗邻安徽的江西，闽浙总督府管辖毗邻浙江的福建），也考虑到沿海属性，本书将华东地区归入了江西、福建与山东（山东在清代不属于管辖河北与天津的直隶总督府），归并为“东部地区”。根据国家统计局的华南地区与华中地区，剔除并归入了东部的江西与福建，将两个地区的6个省份归并为“华中南区”（即清代两广与湖广总督府辖地）。根据国家统计局的华北地区和东北地区，剔除并归入了东部的山东，将两个地区的8个省市自治区归并为“北部地区”。

综上所述，41家样本企业最终划分为了北部地区、东部地区、华中南地区、西部地区4个地区（见表3-6）。其中注册地址位于北部的有12家上市企业，东部有14家，各占样本总数的30%左右，其中一个原因可能是东部和北部地区一般具有较强的生产成本优势和运输成本优势；另一个原因可能是东部和北部地区更接近最终产品的消费市场，从而更易实现零售企业最终产品交换的职能。因此北部和东部地区的上市零售企业较多，但总体看来，根据历史地理学的划分，样本的区域分布还是相对平均的，华中南地区、西部地区也分别有 7 家和 8 家上市公司，与北部地区、东部地区相距不远。

表 3-6 地区划分表

北部地区（12 家）	辽宁省、吉林省、黑龙江省；北京市、天津市、河北省、山西省、内蒙古自治区
东部地区（14 家）	上海市、江苏省、浙江省、安徽省；福建省、江西省、山东省
华中南地区（7 家）	河南省、湖北省、湖南省；广东省、广西壮族自治区、海南省
西部地区（8 家）	重庆市、四川省、贵州省、云南省、西藏自治区；陕西省、甘肃省、青海省、宁夏回族自治区、新疆维吾尔自治区

从变量统计特征（见表 3-7）来看，本书各地区和企业数据均包含了完整年份观测值，不存在缺失值，属于一份比较规整的平衡面板数据；全国范围各变量的最小值均来自北部地区且大于 0，因而本书样本数据不存在 0 值情况，适宜取自然对数进行下一步实证研究分析。

表 3-7 变量统计特征

单位：千元

地区	变量	观测值	平均值	标准差	最小值	最大值
全国	C	492	3.30×10^6	5.21×10^6	4.87×10^4	4.08×10^7
	Y	492	4.07×10^6	6.46×10^6	6.45×10^4	5.19×10^7
	W	492	64.531	57.689	5.691	469.757
	R	492	2.182	2.658	0.022	26.098
北部	C	144	3.57×10^6	5.06×10^6	4.87×10^4	2.68×10^7
	Y	144	4.41×10^6	6.28×10^6	6.45×10^4	3.37×10^7
	W	144	57.667	49.087	5.691	321.689
	R	144	2.473	3.195	0.022	26.098
东部	C	168	3.63×10^6	6.46×10^6	9.17×10^4	4.08×10^7
	Y	168	4.47×10^6	8.09×10^6	1.41×10^5	5.19×10^7
	W	168	93.048	69.898	13.044	469.75^7
	R	168	1.882	2.133	0.041	15.574
华中南	C	84	3.01×10^6	3.17×10^6	3.31×10^5	1.34×10^7
	Y	84	3.72×10^6	3.95×10^6	4.33×10^5	1.68×10^7
	W	84	38.296	24.106	10.077	100.080
	R	84	2.123	2.934	0.027	24.767

续表

地区	变量	观测值	平均值	标准差	最小值	最大值
西部	C	96	2.60×10^6	4.35×10^6	3.12×10^5	2.52×10^7
	Y	96	3.17×10^6	5.16×10^6	4.04×10^5	3.02×10^7
	W	96	47.876	45.593	6.622	266.508
	R	96	2.321	2.303	0.129	12.523

通过变量统计特征发现，东部地区的零售企业平均产出规模和成本最大，而西部地区这两项指标最小，这与各地区经济发展总水平和居民消费水平有较直接的关系。华中南地区平均劳动力价格最低，这种情况一方面可能与当地经济发展水平、消费水平、对外开放程度等宏观环境有关（徐健和汪旭晖，2009）；另一方面也可能是由于零售行业属于劳动密集型产业（方虹等，2009；仲伟周等，2012），进入门槛低、劳动力需求量大，尤其是一线销售部门。而华中南地区多为河南、广东、湖北、湖南等人口大省，相对充足的劳动力供给使得该地区平均工资水平相对较低。相较之下，东部地区由于包括了上海交易所等活跃资本市场所在地，体现出来的则是相对较低的平均资本成本。

五、实证检验

1. 回归结果分析

本书利用 Stata.11 对样本进行似不相关回归估计的结果如表 3-8 所示。

表 3-8　回归结果

回归变量	（1） 全国	（2） 北部	（3） 东部	（4） 华中南	（5） 西部
lnY	1.826*** (0.251)	1.920*** (0.560)	1.906*** (0.282)	3.959*** (1.112)	0.709 (0.582)
lnW	2.330*** (0.157)	2.633*** (0.306)	1.591*** (0.232)	3.160*** (0.566)	2.226*** (0.403)
lnR	−1.330*** (0.157)	−1.633*** (0.306)	−0.591* (0.232)	−2.160*** (0.566)	−1.226** (0.403)
$(\ln Y)^2$	−0.014* (0.006)	−0.013 (0.013)	−0.025*** (0.007)	−0.054* (0.023)	0.010 (0.014)

续表

回归变量	(1) 全国	(2) 北部	(3) 东部	(4) 华中南	(5) 西部
$(\ln W)^2$	−0.085*** (0.002)	−0.080*** (0.004)	−0.086*** (0.002)	−0.082*** (0.004)	−0.087*** (0.003)
$(\ln R)^2$	−0.085*** (0.002)	−0.080*** (0.004)	−0.086*** (0.002)	−0.082*** (0.004)	−0.087*** (0.003)
lnWlnR	0.085*** (0.002)	0.080*** (0.004)	0.086*** (0.002)	0.082*** (0.004)	0.087*** (0.003)
lnWlnY	−0.020** (0.007)	−0.037* (0.015)	0.017 (0.011)	−0.062* (0.026)	−0.018 (0.019)
lnRlnY	0.020** (0.007)	0.037* (0.015)	−0.017 (0.011)	0.062* (0.026)	0.018 (0.019)
截距项	−21.745*** (2.944)	−24.123*** (6.418)	−19.198*** (3.432)	−48.847*** (13.567)	−8.365 (6.825)
N	492	144	168	84	96
R^2	0.959	0.949	0.980	0.957	0.975

注：括号内为 t 检验的标准误，*、**、*** 分别表示统计检验的显著水平为 5%、1%和 0.5%。

通过表 3-8 可以看到，各个地区的拟合优度 R^2 都在 0.94 以上，而回归结果中 F 检验的相伴概率均为 0，说明被解释变量的绝大部分变动能被解释变量组合很好地解释，即该回归估计结果合理而可信。进一步分析如下：

首先，各个地区的相同变量回归系数各有差异且与全国样本作为一个整体得到的系数差异较大，说明本书使用的似不相关回归法也是合理的。其次，各地区大部分变量的估计系数 α_{ij} 和 α_{ji} 均能通过 5%显著水平的 t 检验，既不同时显著，也不同时为 0，故本书为中国各区域零售企业设定的超越对数成本函数形式是合理的，不会出现退化现象。最后，估计结果也显示，四个地区的超越对数成本函数均具有“U 形”平均成本曲线特征，满足边际成本递增规律。

综合上述分析可知，运用超越对数成本函数模型来研究中国零售企业的规模经济要比运用 C-D 生产函数模型更符合实际情况。因而可以利用其估计结果进行下一步的分析工作。

2. 成本—产出规模弹性分析

（1）规模经济的时间趋势。鉴于各地区的回归系数均不相同，本书以各地区解释变量回归系数的估计结果来测算 2002~2013 年各企业的成本—

产出规模弹性，计算公式中的产出规模、劳动力价格、资本价格则为各企业的实际产出、劳动力价格和资本价格，各地区和各时期的成本—产出规模则分别是对各地区企业和各企业在各时期的成本—产出规模弹性值进行算术平均得到，并最终整理成表 3-9。

表 3-9　各地区 2002~2013 年规模弹性值

年份＼地区	北部（12）	东部（14）	华中南（7）	西部（8）	各期平均值
2002	1.012	1.040	1.109	0.952	1.028
2003	0.996	1.037	1.126	0.947	1.027
2004	1.005	1.038	1.089	0.954	1.021
2005	0.975	1.036	1.065	0.956	1.008
2006	0.993	1.030	0.973	0.954	0.988
2007	0.967	1.031	1.004	0.960	0.990
2008	0.971	1.030	1.007	0.961	0.992
2009	0.943	1.030	0.954	0.951	0.970
2010	0.968	1.029	0.955	0.967	0.980
2011	0.934	1.016	0.939	0.978	0.967
2012	0.905	1.009	0.893	0.982	0.948
2013	0.914	1.016	0.890	0.972	0.948
地区平均	0.965	1.028	1.001	0.961	0.989

表 3-9 中，各期平均值反映了中国零售业整体在各期的规模经济状况，将其转化为图 3-2 则更明显地揭示了中国零售业规模经济效应随着时间变化的动态趋势。总体平均弹性的趋势线在 2005 年左右穿过 Ey = 1 线（最优规模临界点），说明在这个时点之前，中国的零售业确实存在着规模不经济的现象，而在此之后开始进入规模经济阶段。2002~2013 年 Ey 从 1.028 减少至 0.948，即规模经济指数是处于增长态势的。这表明，中国零售企业从一开始的整体规模不经济发展到规模经济。但 2002~2006 年的整体规模经济效应是逐年递增的（Ey 从 1.028 逐年递减至 0.988），而从 2007 年开始规模经济效应则出现波动，如 2007~2008 年的规模经济指数连续两年下降（Ey 增长），2010 年又出现了下降。该结果与假说 1 提出时所用的宏观数据图 3-1 是一致的——2002~2006 年中国上市零售企业的扩张是适度的，但进入了财政扩张与经济高速增长周期后的零售企业便出现了

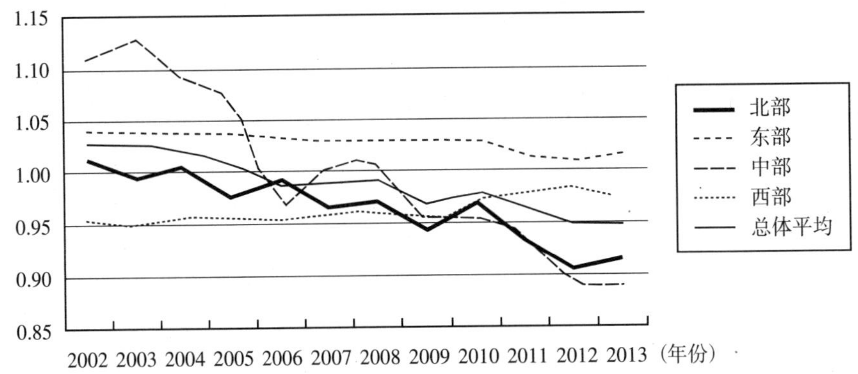

图 3-2　2002~2013 年各地区的规模弹性趋势

规模过度扩张的现象。因此，本书指出的“关于中国上市零售企业的规模经济效应存在，但近年来会由于规模过度扩张而导致增速放缓”的假说 1 基本得证。

从指标的时间区间整体差异看，国内上市零售业的规模经济效应还是得到了长足的发展。20 世纪前后被认为是中国零售业发展的黄金时代，中国零售市场繁荣发展，中国零售业逐步进入由市场主导、自由竞争的高速成长阶段。为了争夺市场份额，各零售企业纷纷进行“跑马圈地”式的扩张。如此粗放型扩张的结果便是市场竞争的白热化和市场容量的逐步饱和。一方面，使得企业组织结构迅速扩大，而庞杂的组织管理则带来了经营成本与管理费用的增加；另一方面，市场的激烈竞争削减了利润，使得各大零售企业盈利能力受损，收益上的边际增长无法弥补边际成本的增加，因而规模上的继续扩张造成了平均成本的提高，最终出现了本书研究结果中 2002~2005 年显示的规模不经济现象。

图 3-2 显示，中国零售业开始注重规模质量，由盲目扩张转变为重视分店盈利，由仅依靠增加分店数量的粗放式扩张，开始转变为通过资产重组、并购构建大企业集团的组织性扩张，精减了市场企业数量，提高了市场集中度，集中利用资源，提高了零售企业的运营效率。与此同时，2005 年实现零售业全面对外开放之后，外资零售企业的进入给中国市场带来了较大的技术溢出效应，使得本土零售业得以学习及引进先进的信息技术、供应链管理技术、卖场布局与商品陈列技术、品类管理技术与防损技术等，逐渐形成以能够具体运用到采购自动化、销售自动化、仓储自动化等

方面的商业电子数据处理系统、管理信息系统、决策支持系统，以及以网络为辅助的商业自动化体系，从而提升零售企业的技术生产率（汪旭晖和徐健，2009），降低了经营成本和管理费用，进而实现了企业在市场份额和规模质量上的共同提升，产生了规模经济效应。

当然，上市零售企业受到 2008 年以来的财政扩张与经济过热的影响，规模开始过度扩张，从而导致规模经济指数的增长出现了波动，影响了规模经济效应的发挥。

（2）规模经济的区域异质性。不同地区零售企业的规模经济效应不同，零售业的规模经济效应出现显著的区域差异性。依据表 3-9 和图 3-2 可以得到假说 2 成立，即不同地区零售企业的规模经济状况不同。从四个地区 2013 年的规模弹性值来看，东部地区最大为 1.016，而其他三个地区均小于 1，其中，西部地区最大为 0.972，华中南地区最小为 0.890，说明了东部地区存在规模不经济，其他地区存在规模经济，而且中西部地区规模经济效应较强。

从四个地区的规模弹性值变化趋势来看，北部地区和华中南地区的成本—产出规模弹性呈现下降（规模经济效应增长）趋势，意味着这两个地区的零售业正在由规模不经济逐步向规模经济发展。东部地区虽然处于规模不经济的阶段，但是其规模弹性趋势是下降的，说明从发展的角度来看，东部地区零售业也正在向规模经济发展。但东部上市零售企业一直处于生产规模超过最优规模的规模不经济状态。

西部地区尽管规模弹性变化趋势线一直位于 Ey = 1 线（最优规模）以下，说明在 2002~2013 年该地区零售业一直存在规模经济，但是从时间趋势上来看，却是向着规模不经济的方向发展。华中南地区成本—产出规模弹性值虽然起点较高，但是从趋势变化速度来看，下降较快，趋势线变化较为陡峭。北部地区趋势线则几乎与整体平均线平行，呈缓慢波动下降趋势。

究其原因，笔者认为：东部地区和北部地区经济发达，居民可支配收入相对其他地区较高，当地消费者具有较高购买力，消费需求旺盛，在市场经济环境下，客观地要求零售业规模的迅速扩张以满足当地市场的需求，因而相对于其他地区零售业的规模发展较快。此外，由于 1992 年国务院批准在北京、天津、上海、大连、青岛、广州 6 大城市和 5 个经济特区试办中外合资零售企业，外资零售企业的技术溢出效应率先在东部地区和北部地区体现，使得东部地区和北部地区的零售企业运营效率得到较快提升，因而更易实现规模经济。然而，2005 年零售业全面对外开放之后，外资零售企业同样选择了经济发展和消费水平较为先进的东部地区作为突破口，使得东部区域零售业竞争达到白热化，各大企业在开店扩张的同时，通过收购、兼并等方式做大做强，使得上市零售企业垄断地位日益增强，出现同业不良竞争、零供冲突等问题，影响了经营绩效（夏春玉等，2006）。外资企业进入的另外一个负面影响则是其凭借自身全球化带来的规模效益，直接降低了生产经营成本，并且在配送、分销、零售管理方面的优势也使得其经营费用和管理成本降到最低，从而形成了绝对成本优势壁垒（彭磊，2009）。当这些负面影响大于由经济水平和外企技术溢出带来的正面影响时，企业规模扩张所带来的边际成本增加便无法得到经营边际效益的弥补，从而造成了东部地区规模不经济现象。

相比之下，由于本书中的北部地区除了北京和天津两个直辖市以外，其他都是经济发展水平相对于东部较为落后的地区，因而在市场竞争方面相对较弱，从而能够在较好地利用区位优势的情况下实现规模经济发展。

虽然华中南地区平均经济水平、发展程度不及东部和北部地区高，但发展速度更快。由于本书的华中南地区包括湖南和湖北等省份，一方面广东省在经济总量上长期全国第一；另一方面近年来国家实施“中部崛起”政策，支持华中地区经济建设，伴随而来的是基础设施建设的大量投入和地区人民消费水平的提高，这成为拉动内需的一个重要发展动力。因而零售业赖以发展的交通运输系统得以完善，消费者需求也被逐渐挖掘。此外，中国零售业仅在短短二三十年内就完成国外零售业近百年才完成的从单店到连锁的发展和单业态到多业态的变革，采用了“拿来主义”的方式将国外的发展模式在国内迅速复制，外资企业进入中国市场带来的技术溢出效应又促进了这一复制速度的提升。尽管受政策限制，华中区开放较晚，但是随着零售业在东部地区和北部地区的飞速发展，华中南地区得以充分利用其“后发优势”，学习借鉴先进地区的发展经验，快速提高其运营效率，从而更快实现规模经济。

西部地区的规模经济则可能主要来自于其零售业发展规模刚好与其市场容量和竞争程度相匹配，从而在 2002~2013 年保持着 Ey<1 的水平。近年来，中国一、二线城市零售市场趋于饱和，各零售企业纷纷将眼光投向中西部地区，向三、四线城市发展。随着上市零售企业跨区域进入，加速了西部地区的竞争，扩大了总体产出规模，而当地经济发展水平和基础建设速

度却无法跟上零售业的增长速度，进而可能会导致规模不经济现象的产生，这也是西部地区成本—产出规模弹性值趋于上升的原因。此外，西部地区人力资本现状不利于零售企业的规模扩张，因为企业的快速扩张需要相应的管理体系和信息系统的运用，这些功能的实现又依赖于高素质的管理团队和熟练的技术人员，人力资本对其发展起着至关重要的作用（仲伟周等，2012），但在西部地区，由于工资水平相对较低，高素质人才倾向于向大中型城市流动，导致了西部地区零售业人才缺乏，进而不利于规模扩张。

六、小结

本书利用沪深股市中国零售业上市公司 2002~2013 年的统计资料，基于超越对数成本函数模型，运用似不相关回归对相关数据进行估计，利用估计结果测算出中国各地区零售业成本—产出规模弹性（规模经济指数的倒数），并以此作为依据得出如下结论。

从整体上看，中国零售业存在规模经济效应，并随着时间发展越来越强。但 2008 年以来，由于经济过热导致零售企业出现规模过度扩张的现象，规模经济效应增长速度被减缓了。从区域来看，中国零售业各地区规模经济状况各不相同：东部地区存在规模不经济，而北部、华中南和西部地区均存在规模经济，该结果也验证了适中的产出规模更易实现规模经济效应。从发展趋势看，东部、北部和华中南地区的规模经济效应均呈现出随时间增强的趋势，西部地区则呈现出由规模经济向规模不经济发展的现象。

从政策含义来看，近年来中国零售业在一系列财政扩张政策的冲击下，尤其是东部沿海地区的零售业寡头一直处于规模不经济的高速发展阶段，一旦面临宏观经济大环境的逆转，其经营风险剧增自然难以避免。因此，政府对于零售业的产业政策及财政扶持措施均需要因地制宜和因时制宜，并需要考虑前期零售业“经济过热”的可能性。

第四章　垄断性行业的国际边界与自由贸易区改革

改革开放30多年来，我国综合国力和国际竞争力大大增强。在此过程中，外商直接投资和国际贸易发挥了重要的作用。外商直接投资为我国带来了较为缺乏的资本和先进的技术及设备，中国的资源优势逐渐得到利用，直接推动了经济发展和技术进步。同时，国际贸易也使得我国能够参与到国际市场，发挥自身的比较优势。但是我国对于外企直接投资和商品进口一直都存在限制。近年来，随着国内外经济形势的不断改变，尤其是我国周边地区自由贸易区竞争加剧以及国内经济发展出现持续回落的态势，我国在对外开放政策上进行了改革，自由贸易区应运而生。而中国自由贸易区与西方的自由贸易区（包括狭义的FTZ和广义的FTA）最大的不同在于其放松了外资准入壁垒，即外资进入内陆需要经过一系列的行政审批，这就可以理解为政府对国际贸易企业所施行的行政垄断行为。本章将立足于自由贸易区改革，运用产业组织理论、博弈论和国际贸易学等经济理论知识，探讨外资准入壁垒下垄断性行业的国际边界和自由贸易区改革的政策红利。

第一节　中国外资准入壁垒的政策效应

一、外资准入壁垒的法律载体

2013年11月，中共十八届三中全会提出：探索对外商投资实行准入前国民待遇加负面清单的管理模式，改革涉外投资审批体制。全国人大常委会亦作出决定，授权国务院在中国（上海）自由贸易试验区自2013年10月1日起暂停实施部分法定的外资准入行政审批制度。《自由贸易区决定》（国发［2013］51号文）[①] 第一条即指出：改革关于外商准入的投资管理模式，暂时调整《中华人民共和国外资企业法实施细则》……《指导外商投资方向规定》、《国务院关于投资体制改革的决定》规定的有关行政审批。其附件则明确指出了上述法规条款的具体修正，附件第一条即关于“外商投资项目核准”的法规调整。

《国务院关于投资体制改革的决定》与《指导外商投资方向规定》正是当前我国外资准入壁垒制度的主要法律载体。这两部行政法规均诞生于上一轮行政审批体制改革。1995年，为改革当时不分行业、不分规模的“全行业外资准入壁垒”，有效引入并规制外国资本，国务院制定了行政法规《指导外商投资方向暂行规定》和《外商投资产业指导目录》，并明确划分出“鼓励外商投资产业”、“限制外商投资产业”及“禁止外商投资产业”。随后我国相继5次修订《外商投资产业指导目录》，2002年又以新修订的《指导外商投资方向规定》取代1995年版法规。2004年，中央为进一步改革整个行政审批制度，出台了《国务院关于投资体制改革的决定》。国家发展和改革委员会据此制定了部门规章[②]《外商投资项目核准暂行办法》，专门用于规制外资准入。一系列行政法明确规定了：外资企业在指定产业进行FDI投资前，必须通过投资主管部门（主要为各级发改部门）的行政审批，并必须和本土企业完成合资才能进行投资与生产经营。

二、外资准入壁垒的变化及影响

从总体的政策效果来看，我国通过上述法律调整，放松了部分产业中的外资准入壁垒，允许外资企业直接进入或与本土企业合资后进入我国市场。受规制的汽车、化工、银行、保险等产业随即出现了一些大型中外合

① 即《国务院关于在中国（上海）自由贸易试验区内暂时调整有关行政法规和国务院文件规定的行政审批或者准入特别管理措施的决定》，简称为《自由贸易区决定》。其附件为《国务院决定在中国（上海）自由贸易试验区内暂时调整有关行政法规和国务院文件规定的行政审批或者准入特别管理措施目录》，本书简称其为《自由贸易区目录》。

② 行政法规和部门规章均属于《中华人民共和国立法法》规定的行政法，是中国的正式法律之一。其中行政法规由国务院制定，是最高法律位阶的行政法。

资企业。产业内市场竞争的激烈程度虽然加剧，但其产品价格、企业利润水平却一直居高不下，消费者剩余受到挤压。以汽车产业为例，我国同一型号的合资品牌汽车的定价比美国、德国的市场价格分别高 51%、30%，进口车型的价格分别比美国、德国高 130%、80%；2008 年汽车产业的工业增加值比 1998 年增加了 5.21 倍，而利润总额则增加了 14.96 倍，以工业增加值和成本费用核算的利润率分别是放松汽车产业外资准入壁垒前 1998 年的 2.87 倍和 3.14 倍（张小蒂和贾钰哲，2011）。为何引入外国资本参与市场竞争，反倒使国产品和进口品的价格同时保持高位，并推动着企业利润水平不断上升？这看似违背了古典经济学的基本原理，同时对我国的产业发展及社会福利产生着重大影响。

此外，外资准入壁垒还会干扰贸易政策的有效性，对我国的宏观经济运行产生重大影响。这是因为规制 FDI 的外资准入壁垒与贸易政策很可能是相互关联的。Mundell（1957）最早发现了这两种政策的作用对象——FDI 与进口贸易之间的替代关系，并提出 FDI 出现的根本原因是跨国公司试图绕过关税壁垒占领东道国市场，东道国的 FDI 与进口之间因而存在挤出效应。既然关税政策会迫使跨国公司减少出口、实施 FDI，那么当外资准入壁垒作用于 FDI 时，Mundell 提出的这种挤出效应同样可以发挥作用。外资企业一旦被限制甚至禁止在东道国进行 FDI，企业自然会加大出口贸易的寻租力度，从而影响东道国关税政策的制定及贸易竞争的结果。这样一来，外资准入壁垒对我国的 FDI、进出口贸易乃至宏观经济运行都产生了关键性影响。

从现实来看，新一轮改革往往是因为上一轮改革不够彻底或当时的新制度（现在的旧制度）还存在改善的空间。从理论上来看，市场竞争加剧与高价格、高利润并存的怪现象，以及外资准入壁垒制度对贸易政策有效性的影响，均值得学界进行深入探究。因此，外资准入壁垒制度及其改革显然是一个值得经济学界探究的理论与现实问题。为此，本书将基于新贸易理论的竞争模型，结合我国特有的外资准入壁垒制度，构建一个动态的南北国贸易模型进行研究。

三、模型构建

1. 基本框架

本书的理论框架沿用新贸易理论中关于 FDI 与进出口贸易的不完全竞争模型。前人的研究综述如下：蒙代尔（Mundell）提出 FDI 与进口之间的挤出效应后，Helpman（1984）、Bhagwati（1985）结合关税政策与运输成本等因素，研究了跨国公司的垂直 FDI（发达国家向发展中国家输出 FDI）问题。但以上两个模型均没有考虑跨国公司与本土企业之间的市场竞争，要么构建在完全竞争市场假设之上，要么假设跨国公司在东道国拥有绝对的垄断势力。Levinsohn（1989）在 Brander 和 Spencer（1984）、Dixit（1984）的不完全竞争贸易模型基础上，最早开始以古诺模型（产量竞争模型）为基本框架，研究关税、进口配额等贸易政策与 FDI 之间的关系。Grossman 和 Helpman（1994）、Helpman 等（2004）、Bjorvatn 和 Eckel（2004）尝试把进出口贸易、关税政策与 FDI 结合在一起，模型结果表明：外商投资行为成为了贸易竞争和贸易政策博弈中的内生变量。

国内的理论探索同样沿用了新贸易理论的不完全竞争模型框架。汪建坤等（2001）较早基于新贸易理论框架，以产量竞争模型研究"逃避关税型对外直接投资"。谢建国（2003，2007）、黄金树等（2005）、刘可等（2006）、姚洪心和三品勉（2007）、叶光亮和邓国营（2010）等进一步拓展了产量竞争模型在国际贸易与关税政策博弈中的应用。其中刘可等（2006）使用产量竞争模型研究了 FDI 与关税之间的内生关系，提出 FDI 的大小与该行业的最优贸易保护关税水平正相关。

然而关于中国问题的研究，学界似乎忽略了一个关键的、具有中国特色的制度因素——针对外资企业的市场准入壁垒。为此，本书将沿用 Brander 和 Spencer（1984）、Dixit（1984）的新贸易模型基本思路——产量竞争和本国产业内只有一家代表性本土企业，同时借鉴谢建国（2007）的序贯博弈思路，将理论模型设定为一个两阶段动态序贯博弈的产量竞争模型，从而研究外资准入壁垒制度产生的政策效应以及改革后可能出现的新制度绩效。

博弈参与人有三个：发展中国家（FDI 东道国）政府及本土企业、发达国家的跨国公司。在博弈第一阶段，发展中国家 i 国在与发达国家 j 国

进行国际贸易和吸收 FDI 前，会制定好某一产业的外资准入壁垒（禁止、限制或不限制 FDI）以及关税政策（关税率）。在第二阶段，两国有企业业在 i 国既定的制度环境下，通过进出口贸易和 FDI 在 i、j 两国的产品市场上进行产量竞争，从而实现双边市场的纳什均衡。序贯博弈的扩展式见图 4–1。

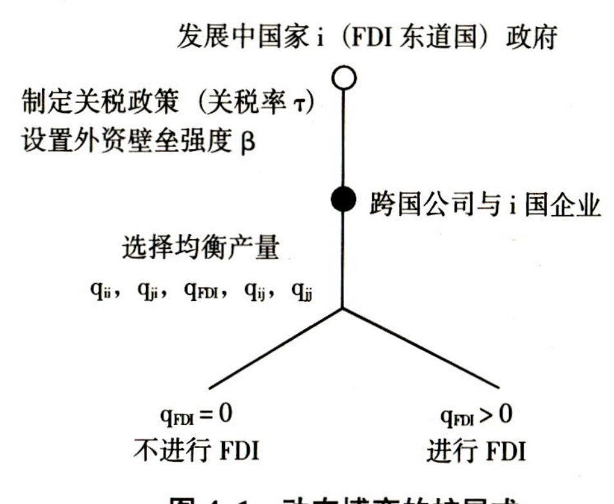

图 4–1　动态博弈的扩展式

2. 需求方

本模型使用逆向归纳法求解动态博弈均衡。模型推导从消费者和企业的最优决策开始，即首先求出市场均衡下的产量，然后得出发展中国家 i 的最优外资准入壁垒强度和最优关税。

假设国际市场上存在两个贸易国：i 国为设置外资准入壁垒的发展中国家，其企业只在本土生产，其产品既内销也向发达国家 j 出口；j 国为输出 FDI 的发达国家，其代表性企业为跨国公司。为简化模型，不考虑南国 i 向北国 j 的逆向 FDI 和跨国公司 FDI 后返销至母国的情况。

设两国消费者在该产业产品上得到的总效用为：

$$U_i = a(q_{ii} + q_{FDI} + q_{ji}) - bq_{ii}^2/2 - q_{FDI}^2/2 - q_{ji}^2/2 - \theta_1 q_{ii}q_{FDI} - \theta_2 q_{ii}q_{ji} - \theta_3 q_{FDI}q_{ji} \tag{4-1}$$

$$U_j = a(q_{ij} + q_{jj}) - bq_{ij}^2/2 - q_{jj}^2/2 - q_{ij}q_{jj} \tag{4-2}$$

两个国家的消费者数量标准化为 1，具有相同的市场规模，两国货币汇率设为 1。a 和 b 为效用函数的固定参数。q_{ii} 为由 i 国生产在本国内销的产品消费量，q_{ij} 为由 i 国生产出口到 j 国的产品消费量，q_{jj} 为由 j 国生产在本国内销的产品消费量，q_{ji} 为由 j 国生产并出口至 i 国的产品消费量，

q_{FDI}为 j 国的跨国公司 FDI 后在 i 国合资生产并销售的产品消费量。以汽车产业为例，前者代表广汽传祺、上汽荣威、一汽红旗等自有品牌产品，中者代表本田、大众等进口品牌产品，后者代表广汽本田、上汽大众、一汽大众等合资品牌产品。以金融业为例，前者代表工商银行、太平洋保险，中者代表日本新生银行、法国巴黎银行、荷兰国际集团，后者代表厦门国际银行、上海巴黎国际银行、太平洋安泰人寿保险。

$\theta_{1,2,3}$可视为产品之间的替代系数，其中$\theta_{1,2,3} \in (0, 1)$，以确保利润函数满足 Hessian 矩阵的负定条件。由于国家之间技术效率、消费文化等存在差异，本土企业和跨国公司的产品对于两国消费者而言是不一样的，即消费者对这些产品的偏好不一致，$\theta_{1,2,3}$正是为此而设（详细论述见下文）。设p_{ii}，p_{ji}，p_{FDI}分别为q_{ii}，q_{ji}，q_{FDI}的价格，p_{ij}，p_{jj}分别为q_{ij}，q_{jj}的价格，假设消费者在购买该产品上没有预算约束。根据一阶条件$\partial U/\partial q = p$，逆推反需求函数：

$$p_{ii} = a - bq_{ii} - \theta_1 q_{FDI} - \theta_2 q_{ji} \tag{4-3}$$

$$p_{ji} = a - q_{ji} - \theta_2 q_{ii} - \theta_3 q_{FDI} \tag{4-4}$$

$$p_{FDI} = a - q_{FDI} - \theta_1 q_{ii} - \theta_3 q_{ji} \tag{4-5}$$

$$p_{ij} = a - bq_{ij} - q_{jj} \tag{4-6}$$

$$p_{jj} = a - q_{jj} - q_{ij} \tag{4-7}$$

由于发展中国家与发达国家之间的消费偏好、技术水平、生产效率等差异，q_{ji}，q_{FDI}，q_{ii}，q_{jj}，q_{ij}对于消费者而言非完全替代品，本书为此假设$\theta_3 < \theta_2 < \theta_1$。据此可得：i 国消费者对进口产品、合资产品、本土产品的偏好评价依次为$p_{ji} > p_{FDI} > p_{ii}$——根据 i 国消费者对进口产品、合资产品、本土产品的偏好评价$q_{ji} > q_{FDI} > q_{ii}$，当消费同样产量时，消费者从进口产品$q_{ji}$所获得的边际效用增加最高，合资产品$q_{FDI}$次之，最后是国产品$q_{ii}$，即$MU_{q_{ji}} > MU_{q_{FDI}} > MU_{q_{ii}}$，根据一阶条件$\partial U/\partial q = p$，可得$p_{ji} > p_{FDI} > p_{ii}$。同理，j 国消费者对发展中国家 i 产品$q_{ij}$的偏好较弱。参数设定为$\theta_3 < \theta_2 < \theta_1$与$b > 1$，使 i 国、j 国消费者的偏好均倾向于跨国公司产品，而非来自发展中国家 i 的产品。这与当前发展中国家和发达国家的现实国情较为相符。

3. 供给方与外资准入壁垒

《指导外商投资方向规定》、《外商投资项目核准暂行管理办法》和《外商投资产业指导目录》等制度规定：在“禁止外商投资产业”，任何外资企业不得进入这些产业，即绝对的准入壁垒；在“限制外商投资产业”，总投资（增资）5000万美元以下的外商投资项目由省级发展和改革部门核准，5000万美元及以上的项目由国家发改委核准，1亿美元及以上的项目还需报国务院核准。

至于“鼓励外商投资产业”也不是没有外资壁垒，只是项目核准实施主体的行政级别相对更“低”——1亿美元以下的项目需经地方发改部门核准，投资规模达1亿美元及以上的需经国家发改委核准，5亿美元及以上的还需报国务院核准。

同时，上述行政法规规定：在特定产业，外资企业进入国内市场必须与本土企业合资，与后者按股权比例分享利润（如一汽大众、广汽本田、上汽大众等合资企业）。

根据上述制度环境，假设企业以利润最大化为生产目标，建立利润函数 π_i 和 π_j：

$$\pi_i = p_{ii}q_{ii} + p_{ij}q_{ij} + \beta p_{FDI}q_{FDI} - c_i(q_{ii} + q_{ij}) - \beta c_i' q_{FDI} \tag{4-8}$$

$$\pi_j = p_{ji}q_{ji} + p_{jj}q_{jj} + (1-\beta)p_{FDI}q_{FDI} - c_j(q_{ji} + q_{jj}) - (1-\beta)c_i' q_{FDI} - \tau p_{ji}q_{ji} \tag{4-9}$$

两国的代表性企业的生产最优化问题为：

$$\max_{q_{ii},q_{ij}} \pi_i \quad \text{s.t. } q_{ii} \geqslant 0,\ q_{ij} \geqslant 0 \tag{4-10}$$

$$\max_{q_{jj},q_{ji},q_{FDI},\beta} \pi_j \quad \text{s.t. } q_{jj} \geqslant 0,\ q_{ji} \geqslant 0,\ q_{FDI} \geqslant 0,\ \underline{\beta} \leqslant \beta < 1 \tag{4-11}$$

τ 为关税率。β 为合资时 i 国企业的股权份额（假定由 j 国企业选择），而 $\underline{\beta}$ 为 i 国政府制定的外资准入壁垒变量，即双方合资生产时 i 国有企业业股权的“法定”最低份额（由 i 国政府选择）。$\underline{\beta}$ 越大表明产业所处的外资准入壁垒越强，i 国企业能获得更多合资产品利润分成。

当 $\underline{\beta} = 1$，i 国在该产业设置了绝对的外资准入壁垒，会没收跨国公司在 i 国的所有经营收入。这时跨国公司在 i 国 FDI 显然是非理性行为，合资完全无利可图。因此，当 i 国政府制定绝对的外资准入壁垒 $\underline{\beta} = 1$ 时，这时 $q_{FDI} = 0$，j 国的跨国公司只能以出口的方式进入 i 国市场。

当$\underline{\beta} = 0$，i 国政府不设置外资准入壁垒。跨国公司 FDI 时，合资不再为必要条件，即使合资也不受合资份额的限制。该产业处于相对的自由市场[①]。

在中国，$\underline{\beta}$ 并非为 1 或 0 的离散值，它是一个在［0，1］区间浮动的连续变量。《外商投资产业指导目录（2007 年修订）》在 48 个“鼓励外商投资产业”和“限制外商投资产业”中明确规定“限于合资”，在 33 个产业中明确规定“限于合作”，在 40 个产业中明确规定必须“中方控股”，在 3 个产业中明确规定“中方相对控股”[②]。该部门规章在部分产业还明确规定了最高外资比例：汽车整车制造业、增值电信业务业以及寿险业的“外资比例不高于 50%”，基础电信中的移动话音和数据服务业、证券投资基金业“外资比例不高于 49%”，基础电信中的国内业务和国际业务“外资比例不高于 35%”，证券业（限于从事 A 股承销、B 股和 H 股以及政府和公司债券的承销和交易）“外资比例不高于 1/3”。

根据《中外合资经营企业法》、《中外合作经营企业法》、《公司法》对“合资”、“合作”、“控股”的法律释义，本书假设《外商投资产业指导目录》设置的外资准入壁垒 $\underline{\beta}$ 强度如下：在“限于合资”产业中 $\beta \geqslant 0.75$，在“中方控股”产业中 $\beta > 0.5$，外资比例不高于 50%、49%、35%、1/3 的产业 β 分别大于 0.5、0.51、0.65、0.67，“限于合作”产业的 $\underline{\beta}$ 则可能更大，“禁止外商投资产业”的 $\underline{\beta} = 1$。各级发改部门在实际操作中，$\underline{\beta}$ 值会在此基础上向上浮动。

假设出资比例与利润、成本份额成正比。c_i，c_i'，c_j 为固定的单位成本参数，并假设 $a > c_i > c_i' > c_j$。

4. 政府决策

假设 i 国政府的贸易政策工具仅有关税。如（4-8）式、（4-9）式所示，τ 为关税率（使用价内税的征收法）。与外资准入壁垒强度 $\underline{\beta}$ 一样，的大小在博弈第一阶段被 i 国政府确定下来。假设模型具有完美信息结构。i 国政府具有先动优势，在第一阶段进行决策时（选择 $\underline{\beta}$，τ），可以

① 当关税、出口退税等贸易政策不存在时，该产业才可视为处于绝对的自由贸易市场，而这在现实中几乎不存在。

② 中方相对控股是指中方投资者在外商投资项目中的投资比例之和大于任何一方外国投资者的投资比例（摘自《指导外商投资方向规定》）。

根据可预见的市场均衡点和均衡产量 q_{ii}^*，q_{ij}^*，q_{jj}^*，q_{ji}^*，q_{FDI}^*，制定最优的 $\underline{\beta}^*$，τ^*，从而最大化本国在该产业实现的社会总福利 SS_i。

$$CS_i = U_i - p_{ii}q_{ii} - p_{ji}q_{ji} - p_{FDI}q_{FDI} \quad (4-12)$$

$$SS_i = CS_i + \pi_i + \tau p_{ji}q_{ji} \quad (4-13)$$

i 国政府的目标函数表达为：

$$\max_{\underline{\beta},\tau} SS_i \qquad \text{s.t.}\ 0 \leqslant \underline{\beta} \leqslant 1,\ \tau \geqslant 0 \quad (4-14)$$

为简化分析，本模型假设发达国家 j 国政府不制定贸易政策。在现实的国际竞争中，关税征收常常是双边的，本书将模型设为单边贸易政策的主要原因在于如果假设双边关税政策，模型须考虑 i、j 两国之间的关税政策博弈。这并非本书要突出的研究主题，也会使博弈模型进一步复杂化，而且国家贸易政策博弈领域已有很多出类拔萃的文献。

四、外资准入壁垒政策的主要效应

1. 求解纳什均衡

本两阶段序贯博弈模型，由三个多决策变量最优化问题（4-10）式、（4-11）式、（4-14）式与序贯博弈组成。下面使用“逆向归纳法”求解博弈的纳什均衡点。本章所有计算均使用 Matlab7.1 软件实现。

由 π_i，π_j 的一阶导数及其负定的 Hessian 矩阵来看，目标函数满足 Kuhn-Tucker 条件的一阶、二阶条件。联立求解（4-10）式和（4-11）式，得纳什均衡产量的解析解。

将均衡解代入（4-13）式，得纳什均衡下的社会总福利 ss_i^*，然后以 ss_i^* 对 $\underline{\beta}$，τ 求偏导解政府目标函数（4-14）式。$\partial ss_i^*/\partial\underline{\beta} = 0$ 的表达式含有 τ，$\partial ss_i^*/\partial\tau = 0$ 的表达式含有 $\underline{\beta}$，联立上述两个非线性方程可得 i 国政府的最优关税率 τ^* 和最优外资准入壁垒强度 $\underline{\beta}^*$。

参考刘可等（2006）、张顺明和余军（2009）使用的数值模拟法，本书将求出 $\underline{\beta}^*$，τ^* 的数值解。参数赋值为 $a = 20$，$b = 1.2$，$c_i = 4$，$c_j = 1.5$，$c_i' = 3$。为保证模型稳健性，还通过调整 θ_1，θ_2，θ_3 值来考察 $\underline{\beta}^*$，τ^* 的变化。数值模拟结果见图 4-2、图 4-3、图 4-4 和图 4-5。

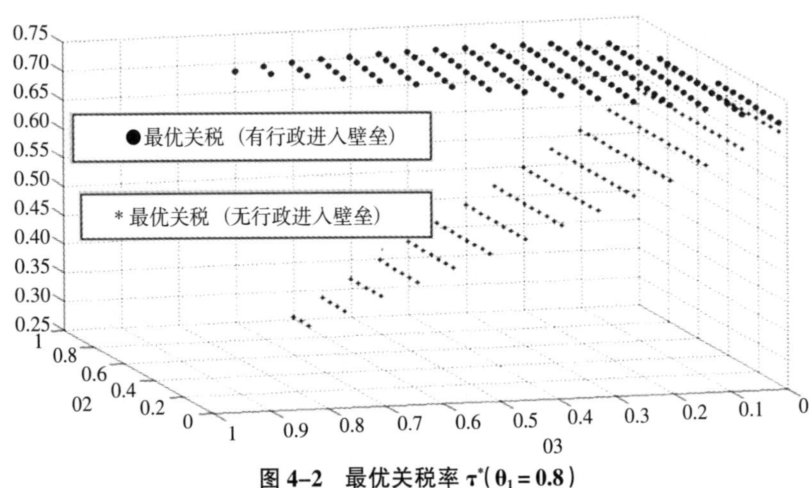

图 4-2 最优关税率 $\tau^*(\theta_1 = 0.8)$

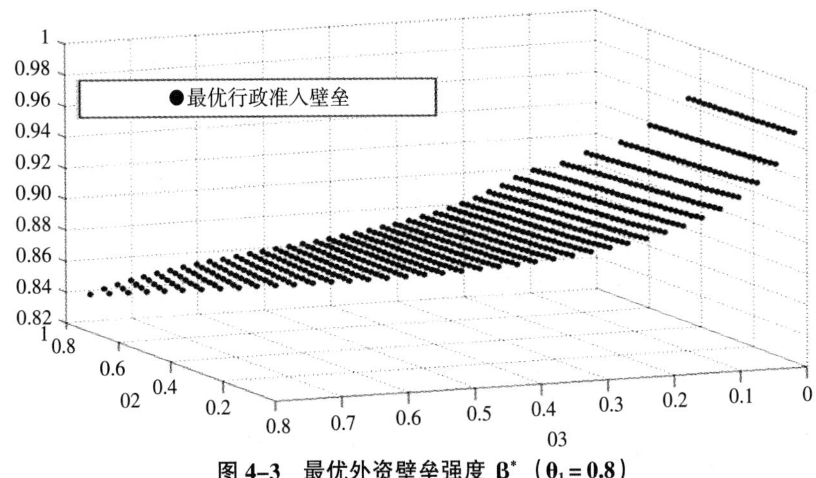

图 4-3 最优外资壁垒强度 $\underline{\beta}^*$（$\theta_1 = 0.8$）

2. 主要政策效应

模型结果显示，i 国的社会总福利 SS_i 存在唯一极大值，i 国政府有唯一的政策最优解 $\underline{\beta}^*$，τ^*。

在图 4-2 至图 4-5 中，当 $\theta_1 = 0.8$ 或 $\theta_1 = 0.65$（θ_1 取值可在（0，1）任意抽取），每对应一个 θ_2，θ_3 就会有唯一的 $\underline{\beta}^*$，并约在［0.85，1］区间浮动。因此，i 国政府的最优外资准入壁垒强度即为将合资企业的最高外资比重控制在 15%以下。当然，“15%以下”的最优壁垒强度只是理论上的

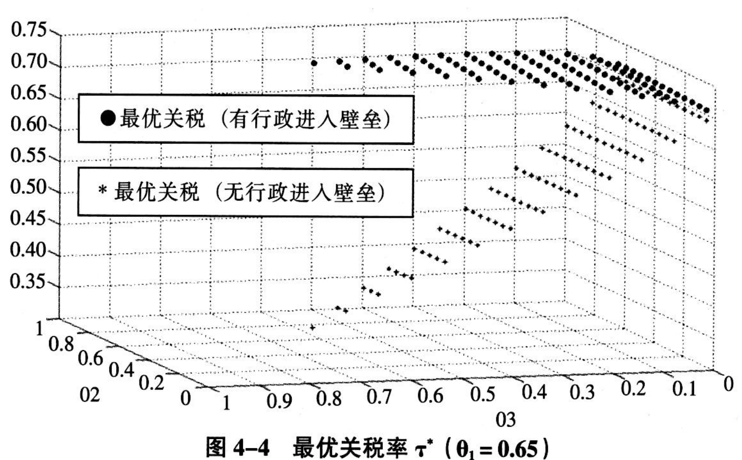

图 4–4　最优关税率 τ^*（$\theta_1=0.65$）

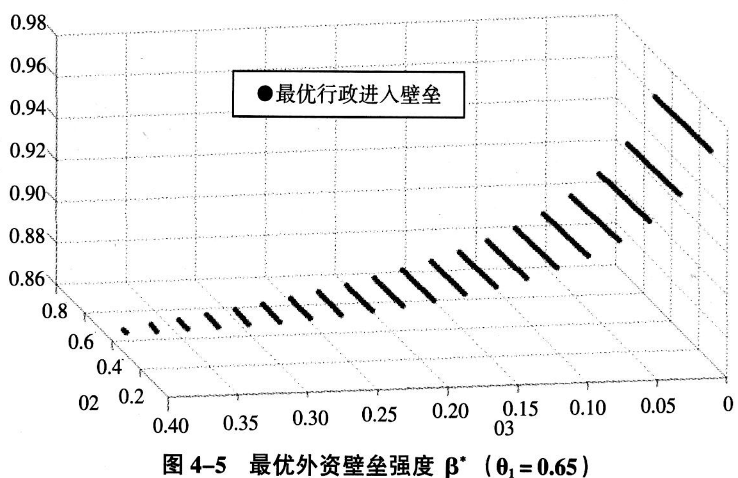

图 4–5　最优外资壁垒强度 $\underline{\beta}^*$（$\theta_1=0.65$）

最优解，要算出实际的最优壁垒强度，还有待后续的实证研究对关于需求市场及企业生产的固定参数 a，θ，c 等进行测定。

总体而言，模型的均衡均位于$\underline{\beta}^*\in$（0，1）区间。这表明：对于大多数产业而言，为最大化本国社会福利，政府的最优决策既不是绝对的外资准入壁垒（$\underline{\beta}^*=1$），也不是绝对的自由竞争市场（$\underline{\beta}^*=0$），而是设置一定程度的外资准入壁垒。该模型结论与我国政府在《指导外商投资方向规定》和《外商投资产业指导目录》中对各行各业作出“最高外资比例”限制的现实制度极为吻合。由此可得命题 1。

命题 1：设置一定程度的外资准入壁垒，是以社会福利最大化为目标的发展中国家政府的最优政策选择。

命题 1 从理论上解释了我国为何要在"鼓励外商投资产业"、"限制外商投资产业"方面规制外资最高比重，因为一定程度的外资准入壁垒能提升我国的社会总福利（企业利润总额加消费者剩余）。

这样看来，外资准入壁垒制度的存在是合理的。那么，以上海自由贸易区为代表的新一轮改革的原动力又在哪里，新制度又会带来怎样的政策效应？为解答这个关键问题，下一节将对放松外资准入壁垒所能带来的制度绩效进行深入分析。

五、自由贸易区改革的政策效应

1. 关于自由贸易区改革的政策效应探讨

根据《自由贸易区决定》及其附件《自由贸易区目录》，外资准入壁垒制度的相关法规条款[①]，在上海自由贸易试验区内，统统被修订为"在负面清单之外的领域，暂时停止实施该项行政审批，改为备案管理"。

《中国（上海）自由贸易试验区外商投资准入特别管理措施（负面清单）(2013)》所规定的"负面清单"产业共有 190 个产业小类，在国民经济的全行业内的覆盖率仅为 17.8%。换言之，国民经济全部行业中 879 个产业小类的外资准入壁垒基本取消，外资企业在自由贸易区投资这 879 类产业项目仅需在相关机构备案。

从行政审批式的"核准"到"备案"，其中的改革意义是非凡的。以针对民营企业的准入壁垒制度改革为例，1951 年国务院出台的《私营企业暂行条例》首次规定，所有民营企业的设立必须经过行政机关的"核准"，

① 主要包括：《指导外商投资方向规定》规定的"外商投资项目按照项目性质分别由发展计划部门和经贸部门审批、备案"与"外商投资企业的合同、章程由外经贸部门审批、备案。其中，限制类限额以下的外商投资项目由省、自治区、直辖市及计划单列市人民政府的相应主管部门审批，同时报上级主管部门和行业主管部门备案，此类项目审批权不得下放。属于服务贸易领域逐步开放的外商投资项目，按照国家有关规定审批"；《国务院关于投资体制改革的决定》规定的"对于外商投资项目，政府还要从市场准入、资本项目管理等方面进行核准"和"外商投资企业的设立及变更事项，按现行有关规定由商务部和地方政府核准"；《外商投资产业指导目录》中总投资（包括增资）3 亿美元以下的鼓励类、允许类项目，由国务院有关部委或地方政府有关部门核准（《国务院关于进一步做好利用外资工作的若干意见》）等法规。

这标志着我国市场准入壁垒制度的诞生；随着改革开放的深入，1988 年版《私营企业暂行条例》将“核准”修订为“登记”——“申请开办私营企业，必须持有关证件向企业所在地工商行政管理机关办理登记”。自此我国针对民营企业的全行业市场准入壁垒消失了，成为了我国社会主义经济体制变革的重要分水岭。2013 年，我国政府根据党的十八届三中全会的精神，在上海自由贸易区开展了关于外资准入壁垒的新一轮制度改革，具有很强的改革示范意义，其探索将深刻地影响着今后全国性外资准入壁垒制度的改革及途径。

那么，这种改革可能带来的制度绩效或者说政策效应将会如何？为此，本模型假设：一旦 i 国不再拥有设置外资准入壁垒的特权，即其政策变量$\underline{\beta}$必须等于 0，只能制定关税政策，从而模拟了自由贸易区制度在全国推广而可能带来的政策效应。模型运算结果详见附录及相关的运算结果图，因篇幅有限，附录及其相关图示不在正文展示，如有需要可向作者索取。

模型结果显示：在自由贸易区设立并推广前（即外资准入壁垒制度改革前），发展中国家 i 国的社会总福利相对较高；在外资准入壁垒的作用下，这种社会福利提升其实来源于 i 国公司经营受该制度的保护，而使企业经济利润出现大面积提升，总体获利水平远高于外资准入壁垒制度改革后的水平。

自由贸易区制度在全国推广后，大部分行业的$\underline{\beta}$必须等于 0。模型运行结果显示，经历外资准入壁垒制度改革后（$\underline{\beta}=0$），i 国的社会总福利会出现下降。但社会福利受到损害的最主要原因却是 i 国原来受制度保护的企业经营受到了合资企业的冲击，而导致其经济利润大幅下降（详见附录）。

如果本书的研究到此为止，放松外资准入壁垒的自由贸易区改革，似乎对发展中国家 i 国来说“百害而无一利”——同时损害了社会总福利与企业经济利润。但接下来的研究却表明，相对于新政策带来的积极效应，这种改革的轻微“副作用”是可以接受的。

模型运算结果显示：自由贸易区制度在全国推广后，i 国的消费者剩余将获得极大的提高，整个消费市场极度活跃，产品市场的消费总量 $q_{ii}^*+q_{FDI}^*+q_{ji}^*$ 将出现大幅飙升。

建立并推广自由贸易区的外资准入壁垒制度改革，在发展中国家 i 国的企业经济利润和消费者剩余之间产生了明显的挤出作用——改革通过减少本土企业利润补贴国内消费者的福利。这样的体制改革将以降低本土企业的超额经济利润为代价，大幅补贴了平民百姓或下游企业等消费者的福利水平。制度就是这样在消费者和供给方之间无声无息地实施“转移支付”。更重要的是，这样的改革大幅刺激了国内的消费水平，直接实现了“扩大内需”的改革目标。由此得命题 2。

命题 2：一旦外资准入壁垒被取消，发展中国家的本土企业经济利润将受到损害，但消费者剩余、总体消费水平却得到大幅提升。因此，自由贸易区改革具有显著的“（企业向消费者的）转移支付”和“扩大内需”效应。

既然市场环境 a，b 与企业成本 c_i，c_i' 均没发生变化，那么发展中国家 i 国的消费者剩余与消费水平为何会大幅上涨，而新政策的作用机制又会怎样运行？（答案详见附录的模型运算结果）这是因为，放松规制加剧了供给方的市场竞争，自由贸易区改革因而大幅降低了 i 国市场上所有产品 q_{ii}^*，q_{ji}^*，q_{FDI}^* 的市场均衡价格，从而刺激了消费者剩余与总体消费水平的提高。由此可得命题 3。

命题 3：外资准入壁垒制度改革后，由于供给方市场竞争的加剧，发展中国家的国内市场价格（包括国产品、合资产品和进口品的价格）将同时出现大幅下降。因此，自由贸易区改革存在显著的“价格平抑”效应。

在外资准入壁垒改革的三种效应作用下，虽然本土企业的经济利润受到了损失，但作为消费者的下游企业或平民百姓，却能够以全面下降的市场价格消费更多的行业产品，从而获得更高的消费者剩余。政府亦实现了“扩大内需”的政策目标，使消费者与政府实现了“双赢”。

同时 $\partial q_{ij}^*/\partial\beta = q_{jj}^*/\partial\beta = \partial CS_j/\partial\beta = 0$ 表明：外资准入壁垒改革对国外的总消费量和消费者剩余均没有造成冲击，即自由贸易区改革不会补贴国外的消费者，而只会提升本国的消费者剩余和国内市场需求总量。因此，外资准入壁垒制度改革的政策红利不具有显著的外溢效应，自由贸易区改革不会以本土企业的经济损失，补贴国外的消费者。

与此同时，自由贸易区改革后，本土企业生产的国产品消费量不降反升，并抑制了进口品的总消费量。从重商主义和贸易保护的角度看，外资准入壁垒制度改革不会影响我国的市场开放程度，甚至在一定程度上提升了本土市场的国产化程度（合资产品也是广义的国产品）。由此可得命题 4。

命题 4：自由贸易区改革，会抑制进口品消费，同时提升国产品与合资产品的总消费量，因而存在显著的“国产化”效应。

综上所述，以自由贸易区改革为代表的外资准入壁垒制度改革，在理论上存在“转移支付”、“扩大内需”、“价格平抑”以及“国产化”等积极效应。因此，本书的理论模型证明了：上海自由贸易区改革的总体效应理论上应是积极的。

为检验模型稳健性，本书将外生参数改为 $c_i = 5$，$c_j = 2$，$c_i' = 4.5$，其他参数不变，模型运行结果没有质变。进一步调整其他参数，模型均衡及相关结论也没有产生大的变化。综合判断模型及其结论具有一定稳健性。

2. 渐进改革与“负面清单”的必要性探讨

《指导外商投资方向规定》和《外商投资产业指导目录》规定：涉及传统工艺、技术保密以及国家安全的产业为“禁止外商投资产业”，即我国在部分工农业、服务业设置了绝对的外资准入壁垒（$\underline{\beta} = 1$）。与此同时，中共十八届三中全会也提出：探索对外商投资实行准入前国民待遇加负面清单的管理模式。正因如此，自由贸易区改革并没有放松所有行业的外资准入壁垒，而是通过出台“负面清单”目录，在 190 个产业小类中维持了原有的外资准入审批制度。

关于外资准入壁垒制度，我国当前推行的体制改革是循序渐进而非一步到位的。本理论模型则证明了：渐进的体制改革与“负面清单”制度是具有一定合理性的。

在命题 1 推导中，当产品替代系数 $\theta_{1,2,3}$ 满足某种关系时，模型可得 $\underline{\beta}^* = 1$ 的均衡点，即使这种均衡点相对很少。因此，对于某些特殊产业和产品，政府的最优外资准入壁垒强度恰恰等于 1，即政府应该实施绝对的外资准入壁垒，禁止跨国公司进行投资。该结论与当前外资准入壁垒制度所规定的“禁止外商投资产业”不谋而合。

这种“禁止外商投资产业”由于各种原因，其市场均衡点正处于 $\underline{\beta}^* = 1$，$q^*_{FDI} = 0$。政府为它们设置绝对的外资准入壁垒 $\underline{\beta} = 1$，其实是为最大化社会福利而作出的最优决策。因此，在追求社会福利最大化的目标下，政府在极少数关系到独有技术、经济命脉与国家安全的特殊产业，设置绝对的行政准入壁垒是有必要的。

同理，中国（上海）自由贸易区同样可能存在$\underline{\beta}^*=1$，$q_{FDI}^*=0$的特殊产业。为这些产业保留政府规制，同样是符合我国社会福利最大化原则的。如果改革试图一蹴而就，在这些原本是禁止外商投资的产业，骤然取消所有政府规制手段，那么改革就显得“激进”了。

“渐进”一直是我国改革开放的成功要领，针对民营企业的准入壁垒制度改革也不例外。1988 年版《私营企业暂行条例》虽然放松了绝大部分产业的准入壁垒制，但亦保留了民营企业准入的“禁区”——“不得从事军工、金融业的生产经营，不得生产经营国家禁止经营的产品”。而 2004 年前后的行政审批制度改革，《国务院关于投资体制改革的决定》和《政府核准的投资项目目录》等法规同样划分了数百个民营企业投资必须经过行政审批的产业领域。加上与理论模型不同，新政策的效果在现实中很可能出现不确定性，且“激进”改革的交易成本也可能会不成比例地增高。

此外，2013 年 9 月出台的“负面清单”目录，只是明确规定外商在投资这 190 个产业前，必须经过相关部门的行政审批，而非将其法定为“禁止外商投资产业”。

综合判断，外资准入壁垒的制度改革遵循渐进的原则，先在上海自由贸易区放松 879 个产业的准入规制，而保留 190 个产业的规制措施，是具有较强合理性的。由此得命题 5。

命题 5：自由贸易区改革放松大部分产业的外资准入壁垒，而在190个原本是“限制”或“禁止外商投资”的产业保留了行政审批，即所谓的“负面清单”制度，是渐进改革的必由之路，具有较强的政策合理性。

命题 5 较好地解释了为何我国当前关于外资准入壁垒的改革并非一蹴而就——而是实施渐进式改革——“改革涉外投资审批体制”，“统一内外资法律法规，保持外资政策稳定、透明、可预期。推进金融、教育、文化、医疗等服务业领域有序开放，放开育幼养老、建筑设计、会计审计、商贸物流、电子商务等服务业领域外资准入限制（摘自十八届三中全会决议）”。不难看出，上海自由贸易试验区的改革进程与本书的结论不谋而合。

六、外资准入壁垒对关税政策的影响

数值模拟结果显示：最优关税率 τ^* 大约在［0.7，0.75］区间浮动（见图 4-2、图 4-4），即政府应对每单位的进口品销售产值征收 70%~75%的价内税。

模型结果显示，最优关税率 τ^* 随产品替代系数 θ_1，θ_2，θ_3 大小变化而变化。该结论与姚洪心和三品勉（2007）的“产品差异化程度上升会导致最优关税的提高”以及叶光亮和邓国营（2010）的“在政府选择以福利极大化为目标的情况下，产品差异程度和公有企业私有化程度越高，则政府应该制定越高的关税”等研究结论较为一致。佟苍松（2006）以美国数据进行的实证研究也证明了国内商品与进口商品之间的替代弹性大小对政府关税政策工具有重要影响。此外，模型结果中 $\partial q_{ij}^*/\partial\tau=0$、$\partial(q_{ii}^*+q_{FDI}^*+q_{ji}^*)/\partial\tau\neq 0$ 与王胜和邹恒甫（2004）的实证结果一致——关税率与本国出口份额的相关系数不显著，而与 GDP 显著相关。

关税政策的主要目标是通过提高进口产品的成本，削弱其与本国市场上同类产品的竞争力，以保护本国产品的市场份额与企业发展潜力。从保护市场份额来看，模型运算结果显示，当存在外资准入壁垒时，$\partial q_{ji}^*/\partial\tau$，$\partial q_{ii}^*/\partial\tau$ 的正负，取决于外资准入壁垒强度 $\underline{\beta}$ 的大小。从保护产业发展（利润与资本积累）来看，$\partial\pi_i^*/\partial\tau$，$\partial\pi_{ji}^*/\partial\tau$①的大小也受到外资准入壁垒强度 $\underline{\beta}$ 的影响。

因此，外资准入壁垒对关税政策的有效性产生了显著影响，外资准入壁垒与关税政策不是独立的政策（制度）。由此可得命题 6。

命题 6：外资准入壁垒制度会影响关税政策的有效性，两者不是独立的政策（制度），两者的政策制定过程须由主管外资壁垒的发改部门和主管关税政策的海关部门联合开展。

命题 6 的政策含义为：发展中国家在某产业设置外资准入壁垒时，务必考虑现行关税率；设定关税率时，也必须考虑外资准入壁垒的强弱。如果发展中国家把外资准入壁垒设为最优值 $\underline{\beta}^*$，而关税率偏离最优值 τ^*，或

① π_{ji} 表示 j 国跨国公司通过进口商品 q_{ji} 所获利润。

把关税率定为 τ^*，而外资准入壁垒不设为$\underline{\beta}^*$，这两种偏离纳什均衡的做法都会损害本国的社会总福利（$SS_i < SS_i^*$）。

为考察外资准入壁垒与关税政策的具体关系，假设 τ 为外生变量，以 $\partial SS_i^*/\alpha\underline{\beta} = 0$ 求解$\underline{\beta}^*$，运算结果（详见附录）显示：最优外资准入壁垒$\underline{\beta}^*$是关于 τ 的单调递增函数——现行关税率越高，最优外资准入壁垒的强度$\underline{\beta}^*$越大。以方程$\partial SS_i^*/\partial\tau = 0$ 求解 τ^*，本文发现 τ^* 也是关于$\underline{\beta}$的单调递增函数。这表明：如果面临较强的外资准入壁垒，跨国公司自然会加大出口贸易力度，从而间接提高跨国公司对高关税的承受力，FDI 东道国因而可以征收更高的关税率；反之亦然。

因此，外资准入壁垒与关税政策之间存在一定的互补作用。那么，对于当前的自由贸易区改革而言，在放松特定产业的外资准入壁垒的同时，政府就应该重新考虑对应产品的最优关税率。否则，政府决策将偏离社会福利最优点。

七、小结

20 世纪末，我国汽车产业的绝对外资准入壁垒放松了，欧美日韩等地的跨国汽车公司相继在中国投资设厂。而加入世界贸易组织后，我国汽车进口税率已降至 25%，零部件平均税率也降至 10%。消费者期盼着小轿车成为日常生活的必需品，期盼着消费廉价的高质量汽车。但事实证明，汽车虽然普及了，不过这些国产的合资品牌汽车与进口汽车的价格却依然居高不下。购买同一型号的国产或进口汽车，我国消费者均需承受比国外高得多的价格（张小蒂和贾钰哲，2011）。单从市场经济的角度看，这种引入竞争提高了价格的经济现象似乎难以解释。而根据本书的研究结果，我国出现国产品牌与进口品牌价格同时高企、企业利润高以及消费者剩余低的经济现象，正是当前外资准入壁垒的主要政策效应之一。随着新一轮社会主义市场经济体制改革被提上议事日程，我国外资准入壁垒制度改革已迫在眉睫。为此，根据中共十八届三中全会决议的精神，我国开展了上海自由贸易试验区的改革试验。

为深入剖析外资准入壁垒即政府管制国际贸易企业的作用机制，探讨自由贸易区改革可能带来的政策效应，本书基于新贸易理论，通过构建动态理论模型并进行数值模拟，研究了放松外资准入壁垒的政策效应，并揭示出外资准入壁垒对关税政策有效性的具体影响。主要结论如下：

设置一定程度的外资准入壁垒，是以社会福利最大化为目标的发展中国家政府的最优选择。而放松外资准入壁垒，建立并推广自由贸易区，虽然会使本土企业经济利润受到损害，但改革却会带来“转移支付”、“扩大内需”、“价格平抑”以及“国产化”等积极的政策效应。从总体来看，自由贸易区改革的政策效应是正面的。

同时，模型运行结果表明，“禁止外商投资产业”在理论上是成立的。而且，考虑到激进改革可能带来的不确定性及高额交易成本，在外资准入壁垒领域推行渐进改革，例如上海自由贸易区以“负面清单”模式保留少部分产业的规制措施，具有较强的政策合理性。

另外，外资准入壁垒制度会影响关税政策的有效性，两者不是独立的政策（制度），两者的政策制定过程须由主管外资壁垒的发改部门和主管关税政策的海关部门联合开展。对于当前的自由贸易区改革而言，在放松特定产业的外资准入壁垒的同时，政府就应该重新考虑对应产品的最优关税率。

关于外资准入壁垒的制度改革迫在眉睫，而该领域的理论研究又较为缺乏。为此，本书进行了一次大胆的尝试。但本书仅为引玉之砖，更深入的理论与经验研究还有待学界共勉。

第二节　自由贸易区的多维度政策红利

自由贸易区，既是一个老话题，也是一个新命题。早在 1957 年，国内学术期刊便引进了“自由贸易区”这一源自国外的学术概念，通过翻译国外论文（森永和彦，1957；惠德，1958）在国内推介自由贸易区。这一领域经过 50 多年的发展，已日渐成熟。当前，自由贸易区的基本内涵——为实现国家经济发展和改革开放等战略目标，为促进区域经济一体化，在一定区域内取消部分关税壁垒，放松外资准入壁垒，实现与国际市场的生产要素自由流动的一个特殊区域。从外延来看，国际上的自由贸易区主要有两类：一类是广义的自由贸易区（FTA），是指两个或两个以上的国家或地区（包括单独的关税地区），通过签署自由贸易协定设立的特殊经济区域或经济集团；另一类是狭义的自由贸易区（FTZ），又称自由贸易园区，是一个国家在国内设立的、实行特殊经济管理体制、政策的特定区域。

一、自由贸易区的研究现状

近年来，自由贸易区这个老话题不断被解读出新的政策含义。尤其是2013年的中共第十八届三中全会决议，用了将近250字的篇幅去展示党和国家对自由贸易区建设的战略构想。实务界非常重视自由贸易区建设，但理论界的知识储备则显得相对不足，很多学术论文几乎都是新政策出台后的“应激性”成果。因此，理论研究滞后于政策实施，实践似乎无法得到理论的指导。

以中国知网（CNKI）的数据样本为例，2001年自由贸易区的相关文献仅新增了92篇[①]，而2002年《中国东盟全面经济合作框架协议》的签订则直接导致了自由贸易区研究的一次高潮——2002年新增的学术论文高达254篇。2010年1月，中国—东盟自由贸易区正式全面启动，自由贸易区的研究再次迎来新高潮，新增论文数量从2009年的614篇上涨至2010年的994篇。2013年8月，中国（上海）自由贸易试验区的建立再次引发理论界成果的井喷——学术界于2013年产出了1509篇学术论文，其中有989篇是发表于当年8月之后。而到了2014年，新增的自由贸易区研究文献更是高达2535篇，超过了2012年和2013年相关论文数量之和（见图4-6）。

然而，在这种“政策先行而理论后补”的研究背景下，自由贸易区研究的学术水平并没有得到显著的提升。本书以每年发表在“北大核心”期刊的论文数量占全年论文总数的比重作为研究水平的一个简单测度，结果发现：2002年以来核心期刊论文的比重急剧下降（见图4-6）。2001年，自由贸易区论文发表在北大核心的比重为47.8%，2002年这一比重出现骤降，并经历了多年的波动下行，2013年和2014年的核心期刊论文比重已不足20%。

① 研究样本为中国知网数据库中篇名或关键词或摘要含有“自由贸易区”或“自贸区”的期刊论文。

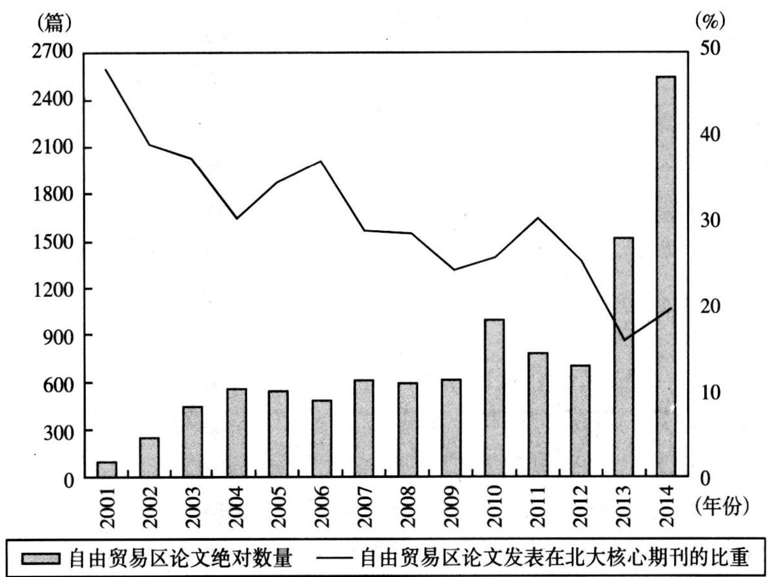

图 4-6　自由贸易区论文的绝对数量以及发表在北大核心期刊的比重

有关自由贸易区的研究文献如此之多，对今后的学术研究有利有弊。其利在于，丰厚的研究成果是可以依赖的“巨人肩膀”；其弊在于，后续的理论或实证研究在选取参考文献的时候，必须经历多重的筛选，否则该“巨人肩膀”不稳固必将导致后续研究事倍功半。裴长洪（2015）首次提出要重新审视“开放型经济发展思路”，即以贸易投资的增长幅度和规模作为经济发展纲领，由此提出了自由贸易区研究的新需求与新路径。不难看出，在新常态的时代背景下将为自由贸易区研究进一步提出诉求与任务。

综上所述，鉴于自由贸易区研究的重大现实意义与学术价值，本书将对自由贸易区的研究文献做一次多维度的综述，重点给出自由贸易区建设在不同维度的政策红利。本书通过归纳出自由贸易区理论在国内的研究现状与不足，为当前国内如雨后春笋般出现的自由贸易区建设提供理论支撑，并尝试指出目前自由贸易区领域中值得进一步拓展的研究方向。

二、自由贸易区的贸易促进红利

随着自由贸易区浪潮在世界范围内兴起，我国也在不断推进自由贸易区实践的深度化和广度化。自由贸易区作为一国或地区发展实施对外经济开放、构建与他国合作发展平台的重要战略，显著影响着其贸易、投资和产业发展，甚至对该区域的社会福利水平产生积极作用。裴长洪（2015）将这种涉及贸易和外商投资的政策红利归纳为开放红利。

在开放红利中，贸易增长和贸易结构升级效应则尤为明显。这是因为，随着自由贸易区的成立，自由贸易区内的关税以及非关税壁垒将逐渐降低，区域内各成员国的贸易总量规模、进出口流量将发生巨大变化，贸易条件将有很大改善。研究表明，中国—东盟自由贸易区（CAFTA）的成立在很大程度上削减了双方的关税和非关税壁垒，中国与东盟市场容量得以显著扩大，贸易规模获得显著增长，进出口贸易流量也有所增加（江虹，2005；徐婧，2008；周曙东和崔奇峰，2010）。对我国签订的其他自由贸易区的研究，如中日韩自由贸易区（李荣林和鲁晓东，2006）、中韩自由贸易区（李晓峰和桂嘉越，2009）、中新自由贸易区（王岩和高鹤，2012）以及中国—南部非洲关税同盟自由贸易区（李秀娥和孔庆峰，2013），同样表明了自由贸易区能促进区域内成员国的贸易规模不断扩大、进出口流量不断增长，贸易各方的贸易地位不断提高，并且为各成员国比较优势的发挥创造了有利条件。

近年来不断涌现出对自由贸易区贸易效应的研究文献，大多数学者都肯定了自由贸易区的建立会对区内成员产生正的贸易促进红利。比如，蔡宏波（2010）基于引力模型测算了我国自由贸易区的贸易流量效应，得出双边 FTA 分别在一定程度上促进了双边贸易发展这一结论。中国的自由贸易区战略实施后，中国对其自由贸易区成员国出口量显著性增加（赵金龙和倪中新，2013），随后这一理论被进一步补充。赵亮（2014）的研究进一步表明，自由贸易区成员越多、市场规模越大，总体上对我国在对外贸易、经济总量及社会福利水平的驱动作用就越大，两者基本上呈正相关关系。我国其他的自由贸易区建设在贸易效应方面同样得出了肯定结论。

尽管我国与东盟国家在进出口贸易、相互投资等领域取得了相当大的进展，中国与东盟经贸关系也日益紧密，但目前中国与东盟各国之间贸易额存在着的较大差异会不会影响今后双方贸易增长的预期？周观琪（2011）的研究明确了中国和东盟各国之间贸易额的差异是由于东盟内部本身存在较大的国别差异，中国与东盟的贸易今后仍然会呈现出整体增长的态势。早在 2002 年我国就与东盟签署了《中国东盟全面经济合作框架协议》，而双方在产业结构、资源禀赋方面同时存在着相似性、趋同性和竞争性，这些因素会对双方的进一步合作产生怎样的影响。柯雷和赵曙东（2003）较早对这一问题进行研究认为，在规模经济条件下，由于存在产业内分工，中国和东盟各国相似产业依然具有很强的互补性，进行贸易依然可以获益。同时，自由贸易区的建立可以为双方加强自身力量和资源整合、增强各自经济活力和实力创造有利的环境（张军，2010）。

根据美国经济学家瓦伊纳的理论，加入自由贸易区对一国贸易流量产生的影响，可以用两个重要指标来衡量——贸易创造效应和贸易转移效应。根据王晓德（2000）的解释，贸易创造是指成员国之间由于关税和非关税壁垒的取消而带来的贸易流量增大和成员国整体福利上升；贸易转移是指成员国的贸易方向发生了改变，原本由成员国之外国家进口的廉价商品，现在要以更高的价格从成员国内部购买，从而导致福利损失。自由贸易区的总体贸易效应取决于贸易创造效应的收益与贸易转移效应的损失。

国内学者大都认为，自由贸易区的建立会使得贸易创造效应的收益远大于贸易转移效应的损失，因此获得的贸易总效应为正。中国—东盟自由贸易区的建立对中国和东盟的进出口产生了较大的贸易创造效应，双方都可以从自由贸易区高效的分工协作体系中得到贸易创造效应的益处（李占卫和李皖南，2004；周曙东等，2006；陈雯，2009）。贸易创造效应是由于自由贸易区的建立消除了贸易壁垒，从而在一定程度上促进了贸易规模的扩大（李皖南，2010）。陈汉林和涂艳（2007）探讨了中国—东盟自由贸易区的静态贸易效应，发现自由贸易区贸易创造效应和贸易转移效应之间的差额逐年增长。黄新飞等（2014）进一步补充道，尽管 CAFTA 的建立对成员国贸易流量的影响同时存在着贸易创造效应和贸易转移效应，但贸易转移效应每年以一定速度递减。也就是说，中国参与 FTA 产生的贸易创造效应明显，而贸易转移效应较少，且 FTA 时间越长，体现出的贸易创造效应越明显（李荣林和赵滨元，2012）。

但也有研究发现，自由贸易区的贸易转移效应其实并不存在或者并不明显。建立自由贸易区固然会使得区域内成员国贸易往来更加频繁，但由此带来的贸易转移效应不可能很大，自由贸易区内水平型的分工与贸易格局是各成员国获得贸易创造效应的有利条件（张帆，2002；程伟晶和冯帆，2014）。观点略有不同的郎永峰和尹翔硕（2009）在对中国—东盟自由贸易区贸易效应进行实证研究后则指出，CAFTA 达成后能显著扩大区内贸易，但不存在贸易转移效应。

由此可知，现有的研究表明，自由贸易区的建立会扩大区域内各成员国的贸易总量规模，增加各方的进出口流量，并将改善成员国相互之间的贸易条件。即使是与具有相似产业结构和资源禀赋的国家或地区建立自由贸易区，双方仍然能收获自由贸易的益处。尽管目前理论界对自由贸易区的贸易转移效应还存在一定分歧，但都证明了自由贸易区的贸易创造效应比贸易转移效应更显著，因此自由贸易区的总体贸易促进红利为正。目前，自由贸易区的贸易促进效应尚存留一些问题有待进一步探索，比如，自由贸易区内成员数量和贸易流量存在正向关系的原因是什么；自由贸易协定的多重交叉现象，如韩国既和我国签订了自由贸易协定，又在积极促成中日韩三国自由贸易区的建设，这种交叉的贸易协定是否会削弱自由贸易区对我国的贸易促进红利；等等。这些问题还需要后续研究提供更具体的解答。

三、自由贸易区的投资自由红利

开放红利（裴长洪，2015）的另一个维度便是投资自由红利。因此，中国自由贸易区的另一个主要改革目标就是，放松具有中国特色的外资准入壁垒。

在自由贸易区之外，《指导外商投资方向规定》和《外商投资产业指导目录》等行政审批制度对外资企业的FDI做出了严格规制。2013年11月，中共十八届三中全会提出要改革上述外资准入壁垒制度，外商投资实行准入前国民待遇加负面清单的管理模式，改革涉外投资审批体制。自2013年10月1日起，中国（上海）自由贸易试验区的部分法定的外资准入行政审批制度，由我国人大常委会授权国务院暂停实施。根据《自由贸易区决定》及其附件《自由贸易区目录》，在上海自由贸易试验区内，外资准入壁垒制度的相关法规条款统统被修订为“在负面清单之外的领域，暂时停止实施该项行政审批，改为备案”管理。也就是说，“投资自由”是中国自由贸易区建设另一个主要改革任务。

早期对自由贸易区投资效应的研究即表明了自由贸易区会带来极大的投资自由红利。以中国—东盟自由贸易区为例，其带来的政策预期效应、市场扩大效应与贸易壁垒落差效应，将会促进自由贸易区外大量资金的流入，同时增长区内国家间的相互投资，单从中国视角来看，自由贸易区的建立将会增加资本内流，且有利于中国企业对外投资（张帆，2002；李占卫和李皖南，2004），即自由贸易区的建立有助于区域经济一体化，从而有利于成员国获得对外直接投资。资本内流以及相互投资增长是由于政策因素的影响、贸易壁垒的削减以及原产地规则的实施（江虹，2005），同时也跟成员国的经济禀赋有关（邵秀燕，2009），因此自由贸易区的建立在一定程度上增强了本地区对外资的吸引力。这也从理论上支撑了放松具有中国特色的外资准入壁垒是我国自由贸易区改革的重要目标之一。王修志和谭艳斌（2008）、唐志武和王岩（2012）等都关注了近年来中国—东盟自由贸易区框架下双方的相互投资现状，认为中国对东盟 FDI 的规模逐步扩大、投资领域逐步拓宽、投资增长逐步上升，这些都源于中国—东盟自由贸易区的构想，尤其是《投资协议》的签署。

自由贸易区投资效应的主导因素是投资创造与投资转移（杜群阳和宋玉华，2004）。投资创造是指自由贸易区建立后，成员国间将实现资本、劳动力、专业技术人员和技术的自由流动，阻碍成员国间投资流动与投资项目运行的不利因素将得以削减，这些投资条件的改善都将促进自由贸易区成员国之间相互投资的增加。投资转移是指自由贸易区建立将导致区域内投资布局的重新调整，FDI 存量和增量也将发生转移，由区位优势较小的成员转移到区位优势较大的成员。建立自由贸易区会使得区内和区外都能对区内各国 FDI 产生投资创造效应，但如果区域内成员的产业结构存在雷同等因素，区域内也将存在一定程度的投资转移效应（陈霜华和查贵勇，2008）。采用经验和实证分析相结合的方法，张宏和蔡彤娟（2007）的研究结果显示，中国—东盟自由贸易区建立以后的投资创造效应比投资转移效应显著，投资效应为正。刘志雄和高歌（2011）、李轩（2011）共同认识到，我国对东盟的直接投资随着 CAFTA 的建立而具有了越来越显著的投资创造效应和投资转移效应，总体上对于扩大中国在东盟地区的直接投资额很有帮助。

外资准入壁垒对我国吸引对外直接投资影响极大。放松具有中国特色的外资准入壁垒是我国自由贸易区改革的重要目标之一。改革前，外资准入壁垒设置的目标是，防止跨国寡头公司通过 FDI 投资绕过我国的关税壁垒，以保护我国的企业与消费者福利。因此，一旦以自由贸易区形式放松了外资准入审批，短期内自由贸易区乃至全国范围内该产品的关税收入将受到强烈抑制，这对经济运行的稳定产生了一定副作用。尤其是全国各地的新自由贸易区一旦成立，这种“关税挤出”效应将更为明显。

我国特有的外资准入壁垒制度及其改革极具理论和现实意义，但是目前学术界在讨论自由贸易区的政策红利时，大多忽略了外资准入壁垒制度和自由贸易区其他政策的关联性，因此该领域的理论研究成果极为缺乏。目前国内仅有一篇发表在北大核心期刊上的论文（陈林和罗莉娅，2014）论述了上海自由贸易区体制改革的制度绩效，并分析了外资准入壁垒对关税政策有效性的影响。文章首先肯定了外资准入壁垒对我国的对外直接投资产生了关键性影响，因此，从追求社会福利最大化的目标来看，发展中国家政府设置一定程度的外资准入壁垒是合理的。文章接着讨论了上海自由贸易区体制改革可能带来的制度绩效。上海自由贸易区实施渐进性改革，少部分产业的准入壁垒制度仍以“负面清单”模式保留，这种逐步放松外资准入壁垒，建立并推广自由贸易区的做法，可能会带来“（企业向消费者的）转移支付”、“内需”、“价格平抑”以及“国产化”等正向政策效应，从而较好地回答了以自由贸易区改革为代表的外资准入壁垒制度改革的原动力。

此外，关税政策也会对一个国家的 FDI、贸易流量乃至宏观经济运行都产生关键性影响。陈林和朱卫平（2008）构建了一个南北间的静态古诺模型来对创新激励政策的有效性进行探究，结论表明，在劳动力资源禀赋结构和劳动力市场环境一定的情况下，发展中国家的出口退税能提高本国的企业利润、消费者剩余，增加社会福利。由此得知关税政策与外资审批制度之间具有“互补作用”，两者不是独立的政策，自由贸易区对特定产业的准入审批采取放松的同时，海关部门也应该重新考虑对相应产品最优关税率的制定（陈林和罗莉娅，2014）。

综上所述，自由贸易区带来的政策预期效应、市场扩大效应与贸易壁垒落差效应，将会促进自由贸易区外大量资金的流入，同时增长区内国家间的相互投资。从投资创造效应和投资转移效应两方面来衡量，自由贸易区的设立都能为我国带来显著的投资自由红利。当前中国自由贸易区建设的另一个主要改革任务是放松外资准入壁垒，目前国内理论界分析外资准入壁垒改革制度绩效的相关文献匮乏，现有文献肯定了外资准入壁垒具有一定的合理性，因此逐步放松外资准入壁垒，建立并推广自由贸易区的做法，可能会带来积极的政策效应。另外，由于关税政策与外资审批制度之间具有“互补作用”，政府应处理好各项新制度之间的协调关系，而从当前的上海自由贸易区建设的实践来看，"通关"简政、保税创新等涉及进出口的新制度体系正逐步成型，但与关税制度相关的立法准备与政策评估似乎还没有开始。

四、自由贸易区的产业升级红利

由前面的论述可知，自由贸易区成立后，降低了区域内的关税税率，削减了非关税壁垒，从而加强了区域内各成员国生产要素和产品的自由流动性，因此成员国之间的产业布局得以重新调整，产业内得以重新分工，有利于各国发挥比较优势，劳动生产率水平得以提高，进而实现规模经济。由于规模经济的出现，一个国家将集中生产某项产品，形成较大的产业规模。从某一地区内来看，大量的企业集聚，能够显著提高经济效益，进而导致产业规模效益的产生。实践证明，自由贸易区在增强资本积累、鼓励设备技术改造与升级、促进技术进步、化解过剩产能、增强产业竞争力、促进产业升级等方面具有重要作用。

通过建立自由贸易区，一种密切的产业内水平型分工将在中国与其他成员国之间形成，规模经济的出现调整了区内企业的产品结构，优化了生产的合理布局，进一步形成了自由贸易区内的产业集聚。也就是说，区域经济一体化的深化必将实现自由贸易区内的产业集聚，但市场机制所产生的产业集聚效应会因各成员国市场规模不同而有差异，龙云安（2013）为此提供了一个对中国—东盟自由贸易区的产业集聚效应分析。汪占熬和张彬（2013）也发现了自由贸易区对产业集聚的影响，他们认为自由贸易区成立总是出现区外产业转移到区内国家的趋势，从而产生内部产业集聚，这在一定程度上减缓了内部发展不平衡导致的冲击。

产业集聚的出现进而会对自由贸易区成员国内的产业空间布局产生影响。余振和葛伟（2014）基于中国—东盟自由贸易区的实证结果显示，自由贸易区的建立使得区域内产业空间布局发生了很大变化，越来越多的制造业向中国集中。与此类似，岳文和陈飞翔（2014）在探析了经济一体化对产业区位效应影响后指出，区域一体化重塑了产业空间布局，中国—东盟自由贸易区中越来越多的制造业向中国集中。

自由贸易区的目标不应只是贸易额的增长，更为重要的是应当通过自由贸易的发展带动该地区产业结构升级和经济发展。中国和其他国家或地区建立自由贸易区，有利于双方比较优势的发挥，增加区内进出口贸易流量。而国际贸易具有要素积累和带动有关国家产业结构升级的效应。中国和自由贸易区内的其他成员都可以利用要素禀赋差异（刘传江和吴铮，2003）发展国际贸易，积累比较优势，提升各自的禀赋结构和产业结构。王娟（2004）实证分析了中国—东盟产业内贸易发展趋势后指出，双边的产业结构和贸易结构会出现趋同，进而提高了产业内分工和互补的程度。梁权等（2011）为此提供了一个实证分析——中国—东盟自由贸易区为河北省产业结构调整提供原材料和能源、更广阔的市场以及资金和科技支持。

国内众多学者认为，自由贸易区的建立对不同产业的影响不同，既会使一国具有比较优势的产业扩大规模，也能对具有比较劣势的产业造成冲击。众所周知，关税的取消、贸易壁垒的降低会引起国内产业结构的调整，并在各个产业之间重新配置资源。然而，这个调整与重新配置资源的过程也会造成优胜劣汰，那些原来就有竞争优势的产业将因此发展壮大，而那些在市场中处于竞争劣势的产业终将被淘汰，从而引起一些产业的资本荒置和劳动者失业。李丽等（2008）计量研究了中国—新西兰自由贸易区的建立对双方经济的影响，结果显示两国的产业间贸易要明显大于双方的产业内贸易。产业间贸易将使得生产要素在不同产业间重新配置，从而导致产业的优胜劣汰。陈淑梅和江倩雯（2014）也注意到，中国—欧盟自由贸易区对中国纺织品和服装等产业的积极效应显著，而对机械及运输设备等比较劣势产业将产生不同程度的冲击。与其他行业相比，农业由于本身固有的特点，在贸易自由化过程中，必然受到更大的影响。有研究指出，中国—东盟自由贸易区内各国农业部门在按照比较优势调整投入要素的同时，生产资源存在从农业部门逐渐向非农部门转移的倾向（周曙东等，2006）。同样研究了自由贸易区影响农业发展的仇焕广等（2007）证明，我国不同地区农业生产受 CAFTA 的影响存在显著差别，华北、东北以及华东等地区的农业从自由贸易区中获益，而华南地区的农业将受到自由贸易区的负面影响。

但同样有研究表明，如果自由贸易区内贸易的扩大主要来自产业内贸易，生产要素只在同一个产业内流动，那么贸易自由化将不会对不同产业造成冲击（陈雯，2003）。尽管从短期来看，我国与其他国家缔交自由贸易区可能会在一定程度上冲击我国的主要产业和相关企业，但从长远来看，自由贸易区可以促进我国产业结构升级，提升我国产业竞争力（张慧智，2006），而即便本国的一些劣势产业面对其他成员国的贸易冲击时仍然存在逆转的可能（田晓静等，2012）。

综上所述，国内现存文献表明，自由贸易区的成立降低了区域内的关税税率，削减了非关税壁垒，从而加强了区域内各成员国生产要素和产品的自由流动性，导致了规模经济的形成，进而给我国带来积极的产业区位效应和产业集聚效应，影响我国的产业布局。只要自由贸易区内贸易的扩大是来自于产业内贸易，即生产要素流动只发生在某一产业内部，那么贸易自由化将不会对不同产业造成冲击。尽管从短期来看，自由贸易区可能会对我国的劣势产业造成冲击，但长远来看，自由贸易区将促进我国产业结构升级这一点毋庸置疑。目前，大部分有关自由贸易区的实证研究大多集中在产业区位效应和产业集聚效应的测度上，很少有文献系统、深入地分析和研究自由贸易区对我国的产业平衡效应，这将不能为自由贸易区的深度一体化提供理论支撑。

五、自由贸易区的社会福利红利

通过自由贸易协定开展国际贸易的目的是为了在更大范围内共享经济发展的福利。以上自由贸易区的贸易自由红利、投资自由红利以及产业升级红利都能从各自的角度增进成员国的社会福利。自由贸易区便利了区内成员的相互贸易，从而使得自由贸易区成员国的经济效益都有所增加；自由贸易区建成后将会促进区外资金的大量流入和区内国家间相互投资的增长，投资又是国家 GDP 的重要组成部分；在自由贸易的条件下，每个国家进行专业化生产，充分发挥各自的比较优势，实现规模经济效应以及产业升级，进而提升双方的福利。随着世界范围内自由贸易区浪潮的兴起以及各国自由贸易区的不断深化和升级，中国（上海）自由贸易试验区的建设也在如火如荼地推进，自由贸易区的建立会对区域内成员的国民福利造成怎样的影响成为我国学者关注的焦点。

根据本书的总结，自由贸易区建设带来福利效应可以体现在以下几个维度：

一是关税降低带来的福利效应，即自由贸易区成员国相互降低关税，从而使得进出口产品成本有所降低，产品竞争力有所增强，利润空间有所提高，我国与自由贸易区成员国间的福利效应显著增加。从政治和经济的观点来看，自由贸易区带来的福利效应将可能随着自由贸易区的不断深化和扩大而进一步显现（邝梅和周舟，2008）。魏巍（2010）基于中韩 FTA 预期经济效应的研究表明，中韩自由贸易区可以给中国和韩国的 GDP 增长带来明显的促进作用。

二是非关税贸易壁垒减少带来的福利效应，如加入自由贸易区后各成员国均会作出削减非关税壁垒，如海关程序、知识产权、进出口许可证、认证制度等的承诺，目的在于减少贸易成本，便利化贸易条件，从而导致自由贸易区成员国的经济效益有所增加。辛文琦（2010）在研究我国自由贸易区建设时指出，自由贸易区在减少和缓解贸易争端以及规避技术壁垒方面对增加我国经济福利发挥一定的作用。很多国内学者研究了我国加入周边自由贸易区的福利效应。

三是其他方面带来的福利效应，即如果将建立自由贸易区以后的动态效应考虑在内，如规模经济效应、竞争促进效应以及投资促进效应，则自由贸易区所带来的福利效应更大（盛斌，2007）。樊莹（2005）认为，借助于自由贸易区经济效应理论的基本分析框架及相关的经济学模型可以发现中国与新西兰的自由贸易协定将会对两国产生显著的静态和动态经济效应。自由贸易区建成后，区内成员国在某一领域的合作，如金融合作（屠年松，2010），将有利于增进双方的福利，并将提高区域内总的经济福利。李静秋（2014）对该观点进行了补充，指出东北亚区域的全面合作将使各个成员国的福利水平全面提升，各个成员国能在不同的领域得到收益。

不少国内学者的文献关注了建立中日韩三国自由贸易区对我国社会福利水平带来的影响。一些分析显示，三国建立自由贸易区会增加各成员国的社会福利水平，而其他未加入贸易协定的东亚国家也将会受到自由贸易区的影响（李荣林和鲁晓东，2006）。赵金龙（2008）在此思路上进一步论述，建立中日韩三国 FTA 将会给中国带来最大福利收益。也有分析指出，建立中日韩 FTA 既提高了三国的社会福利水平，又能提升部分产业在区域外市场上的竞争力（马剑虹等，2008）。

综上所述，自由贸易区的贸易促进红利、投资自由红利以及产业升级红利都能从各自角度增进成员国的社会福利。大多数国内学者在单独研究了我国建立的各个自由贸易区的福利效应后同样指出，周边或非周边自由贸易区的设立都能对我国带来巨大的社会福利效应，主要原因是关税贸易壁垒降低和非关税贸易壁垒减少。如果将自由贸易区建立后的动态效应考虑在内，如规模经济效应、竞争促进效应以及投资促进效应，则自由贸易区给我国带来的福利效应更巨大。但在实际分析自由贸易区的福利效应时，我们更想知道成立 FTA 的原因是什么，FTA 是如何形成的，FTA 会吸引哪些国家参与。显然思考这些问题要从政治经济学着手，但这类问题通常都涉及很复杂的分析过程。在计量方法上，还没有很好的政治经济学模型或具体的变量选取可以供我们参考，尤其是在国际贸易的相关文献中，不同国家有不同的政治体系可以解释其中部分原因。

六、小结

自由贸易区研究具有重大现实意义与学术价值。综观国内自由贸易区研究文献，学者从多个维度对自由贸易区影响我国贸易、投资、产业和社会福利进行了较为深入的研究和详细的剖析，为我国今后自由贸易区在全国范围内推广以及相关政策的制定提供了理论支撑。通过前述讨论，我们可以发现自由贸易区多维度政策福利主要体现在以下几个方面：

（1）开放红利（裴长洪，2015）中的贸易促进红利。自由贸易区的建立会扩大区域内各成员国的贸易总量规模，增加各方的进出口流量，并将改善成员国相互之间的贸易条件。自由贸易区的贸易创造效应也会大于贸易转移效应，因此自由贸易区具有显著的贸易促进红利。

（2）开放红利中的投资自由红利。自由贸易区带来的政策预期效应、市场扩大效应与贸易壁垒落差效应，将会增加区外资金的流入规模，拓宽区内国家间的相互投资领域。从投资创造效应和投资转移效应两方面来衡量，自由贸易区的设立能为我国带来显著的投资自由红利。而自由贸易区改革中逐步放松外资准入壁垒的做法，可能会带来稳健的政策红利。

（3）自由贸易区的产业升级红利。自由贸易区内的关税税率下降以及非关税壁垒的逐渐减少，会给我国带来积极的产业区位效应和产业集聚效应，影响我国的产业集聚。尽管从短期来看，自由贸易区可能会对我国的劣势产业造成冲击，但长远来看，自由贸易区将促进我国产业结构升级这一点毋庸置疑。

（4）自由贸易区的社会福利红利。自由贸易区的贸易促进红利、投资自由红利以及产业升级红利都能从各自角度增进成员国的社会福利。如果把自由贸易区建立以后的动态效应，如竞争促进效应、规模经济效应与投资促进效应等考虑在内，则自由贸易区给我国带来的福利效应更巨大。

值得一提的是，自由贸易区是一个系统的理论构架，有待更为深入、系统的分析和研究。结合之前的分析，在国内今后的自由贸易区建设当中可能有几点值得拓展：

（1）到底为什么要成立自由贸易区，自由贸易区是如何形成的。这是解决全国各地政府争相申报建立自由贸易区，以及自由贸易区发展和推广等一系列问题的基础。当前各地政府的自由贸易区申报与建设中最主要问题正是对自由贸易区的思想认识和知识储备不足。对这个问题的思考需要结合中国的经济发展模式和政治制度背景进行综合评价。

（2）自由贸易区发展的整体性和关联性以及各项新制度之间的协调关系。如自由贸易协定的多重交叉现象会不会削弱自由贸易区对我国的贸易促进红利。再者，我国特有的外资准入壁垒制度和关税政策具有“互补作用”，因此在涉及外资壁垒强度与关税率的政策制定过程中，必须由外资准入审批部门和涉及关税的部门联合开展。如何统筹各项新制度之间的协调关系，是值得进一步研究的。

（3）如果中国经济发展的模式必须从重“量”转为重“质”，必须从粗放的高速增长转为新常态，那么原来自由贸易区的两大政策红利——贸易促进和投资促进效应，可能不应再作为自由贸易区建设的纲领（裴长洪，2015）。如此一来，中央政府为自由贸易区设计的绩效考核体系，便需要进一步依托新常态的时代诉求进行革新。而自由贸易区发展的方向也应该进行微调，当然，必须在学术界进行充分的讨论。

从20世纪50年代第一篇自由贸易区研究文献，到今天浩如烟海的研究成果，关于自由贸易区的讨论其实还是不够充分和成体系。尤其是近年来的学术研究，明显出现了“政策先行而理论后补”的弊病，大部分研究均依托政策热点和改革契机而写作完成。文献之间缺乏相互支撑的理论体系，理论研究也不够深入，似乎有“拾人（国外学者）牙慧”的嫌疑。长此以往，自由贸易区研究若不能做到“研究先于政策，理论指导实践”，那么，这个领域的研究水平很可能会停滞不前。

为此，本书对自由贸易区的研究进行了一次较为系统的梳理，展示出当前学界前沿的亮点与值得拓展的方向。

第五章　垄断性行业管制与国有企业改革

第一节　国有企业改革的研究现状

改革开放以来，我国的基本经济制度由计划经济逐步转轨为社会主义市场经济，而国有经济正是当前社会主义市场经济的中坚力量。虽然我国不断尝试对国有企业进行相关的体制改革，也取得了一定成效，但从总体来看，国有企业改革近年来的进展尤为缓慢。

2013 年，党的十八届三中全会提出了“积极发展混合所有制经济”、“允许更多国有经济和其他所有制经济发展成为混合所有制经济”、“鼓励发展非公有资本控股的混合所有制企业”等关于国有企业改革的新方向。不难看出，下一阶段的国有企业体制改革重心将是混合所有制，而国有企业产权改革似乎又以一种新的形态被提上了中国体制改革的议事日程。一直以来，关于国有企业的体制改革，尤其是产权改革是中国整个经济体制改革的中心环节，也是经济研究的热点和学术争论的焦点。但时至今日，国有企业及其相关体制仍然存在一些深层次的问题没有解决。随着新一轮体制改革的不断深入，“混合所有制”逐渐呈现出更多、更新的改革内涵。以混合所有制经济来实现国有经济的战略性制度调整，对于完善中国的基本经济制度，提升经济运行效率具有深远意义。

在各种不同政策主张中，对国有企业改革方向影响较大的理论派别大致可分为以下两类：一类是以吴敬琏、张维迎和刘小玄等为代表的学者主张产权改革。这一派学者认为产权不清晰、所有者缺位等问题是国有企业不能有效运行的关键，所以坚持国有企业应进行产权改革。吴敬琏

(1993）较早提出了企业产权不清晰、内部法人治理结构不合理和管理不力等导致了国有企业改革面临尴尬局面的观点。张维迎（1999）也强调了产权改革是国有企业改革的先决条件，只有让非国有经济插足于国有企业、扮演“股东”角色，使私有产权形成有效的利益激励机制和经营者选择机制，形成优于国有企业的公司治理结构，才能从根本上解决国有企业低效的问题。Shleifer 等（1997，1998）通过分析指出，政府的干预会偏离国有企业的效率目标，并认为产权改革后的企业会有更高的效率。Megginson (2001）等的实证研究结果表明，当国有企业被部分或全部民营化后，其盈利能力和经营效率会得到较大程度的提高。刘小玄（2000，2004，2005）分别用 1995 年全国工业企业普查数据和 2001 年全国第二次基本单位普查的数据从企业层面和产业层面证实了不同所有制类型的效率差异，在实证研究的基础上，指出国有企业的产权改革和民营化方向是正确的。谭劲松和郑国坚（2004）提出，虽然产权清晰不一定带来企业效率的提高，但肯定是提高企业长期效率的前提。刘小玄和李利英（2005）选取了来自竞争性行业的 451 家企业数据来研究股份制改革对企业经营绩效的影响，研究发现：国有资产比重指标企业绩效具有显著的负影响，而非国有资本对企业绩效具有积极的作用，即产权改革可以推动生产效率的提高。宋立刚和姚洋（2005）的研究表明股份制改革可以有效提高企业的利润率。胡一凡等（2006）的研究发现，国有企业进行产权改革后，公司销售收入得到显著提高并大幅降低了成本，使得公司盈利能力和生产率得到了大幅提高。

与产权改革观点意见不同的是以林毅夫、白重恩等为代表的学者主张剥离政策性负担①。这一派学者主张通过创造公平、竞争的外部环境（即剥离政策性负担）来改善国有企业的经营绩效。林毅夫等（2004）对转轨经济中国有企业的软预算约束问题进行了大量的分析，认为国有企业是因为承担了“政策性负担”才导致了企业的预算软约束，而剥离政策性负担是硬化国有企业预算软约束的前提条件。白重恩等（2006）的实证研究表明，由于国有企业存在政策性负担，改革后会带来一定的社会成本（裁员和减薪可能会带来社会不稳定而影响整个经济的发展），认为首先应从降低政策性负担入手来进行国有企业改革。林毅夫（2001）提出，在企业承

① 在计划经济、转型经济和许多发展中国家，政策性负担主要由企业的自生能力所产生的战略性负担和由于承担冗员、社会养老问题的社会性负担两部分组成（林毅夫，2004）。

担政策性负担的情况下，国有企业私有化后比私有化前会更容易产生预算软约束问题。林毅夫和李志赟（2005）强调，国有企业经营绩效低下是因为企业承担了政策性负担，从而丧失了“自生能力”，要想取得国有企业改革成功，就必须首先剥离他们的政策性负担，然后再解决内部治理机制问题。龚强和徐朝阳（2008）通过建立动态模型来分析政策性负担对预算软约束的影响，研究认为企业的预算软约束问题的重要根源之一就是政策性负担。刘春和孙亮（2013）也认为国有企业经济效率低下无关所有制，且部分民营化后国有企业的政策性负担会增加，从而加剧企业经营绩效的下降，提出国有企业改革的首要任务是剥离政策性负担。

以上两派学者其实都认识到了国有企业的效率问题，意识到了改革的重要性，但却在改革路径上各执一词。持产权改革观点的学者主张从企业内部，即产权的角度进行民营化改革。这种思路体现了市场经济的特点，试图从理论上把握国有企业改革的本质，依照“产权—市场—交易—竞争”的市场经济逻辑，来寻找国有企业改革的方法，似乎更倾向于“治本”。而持剥离政策性负担观点的学者则主张从企业外部环境着手，认为国有企业只有拥有“预算硬约束”条件下的公平竞争环境才有能力参与市场竞争。这种从操作层面上提出具体的做法，似乎更倾向于“治标”。

从以往的研究成果来看，国内学界似乎将两种改革路径对立起来，很少有文献将两种思路进行综合性的研究。杨瑞龙（2014）为此提出，推进混合所有制改革的进程中必须考虑到国有企业所肩负的政策性负担——“必须以混合经济为突破口，推进国有企业更深层次的改革”，尤其需要推进竞争性或者垄断竞争性国有企业的母公司产权多元化。

当前迫在眉睫的混合所有制改革，最早发端于党的十四大前后出台的一系列国有企业股份制改革尝试。即早在 20 世纪末，其他非国有的产权主体就已逐步被引入国有企业之中。在早期的产权改革过程中，虽然部分国有企业实施的是管理者收购（Management Buy-Outs，MBO）改革，甚至有部分国有企业清退了国有股，但大部分经历过早期产权改革的国有企业实质上保留了大部分国有股，成为事实上的混合所有制企业。

那么，混合所有制改革是否与国有企业政策性负担改革激励相容呢？或者说，两者是相辅相成，还是有所冲突——鱼与熊掌不可兼得呢？为解答这些牵涉当前改革成败的关键问题，本书将立足于中国国有企业改革的实际进程，使用工业企业数据库分析出全国范围内经历过早期混合所有制改革的所有国有企业，并以双重差分法计量模型，研究混合所有制改革与国有企业政策性负担的相互影响，进而提出有决策参考意义的结论。

第二节　理论与假说

一、混合所有制改革与社会性负担

社会性政策负担（本书用 slabor1 来表示）是由于国有企业承担相对较多的冗员和工人福利等社会性职能而形成的负担（林毅夫和李志赟，2004）。社会性负担对企业经营产生的不利影响主要表现在劳动力成本的增加，劳动力成本由雇员数量和工资率两个变量决定的，当雇员数量相同时，劳动力成本由工资率高低决定。通常在国家控股公司内部，内部人控制越强的公司，越有能力支付职工更高的薪酬，企业内部人控制问题比较严重，劳动力成本越高。从图 5-1 可以看出，国有企业员工的平均工资比其他所有制企业员工工资相对要高。同时，超额雇员也会增大企业劳动成本，这会在一定程度上影响企业的经营绩效。

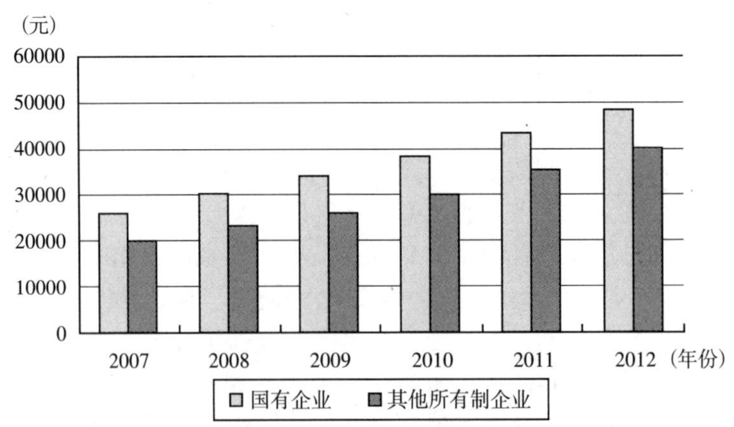

图 5-1　国有企业和其他所有制企业员工平均工资

资料来源：Wind 数据库。

与国有经济不同的是，中国的非国有经济特别是私营经济，是在市场化条件下成长起来的，私营经济部门根据市场经济的规律来使用生产要素。当企业劳动力数量大于或者小于其利润最大化目标时，私营企业可以自行调整雇员数量。国有企业的混合所有制改革就是一种渐进私有化过程，它对社会性负担的影响具体表现在以下两个方面：首先，从超额雇员的数量上来说，随着国有企业混合所有制改革的深入，国有企业的经营目标得到纯化，企业的自主决策能力和主导性得到加强，经过产权改革后，企业可以根据利润最大化的经营目标来确定企业的劳动力数量。同时信息透明度的提高会增加政府干预上市公司的难度和成本，因此超额雇员现象会得到一定的缓解。其次，从超额雇员的增量上来说，控制失业、扩大就业一直是各级地方政府的重要目标。由于混合所有制所带来的资金和商誉的增加能够帮助企业扩大生产规模或进入更宽的经营领域，从而进行混合所有制的企业吸收劳动力能力就会大大增强。从这方面来讲，虽然地方政府干预公司经营的力量减弱了，但是为了“充分就业”的目标，也会扶持和帮助国有企业进行混合所有制改革，从而实现渐进民营化。因此，混合所有制后，社会性负担会下降。

本书认为，国有企业经历混合所有制后社会性负担会下降，为此提出假说 1。

假说 1：国有企业经混合所有制改革后社会性负担会下降。

二、混合所有制改革与战略性负担

战略性负担（本书用 slabor2 来表示）是指在传统的赶超战略的影响下，投资于不具备比较优势的资本密集型产业或产业区段所形成的负担（林毅夫和李志赟，2004）。由于国有企业投资于不具备比较优势的资本密集型产业或产业区段而造成了国有企业经营绩效低下的困境。

如图 5-2 所示，图中的曲线 I 是生产一定单位的某产品所需的各种可能的资本和劳动力比例的技术所组成的等产量曲线。点 A 和点 B 所代表的技术相比，A 点为劳动密集型，B 点为资本密集型，CC、C_1C_1 代表在相同劳动和资本价格比下的等成本线，离原点较近的 CC 线成本较 C_1C_1 低，DD、D_1D_1 代表劳动和资本在相同价格比下的等成本线，离原点较近的 DD 线成本较 D_1D_1 低，CC 线斜率低于 DD 线，说明 CC 的劳动价格相对较低

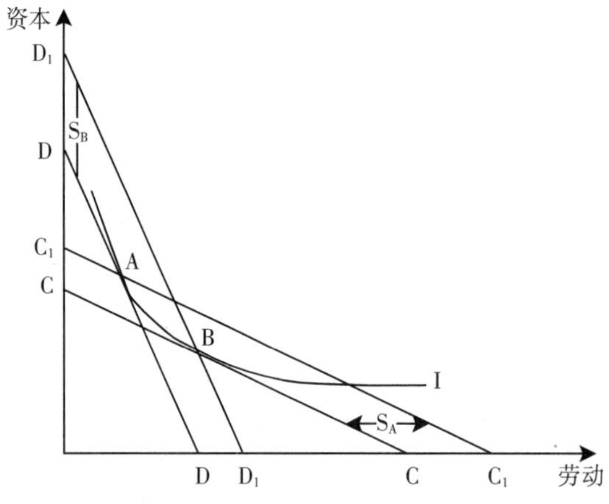

图 5-2　要素相对价格和产品技术选择

而资本价格相对较高。

在一个经济体中，当劳动力价格相对较低而资本价格相对较高时，选择以劳动密集型的 A 点来生产的成本比选择以资本密集的 B 点低。反之，当资本价格相对较低而劳动力价格相对较高时，选择 B 点来生产会比选择 A 点来生产的成本要低。因此，如果原来的要素禀赋结构中的资本劳动力的相对价格由 CC 线所代表时。即在资本相对稀缺的状态下，由于外界的干预而使企业选择 B 点技术生产，那么，这个企业就会缺乏自生能力（林毅夫和李志赟，2004）。

混合所有制经济是指一个国家或地区经济所有制结构的多元性，包括国有、集体、个人、法人、外资、合资等各类公有制经济和非公有制经济。本书主要从微观层面来阐述混合所有制，即不同所有性质的产权主体多元投资、交叉渗透、相互融合而形成的多元产业结构的企业。简言之，混合所有制就是不同性质的资本间的参股或联合的股份制经济。混合所有制改革，对企业的战略性负担的影响主要表现在以下两个方面：

从存量上来说，进行混合所有制，是获取全国资本甚至全世界资本发展地区经济的一种手段。据国家统计局数据，2012 年民间固定资产投资占全社会固定资产投资（37.5 万亿元）的比例达到 61.3%。大量民间资本要求拓宽投资渠道，从而为发展混合所有制经济创造了现实条件。由于资金来源广泛，所以资本稀缺性会得到有效缓解。

从增量上来说，国有企业进行混合所有制后，由于垄断成分降低，面临更为激烈的竞争。同时，不同性质股东出于对各自利益的关心会形成制衡机制，促使企业规范运行，形成有效监督机制，防止产生追求个人利益最大化等内部控制人现象，增强国有企业的监督、管理能力。如此反过来又会拓宽资金的渠道，增加资金来源。所以进行混合所有制改革后，战略性负担也会有一定程度的下降。综合以上理论分析，本书提出假说 2。

假说 2：混合所有制改革后，国有企业的战略性负担也会下降。

三、混合所有制改革效果与垄断性行业

在国有企业改革初期，政府在涉及国家安全、自然垄断、提供重要公共产品和服务的行业（即所谓的垄断性行业）保持了国有企业的控制地位。而在其他民营经济为主导的行业和领域（竞争性行业）就可以通过资产重组和结构调整，从而提高了国有经济整体素质的“战略调整”的国有企业改革策略。换言之，在国有企业改革初期，中国政府根据公司规模和行业特征采取了不同的改革策略——鼓励对小规模、竞争性行业的国有企业放松控制，而限制对大规模或垄断性行业的放松控制。即在竞争性行业鼓励产权改革，在垄断性行业则限制产权改革。

同时，由于垄断性国有企业所享受的政策待遇和服务待遇等相对竞争性行业来说有很大优势，如处于垄断性行业的企业面临的竞争较弱、经营管理所需要的知识要求较低，这使得地方政府放松对垄断行业的控制得到的经济收益较低，这些都会导致利益相关的管理机构对垄断性行业的改革缺乏动力。加上许多大型国有企业尤其是垄断型国有企业在产权多元化改革，特别是在引进非国有经济的过程中，特别强调保持控股地位，这使得大型垄断型国有企业改革进程比较缓慢。在改革初期，政府对这些特定行业进行管制的原因有两个：一是由于这些行业具有规模经济的特点，由少数几家垄断企业经营的成本会比完全竞争条件下的成本小，即过度的竞争会带来效率损失；二是这些行业一般都是资本密集型行业，沉淀成本比较大，从而，政府对企业进入特定行业进行管制。

而随着现代技术的发展，已经很大程度上破除了电力、铁路、航空、天然气等行业的自然垄断的特性，现代信息技术的发展使得这些行业的竞争在技术上已成为可能，同时，经济理论的发展也弱化了对这些行业维持垄断的理由。20 世纪 90 年代中期以来，中国尝试了对电信、电力和民航

等垄断性行业进行政企分离、政资分开、业务拆分等方面的改革，取得了一定的成效。从 2010 年新 36 条的颁布到 2012 年底民间投资参与国有资产产权的交易达 4473 宗，占交易总数的 81%，金额达 1749 亿元，占交易总额的 66%。就现状来看，问题依然存在，尤其在改革的广度上，垄断性行业改革主要集中在电信、电力和民航等行业，而铁路、供水、供气和供电等行业的改革还是相对滞后。

2013 年 9 月 6 日，国务院常务会议指出要在能源和公共服务两大领域和金融、石油、电力、铁路等七大行业大力引入民营资本，随后更明确提出了以“混合所有制”为代表的民营化方向，并不断落实相关改革措施，这无疑显示了国家对这些垄断性行业进行国有企业改革的决心。

随着非国有资本逐渐进入垄断型国有企业，外部激烈的竞争就会降低资源重新配置的成本，提高资源配置的效率，企业经营绩效就会得到提升。从理论上来说，由于垄断性行业本身的政策性负担存量大，进行混合所有制改革后政策性负担下降的空间越大，那么进行混合所有制改革得到的效果就会越明显，表现在政策性负担上就是，经过混合所有制改革后，垄断型国有企业的政策性负担下降的幅度就会大于竞争性国有企业。综合以上理论分析，提出假说 3。

假说 3：对垄断性行业进行混合所有制改革的效率高于竞争性行业。

第三节　数据与模型

一、样本选择和数据来源

本书以 1999~2007 年间工业企业数据库为初始样本。对数据进行如下筛选：

（1）由于工业企业数据库包含所有国有企业和规模以上的民营企业数据，所以首先根据登记注册类型、资本占比、国有控股情况等将规模以上的民营企业剔除。

（2）剔除奇异点，比如总资产、销售额为零或负数的样本。

（3）剔除数据不全及有时间间断的数据。

本书将那些有集体资本、个人资本、法人资本、港澳台资本、外商资本等非国有资本加入的纯国有资本企业，定义为经历了混合所有制改革的企业，并将改革当年及以后的年份都定义为混合所有制改革后状态。经筛选后，本书得到 5427 个最终样本与 48391 个有效观测值。本书数据来源为国泰安 CSMAR 数据库，相关数据处理与计量分析采用 Stata12.0 软件。

二、模型设定与变量定义

在中国转型经济中，政策性负担主要包括由于发展战略引起的战略性负担和由于冗员、社会养老问题的社会性负担（林毅夫和李志赟，2004）。在借鉴白重恩等（2005）、廖冠民等（2009）的关于政策性负担的研究：$Slabor_i=(staff_i-Indstaff\times\frac{Asset_i}{Indasset_i})/staff_i$、$Slabor_i=(staff_i-Indstaff\times\frac{sale_i}{Indsle_i})/staff_i$ 的基础上，在本书中加入时间变量并分别用 $slabor1_{i,t}$、$slabor2_{i,t}$ 来衡量 i 公司在 t 年度的社会性负担①和战略性负担②。

$staff_{i,t}$、$sale_{i,t}$、$ass_{i,t}$ 分别代表 i 公司 t 年末的在册员工数量、年度销售总额及年末资产总额。$Tstaff_{i,t}$、$Tsale_{i,t}$、$Tass_{i,t}$ 分别代表 i 公司所在 s 行业在 t 年末在册员工总数、销售总收入和资产总额。

在本书中，从两个方面来分析混合所有制改革的效果：一是纵向比较，即比较进行混合所有制改革的企业改制前和改制后的政策性负担大小；二是横向比较，为了进一步检验混合所有制改革对企业政策性负担的影响，通过加入一些影响政策性负担的控制变量，对样本期间的每一年的横截面上的改制企业与未改制企业的政策性负担进行比较，试图发现这两类企业之间是否存在效率差异，即改制企业与未改制企业的比较。

根据前面的理论分析，建立计量模型（5-1）以检验假说 1、假说 2 中混合所有制改革前后社会性、战略性负担的变化情况：

---

① $slabor1_{i,t}$ 以 i 公司 t 年度所在行业的人均销售收入作为标准，测算出 i 公司在各年度的员工冗余率在一定程度上可以用来衡量社会性负担的大小。

② $slabor2_{i,t}$ 以 i 公司 t 年度所在行业的人均年末资产总额为标准，测算出 i 公司在各年度的员工冗余率，可以代表战略性负担的大小。

$$burden_{i,t} = \partial_0 + \partial_1 \times dt + \partial_i \sum control_i + \varepsilon \tag{5-1}$$ [①]

$burden_{i,t}$代表社会性负担（slabor1）和战略性负担（slabor2）的变量。由于选择的数据都是统计年末状态的，所以将进行混合所有制改革的当年纳入改革后的子样本。考虑到混合所有制改革涉及到公司的结构性调整，改革效果的显现需要一定的缓冲时间，在回归中保证了所有企业都有混合所有制改革前后连续三年的数据，在书中用 dt = 0 来表示混合所有制改革前的状态，用 dt = 1 来表示产权改革后的状态。

在回归中，控制了那些可能对公司政策性负担产生影响的变量，即controli，它包括公司的规模（用年末总资产的对数来表示）、公司的经营绩效（用资产利润率来表示）、公司的负债情况（用资产负债率表示）、公司的发展潜力（用销售收入的对数表示），同时考虑到行业间的差别，还控制了行业变量的组间效应。这几个控制变量可能对国有企业混合所有制改革后的政策性负担会有一定影响，对其进行控制，可以更好地说明混合所有制改革对政策性负担的影响，防止伪回归问题。在此模型中重点考察∂_1的系数，如果∂_1的系数是小于 0 的，那么表示国有企业进行混合所有制改革后政策性负担是变小的。

为了进一步将混合所有制改革对国有企业的影响有效分离出来，建立模型（5-2）进行双重差分法。双重差分法是一种有效的绩效评估方法，如周浩和郑筱婷（2012）等。基本思路是将调查的样本分为两组：一组是进行混合所有制改革的国有企业（称为“实验组”，设 du = 1）；另一组是没进行混合所有制改革的国有企业（称为“对照组”，设 du = 0）。在此基础上进行时间差分，一个是混合所有制改革前（设 dt = 0），另一个是混合所有制改革后（设 dt = 1）。然后测量混合所有制后社会性负担的变化在两组间的差别，反映了混合所有制改革对实验组的净影响。对样本进行上述设定后，将基准的回归方程设定为以下形式：

$$burden_{i,t} = \beta_0 + \beta_1 \times du + \beta_2 \times dt + \beta_3 \times du \times dt + \beta_i \sum control_i + \varepsilon \tag{5-2}$$ [②]

由模型（5-2）可以看到对于实验组（du=1 的样本）来说，混合所有

① 纵向比较：以进行了混合所有制改革的国有企业为样本，比较改制前和改制后的效果。

② 横向比较：比较每一年的横截面上的改制企业与未改制企业的政策性负担进行比较，为了保证混合所有制改革前后有三年以上的数据，在此只报告 2002~2005 四年的回归结果。

制改革前后的社会性负担分别是：

$$burden_{i,t}=\begin{cases}\beta_0+\beta_1+\beta_i\sum control_i+\varepsilon\ （当\ dt=0\ 时）\\ \beta_0+\beta_1+\beta_2+\beta_3+\beta_i\sum control_i+\varepsilon\ （当\ dt=1\ 时）\end{cases} \tag{5-3}$$

由（5-3）式可见，实验组的社会性负担在混合所有制改革前后的差异是 r_2+r_3。同样，对于对照组（du = 0 的样本）来说，混合所有制前后的社会性负担分别是：

$$burden_{i,t}=\begin{cases}\beta_0+\beta_i\sum control_i+\varepsilon\ （当\ dt=0\ 时）\\ \beta_0+\beta_2+\beta_i\sum control_i+\varepsilon\ （当\ dt=1\ 时）\end{cases} \tag{5-4}$$

由（5-4）式可以看出，对照组的社会性负担在混合所有制改革前后的差异是 β_2，那么混合所有制改革对国有企业社会性负担的净效应可以由处理组的社会性负担变化量（$\beta_2+\beta_3$）减去对照组社会性负担变化量（β_2），即 β_3。

如果模型（5-2）中 β_3 的系数为负，则表示国有企业经混合所有制改革后社会性负担、战略性负担下降的幅度大于没有进行混合所有制改革的企业。

根据理论部分的分析，建立模型（5-5）来检验混合所有制改革在垄断性行业和竞争性行业间的效率差别。

$$burden_{i,t}=\gamma_0+\gamma_1\times monopoly+\gamma_2\times dt+\gamma_3\times monopoly\times dt+\gamma_i\sum control_i+\varepsilon \tag{5-5}$$

其中，monopoly 表示国有企业性质的虚拟变量，为垄断性行业时 monopoly = 1，为竞争性行业时 monopoly = 0。根据中国关于市场准入行政审批的一系列行政法规——《国务院关于投资体制改革的决定》、《政府核准的投资项目目录》、《企业投资项目核准暂行办法》，本书将垄断性行业界定为以下行业：采矿业（B）；烟草制品业（C16）；石油加工、炼焦及核燃料加工业（C25）；化学原料及化学制品制造业（C26）；医药制造业（C27）；化学纤维（C28）；橡胶制品业（C29）；黑色金属冶炼即压延加工业（C32）；有色金属冶炼（C33）；通用设备制造业（C35）；专用设备制造业（C36）；交通运输设备制造业（C37）；通信设备、计算机及其他电子设备制造业（C40）；电力、燃气及水的生产和供应业（D）。行业分类及其代码为国民经济行业分类与代码（GB/T4754-2002）的分类标准。

从分析可知，如果模型中的 γ_3 的系数是小于 0 的，那么就表示进行混合所有制改革后，垄断行业的政策性负担下降的幅度大于竞争性行业，那么就跟本书的假说结果是一致的。

表 5-1 给出了检验模型中主要变量的描述性统计结果。

表 5-1　主要变量的描述性统计

变量	样本数	平均值	标准差	最小值	最大值
slabor1	48391	-0.0148	6.6345	-862.7735	1
slabor2	48391	-0.0400	5.8239	-568.6088	3.8136
dt	48391	0.1999	0.3999	0	1
lnsale	48391	10.7054	1.8505	0	18.2925
lnasset	48391	11.4172	1.7300	1.0986	18.6675
zcfz	48391	0.6183	0.3314	-1.3317	15.2516
zclr	48391	0.1461	0.0890	-2.0075	3.7927

注：dt 代表时间分组，混合所有制改革前为 0，改革后为 1；lnsale 表示销售额的对数；lnasset 表示年末总资产对数；zcfz 代表资产负债率；zclr 代表资产利润率。

第四节　实证结果分析

一、纵向比较

表 5-2 报告了模型（5-1）的回归结果。由于收集的面板数据是非平衡的，所以在此采用组间加权最小二乘法估计（WLS）的方法。

在回归结果中可以看到国有企业经混合所有制改革后，不管是用社会性负担（slabor1）还是政策性负担（slabor2）作为被解释变量，回归中 dt 的估计系数均显著为负，说明国有企业经混合所有制改革后社会性负担、战略性负担会下降。

由于在新中国成立初期发展起来的重工业都是资本密集型行业，需要的资金投入大而创造的就业机会小，为了维持就业的稳定，这些企业承担了较大的社会性负担（林毅夫和李志赟，2004）。国有企业经历混合所有

表 5–2　纵向比较的结果

解释变量	被解释变量	
	社会性负担	战略性负担
截距	4.4588*** (0.000)	5.5933*** (0.000)
dt	−0.4206*** (0.000)	−0.3009*** (0.001)
lnsale	0.2270*** (0.005)	−1.0486*** (0.000)
lnasset	−0.5871*** (0.000)	0.5449*** (0.000)
zcfz	0.3132 (0.142)	−0.2045 (0.558)
zclr	−4.4928*** (0.001)	−6.7880*** (0.000)
有效观测值	13536	13536
adj.R^2	0.1647	0.1572

注：***、**、* 分别代表在 1%、5%、10%下显著，余同。

制改革后，社会性负担、战略性负担降低的原因主要有以下两点：一方面，混合所有制改革可以纯化国有企业的经营目标，提高管理的科学化程度、提升企业自主决策能力，同时，企业可以根据利润最大化的目标对企业员工数量进行调整，这样冗员现象会得到改善；另一方面，由于国有企业混合所有制改革，疏通了其他所有制经济的加入，那么资金渠道、来源会增多，这有利于企业进一步扩大生产规模乃至进入新的生产领域。因此，企业吸收劳动力的能力也会增大，这会消化吸收原来存在的冗员。综上所述，混合所有制改革后，国有企业的社会性负担、战略性负担会下降。实证结果与本书的研究假说 1、假说 2 是一致的。

二、横向比较

表 5–3 报告了模型（5–2）的回归结果，即进行混合所有制改革的企业与没有进行混合所有制改革的企业的政策性负担的回归结果。在回归结果中可以看出不管是社会性负担还是战略性负担，回归后各年度的 dt × du 的系数显著为负，说明相对于没有进行改革的企业来说，进行了改革的企业

的政策性负担是降低的。考虑到扰动项之间可能存在相关性，进行残差自相关（LM）检验，发现扰动项各期之间存在相关性，为此，使用靴带抽样的方法来得到估计样本的标准误差来矫正模型，使得矫正后模型更加稳健。

由于历史原因和后续的经济发展策略，国有企业大部分都属于资本密集型行业。在资本稀缺的资源禀赋条件下，资本密集型行业的大部分资金都需要政府的支持，所以受到政府的管制和约束会相对较大，即政策性负担存量越大。在相同的政治、经济、社会环境下，相对于没有进行混合所有制改革的企业来说，由于进行了改革的企业在改革后，政府对企业的管制和约束会进一步放松，自主决策能力得到加强，加上员工工资率的下降，会降低国有企业的政策性负担，尤其是对那些政策性负担较重的大型国有企业进行改革，效果会更明显，这进一步说明了对国有企业进行相关改革的紧迫性和有效性。

表 5-3　社会性负担、战略性负担的横向比较结果

变量	2002 年		2003 年		2004 年		2005 年	
	社会负担	战略负担	社会负担	战略负担	社会负担	战略负担	社会负担	战略负担
截距	4.7996*** (0.000)	4.6271*** (0.000)	4.8009*** (0.000)	4.6282*** (0.000)	4.7935*** (0.000)	4.6210*** (0.000)	4.7875*** (0.000)	4.6155*** (0.000)
dt	0.6502*** (0.000)	0.7374*** (0.004)	0.6198** (0.010)	0.7149*** (0.002)	0.8234*** (0.000)	0.8783*** (0.001)	0.9165*** (0.009)	0.8026** (0.046)
du	1.7834*** (0.000)	2.3720*** (0.000)	1.3787*** (0.000)	1.7187*** (0.000)	0.9630*** (0.000)	1.2045*** (0.000)	0.7493*** (0.000)	0.9230*** (0.000)
dt × du	−2.5951** (0.000)	−3.2629** (0.000)	−2.1483*** (0.000)	−2.5690*** (0.000)	−1.9184*** (0.000)	−2.1973*** (0.000)	−1.7861*** (0.000)	−1.8250*** (0.000)
lnsale	0.2777** (0.019)	−0.8552** (0.000)	0.2774** (0.039)	−0.8557*** (0.000)	0.2772** (0.037)	−0.8558*** (0.000)	0.2770** (0.042)	−0.8558*** (0.000)
lnasset	−0.7046** (0.000)	0.3521*** (0.000)	−0.7043*** (0.000)	0.3524*** (0.000)	−0.7038*** (0.000)	0.3528*** (0.000)	−0.7031*** (0.000)	0.3535*** (0.000)
zcfz	0.4830* (0.057)	0.9024 (0.198)	0.4837 (0.150)	0.9033 (0.238)	0.4859* (0.060)	0.9066 (0.185)	0.4853 (0.142)	0.9053 (0.175)
zclr	−2.9532** (0.000)	−2.6232* (0.075)	−2.9607*** (0.000)	−2.6356* (0.058)	−2.9569*** (0.000)	−2.6289* (0.090)	−2.9673*** (0.000)	−2.6485* (0.054)
有效观测值	48391	48391	48391	48391	48391	48391	48391	48391
adj.R^2	0.0444	0.0572	0.0443	0.0572	0.0442	0.0571	0.0442	0.0570

注：各表中 dt 表示改革时间的虚拟变量，du 表示改革分组的虚拟变量（横向上的 2002~2005 年分别表示在各年度的改革与未改革企业的分组），dt × du 表示双重差分变量，余同。

本书从两方面对混合所有制改革的效果进行分析：一是横向比较，将改制企业的业绩和现存国有企业或未改制企业的业绩进行比较；二是纵向比较，即比较企业改制前和改制后的业绩。从这两个角度进行测定和相应的比较分析的结果表明了进行混合所有制改革可以有效降低国有企业的政策性负担，有力地证明了这种检验的效果是较为可靠和全面的。

三、混合所有制改革效果在行业间的分布特征

表 5-4 报告了模型（5-5）的回归结果。从表 5-4 的结果中可以看出，monopoly × dt（双重差分变量）的回归系数显著小于 0，表明在进行混合所有制改革后，垄断行业的政策性负担（社会性负担和战略性负担）下降的幅度大于竞争性行业。

表 5-4　混合所有制改革在不同性质国有企业间的效率差别

解释变量	被解释变量	
	slabor1	slabor2
截距	4.2000*** (0.000)	5.2031*** (0.000)
dt	0.2839 (0.231)	0.2987 (0.295)
monopoly	1.0298*** (0.004)	0.7470 (0.102)
monopoly × dt	−1.7088*** (0.002)	−1.6361** (0.028)
lnsale	0.4781* (0.065)	−0.7999** (0.025)
lnasset	−0.8925*** (0.002)	0.2638 (0.480)
zcfz	1.1857* (0.082)	0.7848 (0.426)
zclr	−6.6585*** (0.005)	−8.1789** (0.018)
有效观测值	13536	13536
adj.R^2	0.0386	0.0460

由于垄断行业本身的特点和新中国成立初期经济发展战略，使得利益相关的管理机构都缺乏对垄断性行业的改革动力。加上许多大型国有企业在产权多元化改革的过程中，非常强调保持控股地位，使得国有企业改革尤其是大型垄断国有企业改革进程比较缓慢。而实际上，随着现代技术的发展，已经逐渐破除了电力、铁路、石油、天然气等行业的自然垄断的特性，技术的发展已经使得这些行业加入竞争成为可能，经济理论的发展也大大弱化了对这些行业维持垄断的理由。根据本书的检验结果，垄断行业由于本身的政策性负担存量大且受到的政府约束强，混合所有制改革的效果会更明显。

第五节　主要结论及政策含义

本书以 1999~2007 年全国工业企业数据为初始样本，析出了经历过早期产权改革并成为了事实上的混合所有制企业，然后测算出 1999~2007 年国有企业所承载的社会性负担和战略性负担，进而使用双重差分法计量模型进行实证检验，并从纵向讨论了中国混合所有制改革对国有企业的政策性负担产生的影响，还从横向讨论了各年度进行了混合所有制改革的企业与没有进行混合所有制改革的企业的政策性负担的差别。研究结论如下：

（1）纵向比较。混合所有制改革后的社会性负担、战略性负担显著降低。这一关键结论表明，要让国有企业有能力参与市场竞争，必须先通过混合所有制改革来加速国家控股公司超额雇员的释放、优化上市公司的经营目标，消除企业社会性负担乃至政策性负担，提高国有企业的经营绩效。尽管中国的市场经济制度还不够完善，但是混合所有制改革是可以取得显著的收益。

（2）横向比较。为了进一步消除经济、社会、政治等环境的改变对企业政策性负担的影响，本书进行了横向比较。即本书通过加入一些影响政策性负担的控制变量，运用回归分析的方法，对样本期间的每一年的横截面上的改制企业与未改制企业的政策性负担进行比较，试图发现这两类企业之间是否存在效率差异。结果显示，经混合所有制改革后的企业的政策性负担下降幅度大于没有进行混合所有制改革的国有企业。由于历史原因和中国地方政府的促进就业的政绩考核制度，企业存在的超额雇员比较严重、自生能力比较弱，即政策性负担存量大，进行改革后由于经营目标更加明确，自主性得到加强。

（3）混合所有制改革在不同性质国有企业间的效率差别。经混合所有制改革后垄断性行业的政策性负担下降幅度大于竞争性行业。由于新中国成立初期的经济发展需要和地方政府的促进就业的政绩考核制度，垄断性国有企业存在的超额雇员现象比较严重，没有比较优势，即政策性负担存量大，进行改革后由于经营目标更加明确，自主性得到加强，垄断性行业的混合所有制改革效果会比竞争性行业明显。经历了 30 多年的产权改革实践，国有企业效率得到了一定程度的提高，但是现阶段中国对垄断性国有企业产权改革的广度、深度还有待加强，尤其是对垄断性行业的改革。

从实证结果可以看出，相对于原有的占支配地位的国有产权体制来讲，现在进行的部分民营化或股份化已经明显地促进了企业经营绩效的提高。尽管社会主义市场经济制度还不够完善，在改制过程中可能会存在国有资产流失、社会成本增大等问题。但这并不应成为阻止对国有企业进行混合所有制改革的理由，进行“混合所有制”改革的大方向是正确的。除少数特殊领域外，对大部分国有企业进行混合所有制改革，这样既可以避免激进式改革（如 MBO）带来的动荡因素，也有利于破除非公有制经济发展面临的体制和要素瓶颈，有效突破行政壁垒等隐性障碍。

继中石化油气销售业务引进民资，打响混合所有制第一枪后，混合所有制改革即成为市场瞩目的焦点。对于资本市场而言，新一轮的国有资产、国有企业改革作用将不亚于 2005 年的股权分置改革，可称得上是“二次股改”。混合所有制改革将成为贯穿下一阶段体制改革的主题。关于“混合所有制”改革这个“老树新花”的重大体制改革问题，本书仅为引玉之砖，后续工作有待学界共勉。

第六章　垄断性行业的有效政府管制措施

第一节　法律为基础

一直以来，我国的司法机关一直缺乏对行政行为的公诉权。为此笔者建议，国务院反垄断委员会既然作为《反垄断法》的执法机构之一，理应获得对国务院各部委及地方政府的违法行政垄断行为的公诉权。例如，乌克兰中央政府的“反垄断委员会”依据《反垄断委员会法》的授权，具有高于其他行政机关的权力。该委员会在1994年就曾查处国家铁路管理局的行政垄断行为。当然，如果检察机关可以在《宪法》赋权下，获得对所有行政机关的公诉权，司法体系就会出现针对行政垄断的“双重”司法监督。

笔者同时认为《反垄断法》第五十一条必须予以修正，行政法和由行政机关自己立法的行政法规不应该作为《反垄断法》裁决行政垄断案件时的“上位法”。行政垄断是现阶段垄断的最主要表现形式，只有修改《反垄断法》第五十一条，才能让《反垄断法》真正发挥出“经济宪法”的重要作用。也只有让《反垄断法》的执法机构国务院反垄断委员会和传统意义上的司法机关检察院参与行政垄断案件，我国才会出现更多敢于维权的法人和公民，这种“扭曲竞争机制，损害经营者和消费者合法权益”的行政垄断行为才能得到有效的遏制，反行政垄断的法制工作才会稳步推进。

行政垄断同时与社会主义市场经济、当前法律制度存在统一对立的矛盾，这是我国反行政垄断遇到实际操作困境的根本原因。其中，前一个矛盾的理论性更强，也更为复杂，并具有一定的长期性。因此我国难以在短期内消弭行政垄断与市场经济之间的对立性。对于今后的经济学研究，如何在“以公有制为主体、多种所有制经济共同发展的基本经济制度”上，科学有序地推进反行政垄断工作，值得经济学界探讨。

而行政垄断与法律制度的矛盾，更多地表现为关乎今后反垄断法制建设与经济体制改革成败的重大现实问题。这意味着，在试图解决行政垄断的这两个“二元性”矛盾时，轻重缓急显而易见——完善反行政垄断的法制体系，减轻行政法与《反垄断法》之间的对立性，提高《反垄断法》的法律效力与司法效率是当务之急。正如张曙光和张弛（2007）所言——“通过反对行政垄断来推进改革”，反行政垄断法制体系的完善必将推动垄断性行业的体制改革进程。

当然，本书探讨的仅是反行政垄断的经济学层面，仅为管中窥豹。行政垄断理论其实具有多种社会科学属性，如法学、经济学及行政学等。张曙光和张弛（2007）曾从行政学角度为反行政垄断提出建议——要设置一个合理的反垄断机构，“一个可行的办法是，把现行的国家发展和改革委员会（即现阶段主管并执行《政府核准的投资项目目录》、《指导外商投资方向规定》、《企业投资项目核准暂行办法》、《外商投资项目核准暂行管理办法》等行政垄断法规的投资主管部门）改造成国家反垄断委员会”。如此提法不无道理，国家发改委正是当今国务院反垄断委员会的主要成员单位，其主任一般兼任反垄断委员会副主任。但无论从哪个层面出发，完备的法律是推行反行政垄断工作的基础。

第二节　市场化为导向

以市场化改革而引致的市场机制作用的加强对垄断产业结构协调发展，即对垄断产业结构合理性程度的提高具有正向的促进作用；要素资源投入的增加能够对地区产业结构的合理化起到一定的促进作用，但仅为总量的增加对地区垄断产业结构合理化的影响较为有限，以市场为调节机制的产业要素合理流动才是垄断产业协调发展的主要提升路径。

市场机制在垄断产业协调发展的机制体系中具有不可或缺的主导作用。通过构建完善的社会主义市场机制，合理化地方政府调控职能，对制约垄断产业资源禀赋差异化的行政体制障碍和不合理的价格形成机制进行消除，充分发挥市场机制的基础作用，对提升垄断产业竞争力、提升企业经营效益、提升区域产业协调发展具有重要的意义。

我们以电动汽车行业和电力行业为例。电动汽车发展初期，离不开地方保护，当地政府会尽可能地给出优惠政策来扶持本地企业的发展。但是，如果考虑到以后的国家能源安全以及环境保护，把电动汽车上升到国家战略层面，那么就应该考虑，是否在这一领域逐渐放开地方保护，让有能力的企业在全国范围内得到充分竞争，从而通过竞争来培育出几家具备全球竞争力的本土企业，而不是让电动汽车品牌被地方保护主义所扼杀。

输配分离，培育多家购电主体。电网仅保留跨省间（特）高压输电网络，作为输电通道和电力交易的载体。输电网络是一个具有自然垄断特性的系统，国家对电网进行严格管制，确保收费的公共服务属性并能回收投资及得到合理回报；将配电环节从资产、财务和人事上从国家电网剥离出来，引入民间资本介入，允许配电公司和大用户直接从发电公司购买电力，在用户方面引入竞争。改变单一电力购买方的市场格局，培育多家市场购电主体打破垂直一体化的垄断，从竞价上网到逐步开放输电网和配电网，将单一购买模式转向批发竞争和零售竞争。

因此，从通过市场化提高竞争程度入手，是一个立即可行的较好切入点，尤其是产能过剩的现象在很多垄断行业领域也比较严重，比较迫切地需要解决。如果能够在市场中实行较彻底的公平竞争机制，从中实现产业政策长期以来难以达到的产业结构优化的目标，那么就给进一步放开其他领域的市场提供了很好的示范，也给全面推行竞争政策提供了积极的样板。

第三节 体制为保障

一、健全垄断行业管理体制

当前，我国的垄断性行业及其行政垄断制度是“传统计划经济旧体制的残留形式”（王俊豪和王建明，2007），其最初目的为保障计划经济的运行。改革开放后，由于垄断性行业一直缺乏有效的产业政策及管理体制，遂使行政垄断逐渐发展成“我国经济生活中主要的垄断形式”（王晓晔，1999）、“广泛存在的现象”（余东华和于华阳，2008）、“最为严重的垄断形式”（姜方利，2007），也是“我国转型时期特有的经济现象和当前我国垄断的主要形式”（余东华和于华阳，2008），甚至是“一切垄断的根源”（陈林，2015）。后续体制改革似乎已势在必行，具体措施如下：

（1）垄断性行业的生命周期比竞争性行业的长，因此，对于步入衰退期的垄断性行业，放松准入壁垒、引入竞争是淘汰夕阳产业落后产能的有效产业政策。

（2）行政垄断会导致更高的市场价格，并使在位企业攫取更多经济利润，因此，利润规制是政府管理垄断性行业的必要工具，否则消费者剩余会被严重挤出，企业的垄断势力便会得不到有效控制。

（3）研究表明，垄断性行业的产品价格与竞争性行业一样，是市场机制所决定的，因此，垄断性行业的产品定价不能完全由政府决定，而应将定价权归还市场，政府只能对其进行监督（规制），不能越俎代庖。

（4）由于行政垄断挤出了消费者剩余，政府应该从企业所获的垄断租金中征收额外的福利税，构建起向消费者进行转移支付的政策体系。

（5）行政垄断会损害产业的创新总量和单位产量创新，抑制整个垄断性行业的技术进步，因此，垄断性行业需要政府实施创新激励，以弥补行政垄断对企业创新绩效的损害。

二、推进行政审批制度改革

一直以来，我国对政府规制的规模经济效应研究主要停留在理论层面，缺乏相关的实证基础和应用性研究。因此，政府在规制各行各业的市场准入时，缺乏科学的经验证据与方法工具。其实，只有通过构建可靠的计量模型并对其进行有效估计，政府规制的合理性才不只是停留在理论上。

我们通过超越对数成本函数模型与似不相关回归法测度了重化工业的规模经济指数研究后发现，市场准入受严格规制的重化工业实际上并不具有显著的规模经济效应，引入竞争可以提升社会福利水平。而从行业的横向比较看，钢铁与船舶制造的规模不经济现象尤为明显，大型企业（无论国有或民营）的规模扩张严重过度。而农药制造业的规模经济指数在所有重化工业中是最高的，但行业内部规模前十的龙头企业还是存在规模不经济效应。总体来说，受政府重点规制的重化工业的规模经济效应不明显。

因此，政府对重化工业的市场准入实施严格规制，是典型的过度规制。政府通过行政审批设立行业准入壁垒，限制市场竞争，并不能为社会带来更高的效率和更低的成本，政策结果甚至会适得其反。除上文分析的重化工业外，中国国民经济中的各行各业都受到了以“项目核准”或“投资备案”等行政审批形式的市场准入壁垒制度的规制，这些产业也不一定具有规模经济。政府以发挥规模经济、克服重复建设等为理由，设置涵盖面如此广泛、各行各业面面俱到的制度性行业壁垒。既然无法实现政府预期的最优规模控制目标，那么为什么要进行限制市场准入的产业规制呢？实际上，现行的市场准入规制产生的效应，既非规模经济，也非合理规制，其直接产生的效果在于，通过设立进入壁垒与市场割据，为若干寡头大企业提供垄断的温床，这样的垄断进一步造成了效率和公平的同步损失。

因此，现在迫切推进的是行政审批制度改革，而不应该继续实施为规模过度扩张的垄断企业提供保护的产业规制政策。这种因过度规制而产生的进入壁垒，实际上是一种不合理的非经济性的“行政垄断”。我国理应在新一轮的行政审批制度改革中对其作出政策调整。正因如此，党的十八届三中全会决议《关于全面深化改革若干重大问题的决定》才会为产业规制与行政审批制度提出了具体的改革要求——“进一步破除各种形式的行政垄断”。

三、改进地方政府政绩考核体系

通过上文的论述，我们发现地区性行政垄断的主要成因是：

（1）地区性行政垄断能在一定程度上提高地方官员的政绩。

（2）地区性行政垄断可以为地方官员带来地下经济收益，从而获取工资以外的经济激励。

（3）地方官员有限任期制是导致我国地区性行政垄断长期存在的根本原因之一。

研究结果表明，改进以经济增长、财税收入等经济指标为主的地方官员政绩考核体系，加大对地区性行政垄断行为的惩处力度，可以有效抑制地区性行政垄断，但却不能根治这一问题。当一个国家的政府体制是地方官员有限任期，中央政府无论如何都保证不了地方官员不实施地区性行政垄断，因此地方官员有限任期制下的中央政府实现不了根治地区性行政垄断的目标。要根治地区性行政垄断，体制改革是关键，具体措施如下：

（1）要想治理全国各地频繁出现的地区性行政垄断，中央政府可以从体制着手，如改进以经济增长、财税收入等经济指标为主的地方官员政绩考核体系，完善《反垄断法》针对行政垄断和行政机关的司法、执法程序，大力规制并惩处地区性行政垄断行为及其责任人。但如果中央政府单凭改进政绩考核体系和加大地区性行政垄断案件的惩处力度，是根治不了我国的地区性行政垄断问题的。

（2）中央政府给予遵纪守法的地方官员经济激励是解决地区性行政垄断和经济腐败问题的可行办法。但是，当一个国家的政府体制是地方官员有限任期，无论中央政府承诺给予地方官员的经济激励有多高，都保证不了地方官员不实施地区性行政垄断，因此激励政策失效，地方官员有限任期制下的中央政府实现不了根治地区性行政垄断的目标。

附录　方法论的改良

第一节　国内双重差分法的研究现状与潜在问题

改革开放30多年，我国仍处在渐进体制改革的进程中，新制度、新政策的出台显得必不可少。如此一来，我国经济学界亟须能够定量考察制度绩效与客观评估政策效果的研究工具，而客观度量新政策实施对经济体影响的因果动态检验却又非常困难。20世纪80年代以来，国外经济学界兴起了一种专门用于分析政策效果的计量方法——双重差分法（Differences-in-Differences Method）。这种将制度变迁和新政策视为一次外生于经济系统的“自然实验”的研究方法，源于自然科学且思路简洁，估计方法日趋成熟，被西方学界广泛应用于诸多领域。

在我国，周黎安和陈烨（2005）最早引入了双重差分法。该文巧妙利用最早在安徽省进行试点我国农村税费改革，其后在江苏、湖南、湖北的部分县进行试点，最后才推向全国的事实，将试点期的税费改革视为一次“准实验”，从而对农村税费改革的政策效果进行了系统的双重差分实证检验。自此，我国基于双重差分法的经济研究成果如雨后春笋般出现。2005年至2015年3月，关于双重差分的学术论文和研究生学位论文分别已有345篇和138篇[①]，并呈现加速增长趋势——2008年和2009年均只新增了8篇论文，而2010~2012年则分别新增36篇、37篇和55篇，2013年和2014年便达到了新增76篇和108篇的规模，博士、硕士论文也从2008~

① 资料来源为CNKI中国知网数据库中篇名或摘要或关键词含有“双重差分”或“倍差”的文献数量。

2009 年的每年新增 5 篇左右上升至 2012 年的 25 篇和 2013 年的 26 篇，2014 年则高达 45 篇。

双重差分法被广泛应用的主要原因有以下几点：

（1）计量模型简单易用，回归估计方法成熟。单纯从计量角度来看，双重差分法其实就是将两个虚拟变量及其交乘项增加进回归方程，方法简单且有效。

（2）相对于静态比较法，双重差分法不是直接对比样本在政策前后的均值变化，而是使用个体数据进行回归，从而判断政策的影响是否具有显著的统计意义。

（3）相对于传统办法，双重差分法能够避免政策作为解释变量所存在的内生性问题，即有效控制了被解释变量和解释变量之间的相互影响效应。如果样本是面板数据，那么双重差分模型不仅可以利用解释变量的外生性，而且可以控制不可观测的个体异质性对被解释变量的影响。

（4）自然实验利用外生事件的冲击进行研究，其样本分组和处理变量均独立于个体异质性。因此，双重差分法既能控制样本之间不可观测的个体异质性，又能控制随时间变化的不可观测总体因素的影响，因而能得到对政策效果的无偏估计。

既然双重差分法是不可多得的科学评估政策效果的研究工具，且具有上述诸多优点，为何我国经济学界近三年才出现相关研究成果的井喷？其实，西方经济学界早在 20 世纪 70 年代末就从自然科学界引入自然实验和双重差分法（Ashenfelter，1978），而理工学科研究对实验样本进行分组并观察实验前后的差异，更是延绵数百年的科学传统。周黎安和陈烨（2005）是一次经过深思熟虑的开拓性尝试，该文从各方面保证了使用双重差分法的必要条件，从各个维度考察了实证结果的稳健性。而这次尝试“姗姗来迟”的根本原因正在于双重差分法的使用具有极其严苛的前提条件，而我国绝大多数的政策实施并非一次严谨的自然实验，根本不满足进行双重差分研究所需的基本条件与前提假设。

20 世纪末的中国农村税费改革具有很多自然实验所必备的基本条件，周黎安和陈烨（2005）使用双重差分法进行研究具有很强的说服力。即便如此，该文作者也只是谨慎地将农村税费改革视为一次“准自然实验（Quasi-natural Experiment）”，并对双重差分法的适用性和稳健性进行细致的“实验前测”，最终才得出如下判断——“本文是国内文献中首次利用双重差分模型的思路对一项重大政策改革的效果进行评估”。

然而，当我国的双重差分法研究进入“井喷期”后，学界似乎已经把双重差分法等同于两个虚拟变量的简单相乘，而忘却了自然实验才是双重差分的根本，亦忽视了使用该计量模型的诸多基本前提，将一些完全不符合自然实验基本条件的政策冲击视为自然实验，将一些本不适用于双重差分法的样本数据进行回归估计。

近年来的双重差分研究发展迅猛，但却存在诸多不符合学术研究要求的缺陷，主要包括内生性、控制组受影响，样本异质性及概念混淆等问题。如果研究者继续忽略现有研究成果所存在的缺陷，而没有采取有效的方法缓解或消除这些缺陷，那么就会对今后的经验研究产生一定的负面影响，甚至使政策评估出现偏差乃至完全相反的结论。有鉴于此，本书认为有必要严谨而全面地讨论双重差分法的基本应用条件与前提假设，归纳当前我国这方面研究的基本情况，指出其存在的主要问题并尽可能提供解决问题的建议。本书的分析不仅有助于今后的研究者了解双重差分法的应用条件、研究现状和未来方向，还能有助于他们更准确地使用双重差分法，从而推进政策评估与双重差分领域的研究发展。

一、基于自然实验的双重差分法

1. 双重差分法的理论基础

双重差分法的理论框架建立在“自然实验（Natural Experiment）”基础上，没有自然实验，所谓的“双重差分法”研究只能称作针对两个虚拟变量交叉相乘项的实证研究。

自然实验不同于“真实验”。真实验指的是研究者在可以控制一切无关因素的情况下进行实验，从而观察“实验变项”的变化对“因变项”的影响效果①。相对于真实验，自然实验无法控制一切无关因素。因此，自然实验的基本特征是，存在随机扰动和无关因素的影响，所以需要进行统计分析。

① 用计量经济学的术语表达实验理论中的变项和因变项，则为自变量（解释变量）和因变量（被解释变量）。

此外，研究者还需注意自然实验外部效度[①]较差的问题。因为真实验可以控制一切无关因素，并随机抽取实验对象，所以它一般是可重复的并具有一般意义的。自然实验则不然，尤其政策冲击实验更是难以进行完全一模一样的重复实验。正因如此，实验理论强调指出：自然实验的外部效度较差，即基于自然实验的研究结果并不一定可推论到研究对象以外的其他受试者，或该次研究情境以外的其他情境。比如说，用市级面板数据得出的政策效果可能不适用于其他省份及全国，那么经济学界常用的以点及面、管中窥豹的研究推论在双重差分研究中尤需谨慎。

2. 双重差分计量模型

要进行自然实验，首先要进行随机或近似于随机的样本分组。第一组是进行了“实验处理”的实验组（Treatment Group，亦可翻译为“处理组”），第二组是不实施实验变项的控制组（Control Group，亦可翻译为“对照组”）。在政策效果评估的研究中，实验处理或实验变项即指政策实施，受到新政策影响的样本即为实验组，否则为控制组。

记样本的分组虚拟变量为 d^j，实验组的 $d^1 = 1$，表明该组样本受到了政策冲击；控制组的 $d^0 = 0$，表明没有受到政策冲击。记所有样本的时间虚拟变量为 d_t，实验处理前 $d_t = 0$，实验处理后 $d_t = 1$，表明政策冲击已发生。

时间虚拟变量 d_t 与分组虚拟变量 d^j 的乘积即为双重差分估计量 d_t^j（Differencein Differences Estimator，$d_t^j = d_t \cdot d^j$）。d_t^j 是实验处理（政策实施）对实验因变项（被解释变量）的影响是否显著的判别依据。

双重差分计量模型一般可表达为：

$$y_{it}^j = \alpha_0 + \alpha_1 d_t + \alpha_2 d^j + \beta d_t^j + \alpha_3 x_{it}^j + \varepsilon_{it}^j \qquad (1-1)$$

式中，y_{it}^j 为第 i 个个体的被解释变量，x_{it}^j 为考察个体差异的控制变量，ε_{it}^j 为随机扰动项，α，β 为回归系数。β 正是研究者最关心的实验变项（双重差分估计量）对实验因变项（被解释变量）的影响效果，即所谓的政策效应。

① 在实验理论中，自然实验的内部效度天生地比外部效度高。所谓外部效度（External Validity），是指实验结果的概括性和代表性，而内部效度（Internal Validity）则指实验者所操纵的实验变项对因变项所造成的影响的真正程度，即实验处理是否确实造成有意义的差异。

双重差分估计量应具备外生性，即以下基本条件必须成立[①]：

$$E[\varepsilon_{it}^{j}|d_t^j]=0 \tag{1-2}$$

要保证（1-2）式成立，就必须实现分组随机与实验时间随机。$E[\varepsilon_{it}^{j}|d^j]=0$ 将保证分组事件的随机性，使分组虚拟变量为外生变量，是自然实验完成了有效样本分组的必要条件。$E[\varepsilon_{it}^{j}|d_t]=0$ 将保证实验发生时间的随机性，使时间虚拟变量为外生变量，是实验发生时间与实验因变项（被解释变量）无关的必要条件。上述条件满足，且自然实验的其他条件成立时，可得实验处理的真实效应 $\hat{\beta}$：

$$\hat{\beta}=(\bar{y}_1^1-\bar{y}_0^1)-(\bar{y}_1^0-\bar{y}_0^0)=E[y|d_t^j=1]-E[y|d_t^j=0] \tag{1-3}$$

$\beta=E[y|d_t^j]>0$ 表明政策对被解释变量的影响是正向的；反之则反是。β 是实验变项对实验组产生的实验效果，如果政策不出现，β 的期望值是 0。

3. 自然实验与准实验的异同

我国经济学界常用的自然实验概念，其实往往是所谓的准实验（Quasi-experiment）。两者具有细微却显著的区别——准实验的实验样本挑选与分组是实验者人为进行的，而自然实验则是完全随机的“自然事件”（Dinardo，2008）。准实验无法在实验环境中完全随机地选择并分组实验对象，所以其样本选择及分组只能尽力迫近随机。从下一节的文献综述中，可以看出国内外对自然实验和准实验界定的严谨程度差异，我国常常出现概念混淆的误区。

为保证农村税费改革实验的分组具备如（1-2）式所示的随机性，周黎安和陈烨（2005）进行了深入的稳健性分析（即实验前测）。首先，虽然安徽是农业大省，但周黎安和陈烨（2005）指出中央政府对试点省的选择可以近似为随机事件，即此次准实验的样本选择接近于随机。其次，安徽省 21 个试点县的选择，并非是抓阄式的随机抽取，反而是经过了精心的挑选，省政府有可能刻意选择与被解释变量相关的县进行实验。因此，$E[\varepsilon_{it}^{j}|d^j]$ 看似可能不等于 0，分组事件的严格外生性无法保证。为此，该文使用两种方法检验了分组事件的内生性问题。稳健性检验结果表明，

① 当计量方程存在控制个体异质性的控制变量时，该条件应为 $E[\varepsilon_{it}^{j}|d_t^j, x_t^j]=0$ 且 $Cov[\varepsilon_{it}^{j}, d_t^j]=0$，但该条件常常被简化为 $E[\varepsilon_{it}^{j}|d_t^j]=0$。因为，只要实验分组 d^j 与实验时间 d_t 是随机的，OLS 估计或固定效应面板估计对 β 的估计便是一致的，即使对 x_t^j 回归系数的估计可能出现有偏。

实验组的样本选择倾向与被解释变量农民收入增长率不显著相关。因此，$E[\varepsilon_{it}^{j}|d^{j}]$ 可近似为 0，从而判断农村税费改革试点实验具有较强的“政策外生性”。

农村税费改革是一次典型的准实验，因为其样本分组是实验者（政府）随机抽选的。而 Meyer 等（1995）则认为 20 世纪 80 年代初的美国工伤补助标准提升改革是一次自然实验。1980~1982 年美国两个州政府相继提高了高收入人群的工伤补助标准，该文假设州政府对高收入的界定标准（实验分组依据）与受伤工人领取补偿的意愿无关，即高收入界定标准实际上是政府“拍脑袋”随机划分出来（或者说出于其他考虑而确定的），并不会说据此界线划分出来的高收入人群就会特别贪婪或懒惰，特别乐于拉长工伤休养期（被解释变量，即领取工伤补助的时间）。因此可保证 $E[\varepsilon_{it}^{j}|d^{j}]=0$，该实验的分组可视为严格外生和随机的。

此外，自然实验与准实验又同时是受控实验（Controlled Experiment）[①] 与现场实验（Field Experiment）的一种。

自然实验中的“自然”一词意指，实验样本挑选与分组为完全随机的“自然事件”，而非指研究对象必须为自然现象，亦非指自然实验多用于自然科学。因此，自然实验的主要应用领域涵盖了自然科学与人文社科领域，如生物学、流行病学、经济学、社会学、管理学等。绝大多数自然实验并非研究自然现象，因此自然实验和准实验实际上是受控实验的一种。

而受控实验又可分为两类：实验室实验（Laboratory Experiment）和现场实验，前者主要用于自然科学，后者主要应用于人文社会学科。现场实验是在社会情境中展开的，非所有研究条件和无关因素都在实验者的控制之下，而是由社会情境所确定。实验室实验多数可以控制所有无关因素，因而多为真实验，而现场实验几乎都是自然实验或准实验[②]。

以双重差分法进行政策评估的研究框架多为受控实验中的现场实验。

---

① 受控实验即通过对某些影响实验结果的无关因素加以控制，系统地操纵某些实验条件，然后观测与这些实验条件相伴随现象的变化，从而确定条件与现象之间的因果关系的一种研究方法。

② 真实验与受控实验之间的关系较复杂：一次真实验既可以是受控实验，也可以是非受控实验，如一些宇宙学的实验研究，即使不能人为控制无关因素，宇宙环境自身便已提供很好的实验环境；受控实验亦不一定是真实验，尤其以人文社科领域的实验为主。例如，伽利略自由落体实验为受控实验和真实验；研究宇宙红移和黑洞现象的实验为非受控实验和真实验。孟德尔豌豆杂交实验为受控实验、真实验和现场实验；物理与工程类实验多为受控实验、真实验和实验室实验。

一个受控的实验室实验一般是真实验，一般可保证 $\sum \varepsilon_{it}^{j} \cong 0$；而受控的现场实验则一般是自然实验或准实验。由于无法准确控制所有无关因素与误差，所以现场实验下的双重差分研究只需保证无关因素和误差导致的随机扰动期望值等于零（$E[\varepsilon_{it}^{j}] = 0$）即可。

4. 基于自然实验的双重差分研究的基本假设

综合实验理论与前人研究，可知双重差分研究必须满足以下基本假设。这些基本假设的满足，亦是在经济学研究中应用双重差分法的基本条件。

基本假设①：随机分组，保证每个样本有同等机会接受同一实验处理，即 $E[\varepsilon_{it}^{j} | d^{j}] = 0$。

基本假设②：随机事件，保证实验发生时间的随机性，即 $E[\varepsilon_{it}^{j} | d_t] = 0$。①

基本假设③：控制组不受实验变项的任何影响，即$E[y_{it}^{0} | d_t^{j} = 1] - E[y_{it}^{0} | d_t^{j} = 0] = 0$。

基本假设④：同质性。实验组与控制组样本是统计意义上的同质个体。

基本假设⑤：实验处理（政策实施）的唯一性。实验期间应保证实验变项只出现一次。一旦出现多次的实验处理，实验效果便无法从中分离出来。而且，只要在实验处理前后发生了与被解释变量高度相关的事件，就会导致有未考察到的变量对被解释变量产生较大影响。因此，双重差分研究所要考察的政策冲击，应该是单次的，而非连续的事件。

上述五个基本假设可归纳为以下两类：

第一，随机性假设。双重差分研究必须通过随机化排除那些无法控制因素的影响，从而控制所有可能影响实验结果的无关因素。

实验前测与实验后测均是保证随机化的常用手段。例如，周黎安和陈烨（2005）对改革前的 1999 年农民收入增长率与是否试点县进行回归，实质上是应用了实验理论中的实验前测法，试图保证实验分组的随机性。又如，比较 OLS 估计和固定效应面板模型估计的结果，β 的差异不大即表明该次自然实验基本成立，这样的实验后测可以保证样本分组满足无条件随机。

第二，同质性假设。实验组和控制组样本除实验者所操纵的实验变项（政策冲击）不同外，其余各方面都应达到近乎相等或完全相似的程度。

① 只要基本假设①和②满足，即可保证（1-2）式的双重差分估计量外生性（$E[\varepsilon_{it}^{j} | d_t^{j}] = 0$）。

同质性一般通过随机抽样和大样本进行保证。检验异方差也是保证同质性的手段。由于无关因素对个体的影响是一致的，实验组和控制组应具有同方差性：Cov $[\varepsilon^j_{it}, \varepsilon^j_{kt}|d^j] = 0$，$\forall i \neq k$。同质性还意味着：如果政策不出现，β 的期望值应该是 0。这表明实验组和控制组样本在实验前的被解释变量具有同样的时间趋势。周黎安和陈烨（2005）、郑新业等（2011）、张霞和毕毅（2013）进行的实验前测正是这方面的努力。

自然实验研究还强调，控制无关因素，减低实验误差。进入实验系统内部的无关因素往往是由实验者没有控制好的实验环境所造成的。因此，自然实验应设法控制实验变项（政策冲击）以外的所有无关因素①，使其对实验效果的影响减至最低程度。自然实验的内部效度，或者说政策效果评估的客观性高低，视研究者对无关因素与误差控制的好坏而定。控制越好则因变项的差异越能被解释为由实验处理所造成，回归结果也是无偏的；控制越差，实验结果越无法解释，回归估计也越不可靠。

控制无关因素与误差的主要手段有：第一，随机抽样与大样本；第二，选择合理的回归估计方法，如存在显著组间差异的就应该使用固定效应面板模型而非 OLS 估计；第三，合理增加控制变量 x^j_{it}；第四，同时事件，即实验同时作用于所有个体（$d^j_{it} = d^j_t$）；等等。

总之，一旦基本假设①~④得不到满足，双重差分估计量 d^j_t 将是有偏的。这样的双重差分研究难以得出政策实施的真实效果。而基本假设⑤则相对较弱，国内外部分研究或多或少都会不满足这一假设。

二、国内的研究现状、主要问题与改良办法

1. 基于自然实验的双重差分研究典型

综观国内的现有研究成果，齐良书和赵俊超（2012）所写的关于双重差分的文章是我国迄今为止最典型的一篇双重差分研究文献，甚至可以视为一篇基于自然实验的双重差分研究范文。该文直接构造了一次针对贫困地区中小学寄宿生的营养干预实验，由来自中国发展基金会（其中一位作

① 当然，部分无关因素与其他实验结果的交互作用，可将其列入残差从而忽略掉这些无关因素的负面作用。

者的单位）的 CDRF 实验项目及其数据支撑起整个自然实验与计量回归的开展。通过对比同一地区有否参与营养补助实验的青少年样本，研究发现营养补贴对青少年的智力与体力存在边际递减的积极作用，进而提出了一些关于营养补贴政策后续开展的具体建议。

在成功的案例里，部分双重差分研究使用了宏观或产业层面数据。姚永玲和汤学兵（2008）、张德荣和郑晓婷（2013）使用双重差分模型分别研究了北京奥运效应和大城市住宅限购政策对房地产价格的影响，结果发现奥运和限购令其实对房价波动的影响不显著。赵峦和孙文凯（2010）利用我国农信社体制改革的分省分批试点特性，以双重差分法考察了组建省级农信社实验对农户扶持力度的影响。研究结果发现，改革的作用是负面的，改革后农信社的农户贷款覆盖面反而在减少。李楠和乔榛（2010）利用 1999~2006 年中国工业行业数据进行双重差分研究，将国有企业产权改革视为非同时实施的自然实验，结果发现以劳均营业收入和劳均利润为代表的企业绩效受到了国有企业改革的正面影响。自 1999 年以来的国有企业改革，使国有企业的整体业绩获得了明显提高。但在控制了国有企业垄断程度自 2003 年开始不断加强的因素后，研究发现国有企业的部分超额利润其实来自于行政垄断。

也有研究使用了微观个体数据。周晓艳等（2011）利用 2003~2006 年农业部的农村固定观察点数据，将 2003 年以来的新型农村合作医疗制度改革作为一次准实验，采用双重差分模型来考察政策实施对中国农村居民储蓄行为的影响。研究发现：新政策的实施显著减少了实验对象家庭的家庭储蓄，从而间接地刺激了农村消费与全国内需，因此政策效果是积极的。邢春冰和聂海峰（2010）对 1998 年户籍制度改革进行了一次较严谨的双重差分研究，结果发现：户籍改革实验使得一个城市男性娶农村女性的概率增加了 5%左右。虽然该文使用的是截面数据，但却巧妙地使用结婚年份是否处于户籍改革后作为时间差分变量 d_t，分组变量 d^j 则选用是否为农业户口。范子英和李欣（2014）以 2003 年政府交替期间的部长更换作为一次自然实验，利用双重差分法研究了地方官员晋升部级干部后，政治关联对其原来所在地区获得的转移支付产生的积极影响。研究发现：新上任部长的政治关联效应会导致原地方政府获得额外的转移支付，但却仅体现在正部长，副部长对其来源地获得的财政资金影响不大。

邢春冰和李实（2011）以 1999 年的扩招政策作为一次自然实验，利用双重差分模型研究该政策对就业市场的冲击，结果发现扩招使大学毕业生的失业率显著提高 9 个百分点左右。从各个维度来看，该文都很好地满足了基于自然实验的双重差分研究的基本假设。略显不足的是，虽然老一辈大学生与扩招后的大学生具有明显的共性，但进行同质性检验的实验前测还是很有必要的。另一点值得改进的是，被忽略的组间相互影响问题（Meyer，1995）可能存在，因为老牌大学生保住了岗位可能就意味着新毕业的大学生找不到工作，组间样本的被解释变量存在挤出效应。

部分研究虽存在不可控的系统性误差，但仍不失为双重差分研究的成功案例。郑新业等（2011）以双重差分法研究“省直管县”改革，其河南省县级面板数据模型的回归结果表明，体制改革的效果是积极的。该文的研究步骤严谨地按照周黎安和陈烨（2005）的设置，对分组随机性及同质性都进行了实验前测。但实验前测的结果表明，经济总量大的县相对容易被挑选出来进行实验。虽然分组变量 d^j 与被解释变量经济增长率在统计意义上不相关，但分组随机条件还是可能不满足，即 $E[\varepsilon_{it}^j|d^j]\neq 0$。尽管如此，正如内生性问题似乎无法在 OLS 回归中完全克服，由分组非随机导致的政策内生性问题同样难以在双重差分研究中彻底消失。因此，进行了实验前测的郑新业等（2011）仍不失为一次成功的双重差分研究。

庄毓敏等（2012）以双重差分法研究了美国 1992~2007 年间银行业信用衍生品交易市场兴起对银行业系统风险的影响，在一定程度上解释了 2007 年次贷危机诞生的原因。该文基本满足自然实验研究的各项基本假设，只有 d_t 的确定存在着无法消除的系统性误差。虽然 1993 年是信用衍生品交易诞生的时间，但由于 1993~1996 年间受其信息披露规则限制，这方面的数据完全缺失。根据美国信用衍生品市场信息披露规则，可知 1996 年前的信用衍生品市场交易量极小。据此，庄毓敏等（2012）以 1996 年取代了 1993 年作为信用衍生品交易实验的发生时间。这种难以彻底消除的系统性误差，对回归估计产生的副作用自然是可以接受的。

聂辉华等（2009）、张霞和毕毅（2013）以 2004 年的东北地区增值税改革试点为自然事件，对增值税改革的政策效果进行了评估，结果发现：增值税改革明显提升企业的资本密度、劳动生产率、研发密度及以资产负债率为代表的非债税盾。增值税改革的政策效果是积极的，值得向全国推广。张霞和毕毅（2013）的主要瑕疵为：实验组与控制组样本量差距过远，前者样本数为 7.8 万家，后者为 115.0 万家，两者比例低于聂辉华等

(2009)，将对双重差分估计量 d_t^j 的显著性造成影响。笔者认为，这个问题其实可以很简单地通过随机抽样解决。此外，为改进聂辉华等（2009）的研究，张霞和毕毅（2013）还对回归结果的稳健性进行了实验前测——尝试证明实验组（东北企业）与控制组（非东北企业）样本之间不存在显著的异质性，尽管该实验前测的结果不是那么理想。

从各个维度来看，上述文献都基本上满足了自然实验与双重差分研究的各项基本假设，是较典型的双重差分研究论文。

2. 不满足基本假设①（随机分组）的研究现状及其改进可能

Meyer（1995）的研究综述发现，国外双重差分研究较常犯的错误便是违背基本假设①，即实验分组不满足随机性假设——$E[\varepsilon_{it}^j | d^j] \neq 0$。该文将违背基本假设①的问题归纳为“选择偏误”。笔者认为，它是双重差分研究中“政策内生性”问题的一种，在我国尤为显著。

叶青等（2012）以企业进入胡润百富榜作为自然实验，考察该事件对企业会计信息质量的影响。但该文不满足双重差分研究的基本假设①——随机分组，样本抽样亦不具有随机性。进入实验组的富豪榜企业自然是胡润挑选的业绩好或规模大的企业，控制组的非富豪榜企业则是研究者根据行业、规模及业绩人工选择出来的样本。这样无法保证此次实验的内部效度，因为样本选择不具有一般性和随机性。另外，对实验组和控制组进行样本选择的并非同一主体（前者为胡润，后者为研究者），加剧了实验分组的内生性问题。

这样处理的选择偏误或者说政策内生性问题相对较为严重，正如 Meyer（1995）的观点——实验组分组存在偏误，将导致对被解释变量产生的影响是来自分组，而非政策实施。即使政策没有实施，也会导致双重差分估计量显著不为零。也就是说，富豪榜企业被分到实验组（上榜）是因为它们在实验前的被解释变量就已经差别于非富豪榜企业。事实上，实验组的两个被解释变量累积收益率和非经常性损益的均值分别是控制组的 3.5 倍和 5.0 倍（叶青等，2012）。

杨阳和万迪昉（2010）的股指期货研究、翟爱梅和钟山（2012）的 H 股上市卖空机制研究、许红伟和陈欣（2012）及肖浩和孔爱国（2014）的融资融券研究，对证券市场的系列体制改革进行了双重差分研究。但由于政策试点往往实施在权重股、蓝筹股，因此，上述研究的样本选择与分组目的性同样过强，在一定程度上偏离了自然实验的分组随机基本假设①。

一旦样本选择与分组的目的性很强，以随机性为前提的自然实验就可能不会成立。只有有效控制选择偏误，双重差分回归的结果才会可靠(Heckman et al.，1998)。关于研究样本的选择偏误问题及其对回归结果的影响，更细致的计量技术方面探讨可见于 Heckman 和 Robb（1985）、Manski（1989）。

笔者认为分组非随机的问题，除了要进行相关的实验前测外，还可以通过随机抽样的办法进行缓解。比如，出口退税政策研究在选取控制组样本的时候，可以使用同样是“三高”的，但退税率却没有被政府调整的出口品。这种偶发的遗漏对于政府而言是“随机误差”，但对于研究者来说，却是不可多得的随机抽样行为。至于证券市场研究，只要保证实验组和控制组样本同为蓝筹股或权重股，或选择周边证券市场的股票作为控制组，研究就可以视相关改革为随机分组的自然实验。

3. 不满足基本假设②（随机事件）的研究现状及其改进可能

储著贞和梁权熙（2012）以 2009 年“四万亿”财政扩张政策为一次自然实验事件，使用双重差分法检验了这次政策实施对银行贷款增长率的正向冲击效应。由于该文选取的因变量、自变量均多与宏观经济环境相关，而“四万亿”财政扩张政策又在一定程度内生于国际金融危机和我国的宏观经济指标下滑，因此该次自然实验同样出现了政策内生性问题。但与分组非随机问题不同的是，造成政策内生的主要原因是该研究无法保证实验发生时间的随机性（$E[\varepsilon_{it}^{j}|d_t]=0$），即不满足基本假设②。

曾海舰和苏冬蔚（2010）认为 1998 年的信贷扩张和 2004 年的信贷紧缩可视为一次政府实施的自然实验，进而将小规模、民营化程度高以及担保能力弱的公司列为实验组，将大规模、国有化程度高以及担保能力强的公司列为控制组。研究结果表明，政策冲击对中国上市公司资本结构产生了重大影响。但由于中央的货币政策与宏观经济环境高度相关，导致实验发生时间不具有随机性，即不能保证 $E[\varepsilon_{it}^{j}|d_t]=0$。

此外，“四万亿”财政扩张政策以及调低或调高准备金率的货币政策往往是政府的连续行为，即在实验处理后的年份，中央会陆续地实施相似政策。因此，曾海舰和苏冬蔚（2010）的实验事件从时间点变为连续事件，有可能使研究不满足基本假设⑤——实验处理（政策冲击）的唯一性，从而影响了政策效果评估的客观性。相似的问题还出现在王孝松等（2010）的出口退税政策调整研究中，不过该文对此问题的影响进行了评估与控制。从另一个角度看来，不满足基本假设⑤实际导致的是“遗漏关键变量”问题（Meyer，1995）。但正如前文所述，不满足基本假设⑤是国内外双重差分研究的常见现象，这或许并不会大幅削弱上述研究结果的有效性。

笔者认为实验时间非随机的问题，可以通过更换与政策目标不直接相关的被解释变量、控制变量进行缓解，从而减轻 d_t，x_{it}^j 与 y_{it}^j 之间的内生性问题。当然，进行实验前测检验政策发生的时间点与被解释变量无关，也是可行办法之一。

4. 不满足基本假设③（控制组不受影响）的研究现状及其改进可能

左翔等（2011）以 2005 年河南省农业税费改革为自然实验，以农业占 GDP 比重的均值对样本进行分组，低于均值的为控制组样本，高于均值的为实验组样本。实验分组依据不再是离散变量，而是连续变量，该文认为“其基本思路和回归结果与普通的双重差分方法在本质上并无二致”。然而，河南省农村税费改革的实验对象是全省所有县，而 2004 年河南省的农业税率下调到 4%，2005 年进一步下调至 2%。也就是说，该文所用的控制组样本全部受到了政策实验的冲击，因而不满足基本假设③。

Meyer 等（1995）的实验组样本为高于某一收入水平的工伤者，但其划分界线是由政府的改革文件确定的，因此其分组依据是一个离散变量，并伴随政府实施政策而产生。左翔等（2011）则混淆了研究者与实验者的身份——实施政策的实验者是政府，而进行实验分组（是否高于均值）却是由研究者决定的。而且，两个被解释变量农业支出占一般预算支出比重、单位耕地农业财政支出与分组变量 d^j 农业占 GDP 比重高度相关，随机分组的基本假设①不满足。解释变量与被解释变量高度相关，导致超过一半的回归方程拟合优度高于 0.8，可能出现了 Meyer（1995）提出的双重差分研究常见的控制变量或解释变量与被解释变量高度相关的同步性（Simultaneity）问题。

笔者认为实验者（政府）与样本分组者（研究者）不是同一主体的问题，是必须克服的。在选取研究视角时，研究者应该站在实验者（实施新政策的政府）的立场去进行样本选择与分组，切忌过度人为干预实验分组的最终结果。否则，从严格意义上来看，出现类似问题的上述研究其实只是基于单虚拟变量（时间差分变量）的实证研究。

上述问题同样出现于王鑫和吴斌珍（2011）、汪伟等（2013）的税费改革研究中，其“连续型双重差分估计”[①]研究实际上并未对样本进行严格的实验分组。其 d^j 是一个连续的人均所得税和农业税费减免变量，减免额大的为实验组，减免额小的为控制组。所以该文的控制组样本同样受到了税费改革的影响，d^j 更与被解释变量城市居民消费和农村居民消费率高度相关，即不满足基本假设③——控制组不受影响。

至于控制组受到政策影响的问题，则可以通过引入外地样本作为控制组而实现改良。

5. 并非基于自然实验的双重差分研究

国内部分双重差分研究不满足基本假设④——样本具有同质性，甚至出现了实验组样本并非同一个体的案例。袁渊和左翔（2011）以双重差分法研究浙江省 2002 年进行的“省直管县”改革，试图检验这次自然实验是否提升了实验组样本浙江县级企业的经营绩效。但该文受制于面板数据缺乏等因素，无法构造时间差分变量 d_t，遂使用福建省县级企业作为 $d_t = 0$，$d^j = 1$ 的实验组样本，浙江县级企业作为 $d_t = 1$，$d^j = 1$ 的实验组样本，两省的市级企业为控制组样本。但这样的数据结构和研究设定似乎无法构成一次自然实验或准实验，因为既没有“省直管县”实验事件的发生（使用的数据全为 2003 年的实验处理后数据），实验前后的实验组样本亦根本不是同一个实验对象。双重差分估计量 d_t^j 实际上只是“是否浙江县级企业”的虚拟变量，其回归系数显著为正只表明：浙江县级企业比浙江市级、福建市级及县级企业的业绩都好。或者说，该文提取的实验组样本不能代表其试图要研究的对象，实验设计与研究者的本意不符，这是一个较严重的外部效度问题（Meyer，1995）。因此，袁渊和左翔（2011）的主要结论““扩权强县’对浙江省县辖企业的发展有显著的促进作用”，似乎难以得到有效的支撑。但换个角度来看，这样的研究虽不能算作基于自然实验的双重差分研究，却也可以视为针对两个虚拟变量交乘项的实证研究。

① 在部分国外研究中，交互项中有两个连续变量或者其中一个为连续变量，仍可视为双重差分研究，如 Rajan 和 Zingales（1998）关于金融与经济发展的论文中所示。但“连续型双重差分估计”无疑会损害到控制组不受影响的基本假设。至于如何进行更深入的处理，还有待学界讨论。

上述实验设定似乎无法支持一次自然实验或准实验，时间差分变量 d_t 的构建相对不成功，又或者说它们只是一次基于分组差分变量 d^j 的实证研究。能够成功使用截面数据构建自然实验的国内研究似乎只有邢春冰和聂海峰（2010）。

还有部分研究对自然实验的界定出现了偏差，其实验事件的发生并非外生于样本个体，亦非由实验者（政府）实施的，而是被实验对象自行选择的结果。如廖理和张学勇（2008）的股权分置改革研究，其中家族上市公司实施股改的实验事件完全内生于企业自身的经营与战略，因而似乎构成不了一次自然实验，而仅是一次双虚拟变量实证研究。类似的问题还见于李新义和汪浩瀚（2010）的企业横向兼并研究。这个问题可以很容易解决，在进行自然实验研究前，经济学者可以对照医学和生物学的小白鼠实验，如果研究样本（小白鼠）可以自行选择实验时间和分组的话，那么这次自然实验显然是无法成立的，因为聪明的小白鼠永远不会启动实验，而强壮的小白鼠也永远不会进入实验组。

6. 其他问题

（1）实验为非同时事件与同步性问题。陈刚（2012）研究了 2008 年高级人民法院院长异地交流轮岗改革对司法效率的影响，研究结果表明：这次改革明显提高了司法效率，异地调动法官所在地的结案率比其他地区高 2%左右。该文特色为对个体的实验处理为非同时事件（$d^j_{it} \neq d^j_t$），样本个体出现异地交流时 d^j_{it} 才等于 1。

非同时的实验处理将加剧数据的序列自相关性，以至于为控制好无关因素与误差，陈刚（2012）增加了较多控制变量。但由于部分控制变量与被解释变量结案率可能存在一定内生性，又导致了回归结果的拟合优度高达 0.99，以至于产生了多重共线性问题。$d^j_{it} \neq d^j_t$ 的假定还见于刘佳等（2011）的省直管县改革研究。这导致部分成果呈现出一定的同步性问题，而序列自相关的问题也往往会未被检验。

笔者认为只要双重差分研究的实验处理（政策实施）为非同时事件（$d^j_{it} \neq d^j_t$），那么在添加控制变量时就须更为谨慎，因为这时的序列自相关问题可能已然出现。不过，上述问题可通过进一步细分实验组样本来解决。比如，将同一年实施改革的实验组样本划归一组，进行分组别的双重差分回归。

（2）遗漏变量、序列自相关以及政治影响问题。Meyer（1995）指出，在实验前后发生了研究者未观察到的事件，会导致双重差分研究遗漏了关键的解释变量或控制变量，进而影响政策评估结果的客观性。事实上，不满足基本假设⑤（政策冲击唯一性）的研究（储著贞和梁权熙，2012；曾海舰和苏冬蔚，2010；王孝松等，2010），其实就是出现了遗漏变量——实验变项（政策）实际上是多次发生，而研究者却未能考察到。

此外，Bertrand 等（2004）认为数据的序列自相关问题会导致双重差分估计的标准误偏低，导致对原假设的过度拒绝，使双重差分估计量的显著性虚高。该文指出，解决序列自相关问题最简单的办法便是将所有时间序列数据简单划分为政策冲击前后两个时间段，即使研究满足“同时事件”假设，即实验同时作用于所有个体（$d^j_{it} = d^j_t$）。另一个常用的解决办法便是“随机推断（Randomization Inference）”，这种实验后测型的稳健性检验曾被廖理和张学勇（2008）使用。这是一种有效的值得推广的双重差分法稳健性检验。

从一般均衡和政治经济学的角度看，政策实施与政治问题息息相关。因此，政策实施很可能影响了实验者（政府）或被实验者（研究样本）的后期行为模式。这种政治影响问题在社会实验理论中，被归纳为“实验者偏误（Experimenter Bias）”问题（威勒和沃克，2010，第 114 页）。

上述三个问题或多或少会出现在基于自然实验的双重差分研究中，其负面影响难以完全避免，使用上文提及的实验前测或实验后测等稳健性检验是较理想的解决办法。

（3）双重差分研究的称谓问题。学界还有部分双重差分研究并非构建在自然实验的基础上。王永进和盛丹（2013）使用“双重差分法”研究了地理集聚对企业商业信用的影响。其时间差分变量 d_t 是由研究者所发现的 2001 年企业搬迁较多这一现象而确定，并非源于外生的政策实施。严格意义上来说，这只是一次以双虚拟变量来控制样本组间差异及内生性的实证研究。许斌和韩高峰（2009）的贸易出口配额研究、包群等（2011）的出口收入分配效应研究、曾海舰（2012）的房地产市场研究及项松林和马卫红（2013）的出口企业学习效应研究均与此类似，尝试以双重差分变量控制计量模型的内生性与组间差异。

正因如此，上述论文均没有明确指出自身为一次自然实验或准实验研究。它们实际上是基于双虚拟变量的实证研究。是否双重差分研究，其实只是称谓问题，上面的讨论不涉及以上研究的有效性。

除此以外，自然实验与准实验的概念混淆，被忽略的组间相互影响问题，实验组与控制组样本量差距过远，统计或抽样时出现误差等问题也常见于我国的双重差分研究。一部分问题难以完全克服，且在国外关于双重差分的专著中有所深入分析，另一部分问题则在上文有所提及，在此不赘述。

三、小结

1. 简要结论

本书根据实验理论与国外双重差分法的研究基础，剖析了自然实验和双重差分计量模型的主要特征，归纳出双重差分研究所需的基本假设，并提出了经济学研究应用双重差分法时值得注意的一系列问题。在此基础上，本书回顾了近年我国双重差分研究的“井喷式”发展历程，并对部分代表性研究成果进行了评述。研究结果发现：我国当前的双重差分研究出现了大面积的实验设定偏差等较严重的问题，主要包括内生性、控制组受影响、样本异质性、自然实验与准实验混淆等。甚至有部分所谓的自然实验研究或许根本构成不了一次自然实验，而只是使用到虚拟变量的实证研究。

其中，尤以政策内生性问题最为严重。政府在选择政策实施对象和时间之际，往往是有目的而非随机的。这势必导致实验分组和实验时间的非随机性，从而使双重差分估计量（实验变项）与被解释变量（实验因变项）之间产生了较严重的内生性问题[①]。那么，双重差分研究的基本假设 $E[\varepsilon_{it}^{j}|d_{t}^{j}]=0$ 就根本不成立。只要实验样本分组的目的性很强，以随机性为前提的自然实验就可能不会成立（Meyer，1995）。因此，政策内生性问

① 部分研究者往往只看到，仅依靠计量技术本身来消除实证研究中的内生性问题并不容易，而双重差分法的比较优势恰恰在于可克服政策作为解释变量时产生的内生性问题，但却忽略了另一内生性问题——政策内生性。不顾双重差分法的理论基础——自然实验是否适用的实证研究，视双重差分法等同于双虚拟变量法，并不能减轻研究的内生性问题，反而会使问题加剧。

题对于部分出现较大偏误的研究来说，甚至是致命的[①]。

2. 对策建议

基于自然实验的双重差分模型的应用条件较为严苛。正因如此，双重差分法被引入经济学领域（Ashenfelter，1978）并稳步发展了20多年后，国内经济学界才出现了第一篇成功的双重差分研究（周黎安和陈烨，2005）。而其后数年内，每年出现的双重差分研究也不超过10篇，近三年才出现了相关研究的井喷式增长，而存在问题的研究又占其大部分。

综上所述，笔者认为并非所有的政策冲击都可以用双重差分法进行效果评估。

研究者在选择研究对象（具体的某项政策）时必须进行深入的事前分析，以考察这次政策实施是否满足自然实验或准实验的各项基本特征与假设。例如，基于自然实验的双重差分研究应该保证基本假设①~④中半数以上成立，否则该次研究便可能无法构建起一次自然实验。此外，研究者还需对样本异质性、序列自相关、组间相互影响等问题进行稳健性检验。

倘若今后的论文写作与期刊审稿工作，一直未能意识到上述问题的严重性，长此以往势必对我国的经验研究产生较大的负面影响。甚至使政策效果评估陆续出现偏差乃至完全相反的结论，间接损害政府的宏观调控效率，使相关的经济学研究失去其应有的实践指导意义。为此，本书分析了部分代表性文献的潜在缺陷，并提出了可行的改良办法。尽管所选文献不一而足，但本书或许还是有助于学术界了解自然实验与双重差分法的应用条件和主要问题，有助于更准确地使用双重差分法，从而推进政策评估与

① 为更好地展示政策内生性问题的重要性，本书尝试以其中通讯作者求学阶段曾从事的土木工程实验来进行类比说明。研究者为考察预应力混凝土梁的抗裂缝性能而构建如下实验。要合理评估预应力的实验作用，在营造实验对象——混凝土梁的时候，实验者必须使用同样标号和强度的水泥与钢筋。如果所使用的水泥或钢筋出现差异，那么实验就违反了关于实验对象同质性的基本假设④，随机误差必不为零，实验效度大幅受损。如果研究者为刻意证明预应力梁的优势，专门挑选由高标号水泥及大口径钢筋生产的梁来作为实验对象，而以质量相对较差的梁作为控制组。那么，这次实验就会违反关于分组随机的基本假设①，造成分组变量内生于被解释变量混凝土抗裂能力。这时，违背基本假设①就不再是影响实验效度的问题，而是使整个实验失败——预应力梁抗裂缝能力强不能被证明是实验变项（预应力）的原因，而是因为非随机地选取了更高强度的实验样本。要证明预应力梁抗裂缝能力差也很简单，只需刻意选取水泥未干等不适当的时间点进行实验处理，或偷偷对控制组实施预应力作用，使实验违背时间随机的基本假设②和控制组不受影响的基本假设③。那么，这样的实验同样无效。由此可见，关于政策外生性的两大基本假设①和②——分组随机和事件随机，对于自然实验研究是至关重要的。不难看出，国内部分双重差分研究所犯的失误似乎正如上所述。

双重差分领域的研究发展。

从国外引进前沿方法来研究中国问题，是我国经济学界的长处。一旦出现突破性成果，其他的国内研究者往往会趋之若鹜。如此现象的成因或许可以由阿施的“从众实验”（Asch，1958，第 174~183 页）解释。该实验结果表明，人们会迫于其他人的选择或者说社会压力，而做出显然违背事实的判断与行为，这种人类行为方式即为“从众行为”。笔者认为，在未能透彻掌握一种前沿经济学方法前，从众地生搬硬套进行经验研究，对我国经济学发展似乎并无益处。

当然，本书仅为引玉之砖，还存在诸多不足之处，后续研究有待学界进一步拓展。

第二节　全要素生产率会影响成本函数估计

一直以来，国内从生产函数出发的实证研究占据着主流地位。无论是研究企业微观行为，还是研究国家宏观经济，基于生产函数推导出来的计量模型，是国内学术界最常用的实证框架。但由于成本函数计量模型的种种优点，近年国内兴起了基于成本函数的实证研究。以中国知网的数据为例，1995~2004 年，学界平均每年出产 53.5 篇关于成本函数的期刊论文（其中北大核心期刊有 27.0 篇），2005~2014 年这一数据则增长至 169.3 篇（其中北大核心期刊有 99.3 篇）①。不只数量增长，相对高质量的北大核心期刊论文的比重也从 50.5%上升至近十年的 58.7%。这些研究主要聚焦于银行业（刘宗华，2003；刘宗华和邹新月，2004）、保险业（黄薇，2007）、供电业（任宇宁和赵国庆，2007）、建筑业（范建双和李忠富，2009，2010）、制造业（张光南等，2010；陈林和刘小玄，2015）等行业的微观企业问题，也有部分研究关注中国能源效率的宏观经济问题（国涓等，2010）。

然而，从 2003 年《统计研究》刊载全国首篇基于超越对数成本函数模型（国际主流成本函数模型）的实证论文（刘宗华，2003），到 2011~2015

① 样本范围为：篇名、关键词或摘要里精确含有“成本函数”的期刊论文。

年发表的多篇超越对数成本函数实证论文，已有文献使用的基础计量模型一成不变，并没有经历技术上的改良。而同一时期，从生产函数出发的实证研究，却在样本（企业）异质性控制方面不断出现技术上的新突破。从早期的非参数的数据包络（Data Envelopment Analysis，DEA）模型，到全参数的随机前沿（Stochastic Frontier Analysis，SFA）模型，再到近期的半参数的 LP/OP 模型，基于生产函数的计量模型在不断演进。方法论的发展如逆水行舟，不进则退，成本函数计量模型兴起十多年至今，改良的可能性理应进入学术界当前的讨论日程。

此外，国内现存的成本函数实证研究都使用了一个较强的假设——所有企业的全要素生产率（Total Factor Productivity，TFP）恒等于 1，即不考虑样本异质性问题。因此，其成本函数计量方程的解释变量没有 TFP 项，而直接将其置入截距项，不考虑 TFP 对企业生产和成本的影响。

显而易见，这种对生产单元异质性的忽略，与理论及现实均不符。较早针对上述研究不足进行改良的是以 Schmidt 和 Lovel（1979）、迟国泰等（2005）、黄薇（2006）为代表的随机前沿成本函数模型的理论探索。以 SFA 法估计企业成本函数时，其成本函数计量模型引入了 TFP 的替代变量——每家企业所独有的“无效率项”。无效率项可算作 TFP 的体现，使每家企业不一样的生产（成本）效率能得以区分。

但 SFA 成本函数模型却缺乏直接的理论基础——生产函数很容易就可以推导出“无效率项”，即 SFA 生产函数模型具有数理基础，但加入无效率项的成本函数公式却不能从生产函数中推导出来，即无效率项无法融入“成本最小化”的数学推导过程。企业之间各自不同的所谓“无效率项”只是研究者的统计假设，在现代经济学原理中无法实现逻辑自洽。

综上所述，在传统的成本函数实证研究中，所使用的成本函数模型不完整，即模型缺少全要素生产率项，因而未能考察企业之间的 TFP 差异，导致企业异质性无法得到控制；而基于 SFA 的成本函数研究，虽然控制了企业之间的效率差异，但却缺乏数理基础，致使其基础计量模型缺乏很严密的逻辑性。

为改良传统的成本函数计量模型，并为 SFA 超越对数成本函数模型的无效率项找寻理论基础，首先，本书从生产函数中推导出包含全要素生产率的完整的成本函数，以补充和完善成本函数计量模型。其次，结合超效率 DEA 法测算出来的面板企业 TFP，对改良后的成本函数计量模型进行回归应用。再次，对比改良前后（是否还有 TFP 项）的成本函数计量模型的回归结果差异，剖析全要素生产率对成本函数估计所产生的主要影响。最后，基于随机前沿方法对成本函数进行分析，以检验改良后的成本函数计量模型的稳健性，并为 SFA 成本函数模型提供理论基础。

一、理论模型

1. 从生产函数推导出完整的成本函数

从经济学原理及最优化数学理论来说，成本函数与生产函数的研究实质上是等价的。这是因为，从生产函数出发的“产量最大化”问题，其实就是从成本函数出发的“成本最小化”问题的对偶问题。因此，如果一个经济学问题能够从企业、行业或地区的生产函数着手进行实证研究，那么该研究同样可以从成本函数的角度展开。至于选择生产函数模型还是成本函数模型，主要是出于样本数据的可得性与变量选取的合理性等方面的考虑。也就是说，成本函数与生产函数的实证研究之间其实具有一致性，具有一模一样的理论基础。

国内外最常用的成本函数模型为超越对数成本函数模型，其他类型的成本函数几乎都可视为其退化形式。超越对数成本函数的推导是从 CES 生产函数出发的，过程非常复杂①，最早由 Christensen 等（1975）开创。其后，Diewert（1993）进行了相关拓展。模型推导的基本思路是：依据 CES 生产函数的可微性，从成本函数的二阶泰勒展开式推导出超越对数形式的成本函数。但一直以来，由于成本函数的研究还没有深入到全要素生产率分析，上述种子文献在数理推导过程中，均假设 TFP 恒等于 1，或者说不考虑企业异质的 TFP。

为此，本书对此进行创新——将不恒等于 1 的企业 TFP 项重新置入生产函数，从而构建起一个包含全要素生产率项的成本函数模型。模型假设企业生产满足 CES 生产函数 f(x)，企业的生产最优化问题为：

① 如果生产函数退化为 Cobb-Douglas 生产函数（简称 C-D 函数），推导过程便大为简化，一般高级微观经济学教材都有所涉及。但这样一来，其成本函数便会退化为简单的对数相加形式。而生产函数和成本函数的具体形式，应该取决于回归估计的结果。从现有的经验研究结果来看，CES 生产函数和超越对数成本函数是普遍存在的，比简单的对数相加形式的成本函数更符合现实。

$$\begin{cases} \max\limits_{x^i} f(x^i) = y^i = A^i\left[\sum\limits_{j=1}^{k}\delta_j(x_j^i)^{-\rho}\right]^{-\frac{\gamma}{\rho}} \sum\limits_{j=1}^{k}\delta_j = 1 \\ \text{s.t.} \quad \sum\limits_{j=1}^{k} w_j \cdot x_j^i \leqslant C(x^i) \end{cases} \tag{2-1}$$

$$\begin{cases} \min\limits_{x^i} C(x^i) = \sum\limits_{j=1}^{k} w_j \cdot x_j^i \\ \text{s.t.} \quad A^i\left[\sum\limits_{j=1}^{k}\delta_j(x_j^i)^{-\rho}\right]^{-\frac{\gamma}{\rho}} \geqslant y^i \end{cases} \tag{2-2}$$

式中，y^i为企业 i 的产量，A^i为企业 i 的全要素生产率，$x^i=(x_1^i, x_2^i, \cdots, x_k^i)^T$为企业 i 的生产要素投入量，$w=(w_1, w_2, \cdots, w_k)$为企业 i 在上游要素市场中获取的生产要素价格，k 为生产要素种类，C（·）为企业的成本函数。δ_j，ρ，γ为生产函数的固定参数，其中δ_j为投入要素的密集度，通常假设相加等于 1，ρ为替代参数，γ为规模报酬参数，这些参数的大小决定了生产函数的一系列特征。

（2-1）式为在既定生产成本下的产量最大化问题，（2-2）式为在既定产量下的成本最小化问题，两者互为对偶。将（2-1）式变换形式，并构造拉格朗日函数可得：

$$L(x) = \sum_{j=1}^{k} w_j x_j^i + \lambda\left\{\left(\frac{y^i}{A^i}\right)^{-\frac{\rho}{\gamma}} - \left[\sum_{j=1}^{k}\delta_j(x_j^i)^{-\rho}\right]\right\} \tag{2-3}$$

如果 x 在成本最小化问题中是最优的，且生产函数 f（x）是可微的，那么对某一$\lambda \geqslant 0$和每一种投入品 $j=1, 2, \cdots, k$，下面的一阶条件必须成立：$w_j \geqslant \lambda\frac{\partial f(x')}{\partial x_j}$，当$x_j' > 0$时，等号成立。成本最小化问题存在最优解必须满足的条件写成矩阵形式，即为：

$$w \geqslant \lambda\nabla f(x')\text{，且}\ [w - \lambda\nabla f(x')]\cdot x' = 0 \tag{2-4}$$

只要生产函数 f（x）是凹的，（2-4）式就是x'为成本最小化问题最优解的必要且充分条件。（2-3）式的一阶条件为：

$$\frac{\partial L(X)}{\partial X_j^i} = w_j - \lambda\frac{\rho}{\gamma}\left(\frac{y^i}{A^i}\right)^{-\frac{\rho}{\gamma}-1} A^i\left(\frac{\gamma}{\rho}\right)\left[\sum_{j=1}^{k}\delta_j(x_j^i)^{-\rho}\right]^{-\frac{\gamma}{\rho}-1}(-\rho)\delta_j(x_j^i)^{-\rho-1} - \lambda\delta_j(x_j^i)^{-\rho-1} = 0 \tag{2-5}$$

将（2-1）式代入（2-5）式，则可得：

$$x_j^i=\left\{-\frac{w_j}{\lambda\rho\delta_j}\left[(y^i)^{-\frac{\rho+2\lambda}{\gamma}}(A^i)^{\frac{\rho+3\gamma}{\gamma}}+1\right]^{-1}\right\}^{-\frac{1}{\rho+1}} \quad (2-6)$$

将（2-6）式代入（2-1）式，通过化简、合并等处理后可得到 x_j^i 的最终表达式：

$$x_j^i=(y^i)^{\frac{1}{\gamma}}(A^i)^{-\frac{1}{\gamma}}\left(\sum_{j=1}^{k}w_j^{\frac{\rho}{\rho+1}}\delta_j^{\frac{\rho}{\rho+1}}\right)^{\frac{1}{\rho}}\left(\frac{w_j}{\delta_j}\right)^{-\frac{1}{\rho+1}} \quad (2-7)$$

将（2-7）式代入（2-2）式即可得成本函数为：

$$C(w_j,\ y^i,\ A^i)=(y^i)^{\frac{1}{\gamma}}(A^i)^{-\frac{1}{\gamma}}\left[\sum_{j=1}^{k}w_j\left(\sum_{j=1}^{k}w_j^{\frac{\rho}{\rho+1}}\delta_j^{\frac{\rho}{\rho+1}}\right)^{\frac{1}{\rho}}\left(\frac{\delta_j}{w_j}\right)^{\frac{1}{\rho+1}}\right] \quad (2-8)$$

由（2-8）式可知企业的成本 C 与企业产量 y^i，全要素生产率 A^i 和要素价格 $w=(w_1,\ w_2,\ \cdots,\ w_k)$ 相关。企业的总成本取决于自身的产出水平、企业短期内不变的全要素生产率和外生于要素市场的生产要素价格。

2. 改良后的超越对数成本函数模型

对（2-8）式取对数并在特殊点进行二级泰勒公式展开，得超越对数形式的成本函数①：

$$\ln C(w_j,\ y^i,\ A^i)=\alpha_0+\alpha_1\ln y^i-\alpha_1\ln A^i+\sum_{j=1}^{k}\alpha_j\ln w_j+\frac{1}{2}\sum_{j=1}^{k}\sum_{i=1}^{k}\alpha_{ji}\ln w_j\ln w_i \quad (2-9)$$

其中，$\alpha_0=\frac{\rho}{\rho+1}\ln k+\frac{1}{\rho}\ln\sum_{j=1}^{k}\delta_j^{\frac{1}{\rho+1}}$，$\alpha_1=\frac{1}{\gamma}$，$\alpha_j=\frac{1}{\rho+1}\left(\frac{\rho}{k}+\frac{\delta_j^{\frac{1}{\rho+1}}}{\sum_{j=1}^{k}\delta_j^{\frac{1}{\rho+1}}}\right)$，$\alpha_{ji}=\frac{\rho}{\rho+1}\left[\frac{1}{k^2}+\frac{1}{\rho+1}\cdot\frac{(\delta_i\delta_j)^{\frac{1}{\rho+1}}}{\left(\sum_{j=1}^{k}\delta_j^{\frac{1}{\rho}}\right)^2}\right]$

为确保（2-9）式是二次可微的，则必须要有：

① 二级泰勒公式展开需要先得出 $\ln C(w,\ y^i,\ A^i)$ 对 $\ln w$，$\ln y^i$，$\ln A^i$ 的一阶导数和二阶导数。结合其各阶导数，对 $\ln C(w, y^i, A^i)$ 在特殊点 $\ln w=0$，$\ln y^i=0$，$\ln A^i=0$ 处通过二级泰勒级数展开变换成，所有导数均在展开点取值。

$\alpha_{ij}=\alpha_{ji}$，$\forall i\neq j$。为保证成本函数关于要素价格向量 w 具有一次齐次性（即满足全体要素价格与总成本同比例增长），则必须满足：

$$\sum_{j=1}^{k}\alpha_i=1,\quad \sum_{j=1}^{k}\alpha_{ji}=0 \tag{2-10}$$

对于任意 i，j，当 $\alpha_{ji}=0$ 时，f（x）会退化成 CES 生产函数的特例形式，即 C-D 生产函数，相应的，C(·）也会随之退化成简单的对数相加形式成本函数。

将谢泼德引理（Shephard's Lemma）：$x_j^i(w, y^i, A^i)=\partial C(w, y^i, A^i)/\partial w_j$ 代入（2-9）式，可得第 j 种生产要素成本占总成本的份额，用 s_j 表示：

$$S_j=\frac{\partial \ln C(w, y^i, A^i)}{\partial \ln w_j}=\alpha_j+\sum_{i=1}^{k}\alpha_{ji}\ln w_j \tag{2-11}$$

（2-9）式和（2-11）式组成的方程组（共 j + 1 个方程）再加上约束条件（2-10）式，构成了改良过的超越对数成本函数模型。

若不考虑全要素生产率对成本函数的影响，即假设 TFP 大小为 1，则模型退化成（2-12）式。（2-12）式即为国内外常用的传统超越对数成本函数的基础计量方程[①]：

$$\ln C(w, y^i)=\alpha_0+\alpha_1\ln y^i+\sum_{j=1}^{k}\alpha_j\ln w_j+\frac{1}{2}\sum_{j=1}^{k}\sum_{i=1}^{k}\alpha_{ji}\ln w_j\ln w_i \tag{2-12}$$

改良后的超越对数成本函数模型的基础计量方程（2-9）式，与迟国泰、黄薇等使用的 SFA 成本函数模型几乎完全一致，唯一的区别是（2-9）式未加入用于回归的随机误差项，而且（2-9）式中的“全要素生产率项”——$\alpha_1\ln A^i$ 与 SFA 成本函数模型的“无效率项”正好对应。

在 SFA 法的种子文献（Aigner 等，1977）中，作者从一个不含全要素生产率的一般形式生产函数出发，推导出一个包含无效率项的 SFA 生产函数计量方程，然后用 C-D 生产函数特例进行回归估计。Schmidt 和 Lovell（1979）在首次建立 SFA 成本函数模型时，也是用一个 C-D 生产函数特例进行推导，同时创新性地加入了全要素生产率项。

也就是说，最初的 SFA 成本函数模型是含有 TFP 的。但 Schmidt 和 Lovell（1979）为简化计量模型，其 TFP 项最终归并入回归方程的截距项，

① 泰勒级数展开位置的不同，会导致计量方程的交乘项 $\ln w_j \ln y^i$ 是否出现。

即不考虑样本之间的 TFP 差异。而且，在由 C-D 生产函数对偶出来的对数相加成本函数中，全要素生产率项、无效率项与要素价格变量之间为线性关系（Schmidt 和 Lovell，1979），因此样本间异质的无效率项可以很好地控制 TFP 的样本间差异。但是，学界近年常用的超越对数成本函数其对偶的生产函数不是 C-D 函数，而是更为复杂的 CES 生产函数，所以全要素生产率与无效率项的数学关系就不一定是线性。这是以往 SFA 超越对数成本函数研究忽略的理论问题。而依据（2-1）式及（2-9）式的推导，加入 Aigner 等（1977）、Schmidt 和 Lovell（1979）的无效率项，学界可以很容易地得到一个完整的 SFA 超越对数成本函数模型。限于篇幅与主题，本文不进行细致的数理推导。

本书通过数理模型推导，为 SFA 超越对数成本函数模型给出相关的数理基础，为基于 SFA 的超越对数成本函数实证研究提供了一定的理论依据。

SFA 成本函数模型与传统的、本书改良后的超越对数成本函数模型最大的区别就在于，前者不包括（2-11）式谢泼德引理方程和约束条件（2-10）式。

至于传统的超越对数成本函数模型和本书改良后的模型之间，最显著的区别就是传统方法完全忽略企业间异质的全要素生产率的作用，从而导致一定程度的遗漏变量偏误（Omitted VariableBias）的统计问题。

二、样本说明与回归方法

1. 样本与数据选择

本书数据来自“中国工业企业数据库”的规模以上工业企业数据。该数据库为当前国内较权威的微观企业数据库之一，是研究企业 TFP 与成本函数的理想样本来源。

由于 2003 年后行业分类口径产生了变化，为保证数据的可获得性和统计口径的一致性，数据的时间跨度为 2003~2007 年。受限于 TFP 测算软件的计算能力，并考虑到行业代表性，本书剔除了中国工业企业数据库中的所有轻工业及市政公用产业。因此，本书的企业样本只包括 2003~2007 年的所有规模以上重工业企业。轻重工业划分标准使用上海统计局提供的《轻重工业划分办法》。同时，本书还剔除了遗漏关键变量的样本（如销售收入、固定资产净值、从业人员等指标为 0 的企业），并按照《统计上大中小微型企业划分办法》剔除了从业人员小于 300 人，营业收入低于 2000 万元的企业，只保留了规模以上的大中型企业样本[①]。

为更好地揭示全要素生产率对成本函数回归结果的关键影响，本书将使用国有企业和非国有企业进行分组回归。而至于国有企业与非国有企业的划分，本书首先根据资本占比情况分类，若企业国有资本占比大于 0.5，则归为国有企业；若个人资本占比大于 0.5 时并为非国有企业。当存在国有资本和个人资本占比均为 0.5 时，则通过资本类型及企业的控股情况相匹配来划分。当企业国有资本占比等于 0.5 且企业控股情况为国有绝对或相对控股，则该企业划分为国有企业。企业个人资本占比等于 0.5 且企业属于私人控股，则该企业划分为非国有企业。

根据上述方法，本书筛选出 2003~2007 年 406 家国有和 253 家非国有大型重化工企业作为研究样本，观测值总量超过 3000 个，详见表 7-1 的统计性描述。

2. 变量说明

（1）要素价格及总成本。总成本 C 依据《工业统计报表制度》中的工业企业成本费用类别（包括制造成本、年初存货、管理费用、销售费用以及税收等，不考虑财务费用）测算，将企业劳动投入 x_l、固定资本投入 x_k、存货投入 x_t（控制原材料投入变量）、产品销售费用、企业管理费用和应交所得税之和作为企业生产所需的总成本。由于全要素生产率测算中使用的产出指标为产品的销售收入，为避免内生性，故采用工业总产值作为成本函数中产出的代表变量。

假设企业生产的投入要素包括：资本 K、劳动 L 以及原材料 T。

借鉴以往的研究经验（黄薇，2006；任宇宁和赵国庆，2007；张光南等，2010；国涓等，2010），劳动投入量 x_l 采用本年应付工资总额，劳动价格 w_l 用职工平均工资表示，等于劳动投入量 x_l 除以全部职工人数。该解释变量较为常用，亦与现实中的劳动力价格高度相关。

由于原材料投入数据较为缺乏，本书根据以往的研究经验（范建双和李忠富，2009，2010），以存货变量作为近似。企业生产出产成品后，并非能够马上全部销售出去，因此年初存货的金额估算与原材料投入额高度相关。而且，存货除“产成品”外有一部分属于半成品，在物理形态与经

① 资料来源为上海市统计局网站：http：//www.stats-sh.gov.cn/tjfw/201103/88317.html。

济学意义上也接近于原材料。为此，本书使用存货作为原材料投入 x_t 的代表变量。范建双和李忠富（2009，2010）的研究对象是建筑企业，建筑企业的存货多为未建成的楼房或其他基础设施，这些存货更接近于固定资产，因此该文使用存货除以总资产作为存货（原材料）价格 w_t 的代表变量，此处理较为合理。而本书的研究样本为工业企业，其存货则是工业产成品。为合理地考察存货的相对价格，本书以存货量 x_t 除以产品销售收入计算 w_t，同时使用"存货/总资产"作为 w_t 的另一个代表变量，以便进行稳健性检验。

资本价格 w_k 的估算一直是以往成本函数实证研究的重点与难点。国内成本函数研究在选择资本价格指标时，一般使用当年折旧除以固定资本存量（范建双和李忠富，2009，2010；黄薇，2007），或采用固定资产占总资产比重（赵旭，2011）。这些估算方法都没有考虑资本的机会成本——利息，而且企业申报的折旧率并非设备、厂房的真实折旧和损耗比率，更多地依据企业执行的会计制度与具体方法而定，以至于以上两个比例变量不能完全反映资本价格信息。为综合资本价格的各种估算法，本书借鉴陈林和刘小玄（2015）的综合性资本价格处理方法，使用（2-13）式计算资本价格。

$$w_k = \frac{x_k}{K_A} = \left[Dep + \frac{K \cdot r}{1 - e^{-rt}} + (K_C - stock) \cdot r\right] / K_A \tag{2-13}$$

（2-13）式中 x_k 即为资本要素投入（消耗）量的估算值。K_A 为中国工业企业数据库中的企业资产总计（即固定资本、流动资本和无形资产之和）。Dep 表示当年折旧。K 为企业固定资本存量，以固定资产净值年平均余额来表示。r 是资本利息，即资本的机会成本，为中国人民银行公布的当年年初一年定期存款的基准利率。t 为固定资产折旧年限，依据会计准则取值 20 年。K_C 是企业流动资产合计，stock 是企业流动资产中的存货。流动资产需要减去存货理由在于上文已将存货看作是原材料类的生产要素。本书以 1998 年当作基期和中国统计年鉴历年的固定资产投资价格指数对资本存量和当年折旧进行平减，其他货币形式的现金流变量也以 1998 年作为基期，但使用统计年鉴中的生产者物价指数（Producer Price Index，PPI）进行平减。

w_k 估算值的统计特征见表 2-1。3292 个重化工企业样本的资本价格均值为 0.0566 千元，其变异系数[①] 为 0.6042，表明该指标离散程度适中。为作稳健性检验，本书也使用学界常用的"当年折旧/固定资本合计"作为 w_k 的另一个代表变量。该指标的 3292 个样本均值为 0.087 千元，与第一种估算法的结果较接近。但第二种方法测算出来的资本价格指标的变异系数却高达 1.199，是前者的将近两倍。一个可能的原因是，在中国会计准则及工业企业统计报表制度下，企业会计人员对当年折旧指标填报出现了一定的随意性。因此，从离散程度看，（2-13）式的资本价格估算结果较为合理；从中国工业企业数据库的数据可得性来说，（2-13）式也值得进行推广；从资本价格的经济学意义来看，（2-13）式既控制了资本的机会成本（利息），也考察了折旧对资本价格的影响，是一种较理想的综合性资本价格估算法。

（2）企业的全要素生产率估算。要考察 TFP 对企业生产成本的具体影响，前提是需要测算出企业的 TFP。目前对 TFP 的测算方法主要是 DEA 为代表的非参数法。在使用传统的 DEA 模型测评决策单元效率时，能将决策单元区分为有效和无效两个类别。如图 2-1 所示，A、B、C、D、E 为决策单元，其中 A、B、C、D 为有效决策单元，构成生产前沿面 ABCD。以 B 点为例，则 B 点的效率值为（设 OB 与生产前沿面 ABCD 的交点为 B_1）：

$$TFP_B = \frac{OB_1}{OB} = 1 \tag{2-14}$$

E_1 为无效决策单元，被生产前沿面 ABCD 所包络。其效率值为（E_1 为 OE 与生产前沿面 ABCD 的交点）：

$$TFP_E = \frac{OE_1}{OE} < 1 \tag{2-15}$$

可见无效决策单元的效率值小于 1，有效决策单元的效率值均等于 1。当有多个决策单元同处于前沿面而相对都有效时，此时它们的效率评价值全为 1，无法再进行进一步的区分和比较。

为弥补此缺陷，Andersen 和 Petersen（1993）改进经典的 DEA 模型，提出超效率 DEA 模型（Super-efficiency Data Envelopment Analysis），在

① 变异系数 = 样本标准差/样本均值，常用来分析变量的离散程度，这样做可以消除指标之间因存在量纲差异而造成的不可比性。变异系数越大表示指标的离散程度越强；相反，若变异系数越小则指标的离散程度越弱。其理想的大小阈值一般为 0.5。

DEA 有效点其投入可按比例扩张，效率值保持不变，增加的比例作为其超效率评价值。因此使得相对有效的决策单元也能比较效率的高低。超效率 DEA 模型的基本思想是：当评价某决策单元时就将其排除在决策单元集合外。如图 2-2 所示，当测算 B 点的效率值时，首先将其排除在外，生产前沿面不再是 ABCD，而是 ACD。B 点的效率值变为 $TFPB = OB_1/OB > 1$，而对于原来的 E 点，其生产前沿面没有变化，效率值仍然不变。

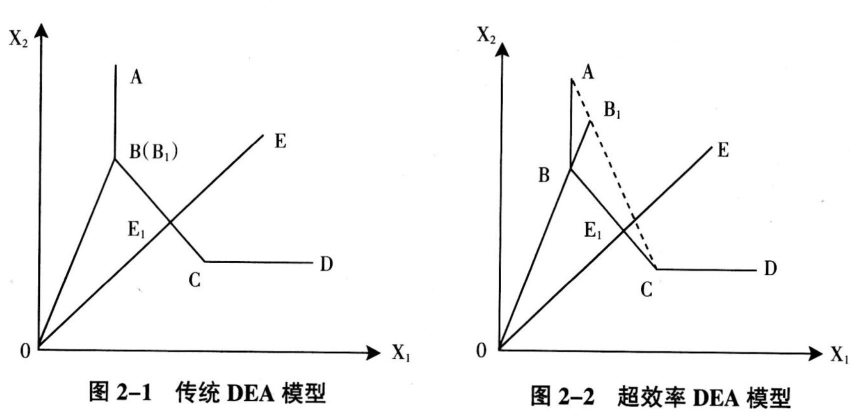

图 2-1 传统 DEA 模型　　**图 2-2 超效率 DEA 模型**

超效率 DEA 模型可表示为（θ 为第 k 个决策单元的总效率）：

$$\min\theta$$

$$\text{s.t.}\begin{cases}\sum\limits_{j=1,j\neq k}^{n} x_j\lambda_j \leqslant \theta x_k \\ \sum\limits_{j=1,j\neq k}^{n} y\lambda_j \geqslant y_k \\ \lambda_j \geqslant 0,\ j=1,\ 2,\ \cdots,\ n\end{cases} \tag{2-16}$$

对于工业 TFP 的测算，现有研究在选取产出具体指标时并不具有一致性。李小平和朱钟棣（2005）采用的产出指标为工业总产值，而涂正革和肖耿（2006）选取了工业增加值为产出指标。中国工业企业数据库的 2004 年工业总产值与工业增加值为缺失值，为保证结果的可靠性，故本书以产品的销售收入作为产出指标变量，并以 1998 年为基期和历年的生产者物价指数进行平减，以消除通货膨胀的影响。

在衡量劳动力投入作用时，劳动时间是比劳动力人数更好的度量，但是在中国很难获得这方面的数据。此外，我国劳动报酬与劳动投入之间存在差距，不能很好地代表劳动投入要素，因此本书采用从业人员平均人数作为企业劳动投入量指标。存货（不论加工完成还是未完成）在某种意义上代表着企业生产过程中原材料的投入量，会影响总成本，故存货应当作是企业生产的原材料投入量。资本投入量则选取企业的固定资产净值年平均余额。

利用 EMS1.3 软件进行超效率测算，测算结果的统计性描述见表 2-1。

表 2-1 各变量统计特征

变量	观测值（个）	均值（千元）	标准差	变异系数	最小值（千元）	最大值（千元）
C	3292	1.94×10^6	7.75×10^6	3.9947	8291.2	1.47×10^8
y	3292	1.56×10^6	6.65×10^6	4.0192	3128.2	1.06×10^8
A	3292	0.1344	0.1674	1.2455	0.0040	5.4789
w_k	3292	0.0566	0.0342	0.6042	0.0054	0.6535
w_l	3292	21.777	17.452	0.8014	0.5330	277.83
w_t	3292	0.3572	0.4924	1.3785	0	13.300
x_k	3292	1.31×10^5	6.95×10^5	5.3199	278.15	1.35×10^7
x_l	3292	2572.4	7226.0	2.8091	300	1.20×10^5
x_t	3292	2.90×10^5	1.16×10^6	3.8887	0	2.27×10^7

3. 回归方法

当受到当前要素价格水平、经济环境等外界因素影响，相同产业内不同企业之间成本、要素投入比例存在同期相关性，所以超越对数成本函数模型不适宜运用一般的联立方程模型估算，故采用似不相关回归（Seemingly Unrelated Regression，SUR）。这样既能对不同方程的参数进行约束检验，又可以通过利用不同方程间的信息得到参数有效估计。

本书利用 Breusch 和 Pagan（1980）提供的 LM 检验统计量以检验运用 SUR 方法的合理性，其原假设为（2-9）式与（2-11）式方程组之间的随机误差项同期不相关。SUR 回归中 LM 检验结果发现，计量方程组均同期相关，显著性水平为 0.5%，故使用 SUR 方法是合理的。

三、实证检验

1. 回归结果

使用 Stata12.0 软件将国有企业和非国有企业分组回归，结果如表 2-2 所示。使用（2-9）式和（2-11）式加上约束条件（2-10）式进行 SUR 回归，即为考虑 TFP 的超越对数成本函数回归，结果见表 2-2 第 2、第 3 列。使用（2-12）式和（2-11）式加上约束条件（2-10）式进行 SUR 回归，即为传统的不考虑 TFP 的超越对数成本函数回归，结果见表 2-2 第 4、第 5 列。

无论是否考虑 TFP 的影响，超越对数成本函数回归结果（见表 2-2）中各项回归系数均较为显著，且所有计量方程均通过了显著性水平为 0.5%的 LM 检验，满足 SUR 回归的应用条件。

绝大部分回归系数 α 均显著，且不为零，表明本书为重化工业企业所设定的 CES 生产函数不能退化为 C-D 生产函数。因此，本书所设定的超越对数成本函数符合国内重化工业企业的生产现状，且优于普通对数成本函数。

表 2-2　回归结果

	SUR（考虑 TFP）		SUR（不考虑 TFP）		SFA	
	国有企业	非国有企业	国有企业	非国有企业	国有企业	非国有企业
$y(\alpha_1)$	1.007*** (0.000)	0.964*** (0.000)	0.932*** (0.000)	0.902*** (0.000)	0.862*** (0.000)	0.674*** (0.000)
$w_l(\alpha_l)$	0.322*** (0.000)	0.369*** (0.000)	0.200*** (0.000)	0.207*** (0.000)	0.170** (0.027)	−0.166 (0.194)
$w_k(\alpha_k)$	0.391*** (0.000)	0.336*** (0.000)	0.389*** (0.000)	0.358*** (0.000)	0.405*** (0.000)	0.889*** (0.000)
$w_t(\alpha_t)$	0.288*** (0.000)	0.295*** (0.000)	0.411*** (0.000)	0.435*** (0.000)	0.425*** (0.000)	0.278*** (0.000)
α_{ll}	0.036*** (0.000)	0.026*** (0.000)	0.024*** (0.000)	0.023*** (0.000)	0.037*** (0.010)	0.095*** (0.000)
α_{kk}	0.045*** (0.000)	0.036*** (0.000)	0.042*** (0.000)	0.035*** (0.000)	0.035** (0.039)	0.112*** (0.000)
α_{tt}	0.082*** (0.000)	0.079*** (0.000)	0.067*** (0.000)	0.061*** (0.000)	0.080*** (0.000)	0.048*** (0.000)
α_{kl}	0.000 (0.922)	0.009*** (0.000)	0.001 (0.311)	0.002 (0.253)	0.004 (0.770)	−0.080*** (0.000)
α_{kt}	−0.045*** (0.000)	−0.044*** (0.000)	−0.041*** (0.000)	−0.036*** (0.000)	−0.039*** (0.000)	−0.032*** (0.002)
α_{lt}	−0.036*** (0.000)	−0.034*** (0.000)	−0.025*** (0.000)	−0.025*** (0.000)	−0.041*** (0.000)	−0.016 (0.259)
R^2 或 gama	0.7797	0.6743	0.9534	0.9013	0.645	0.756

注：括号内是 z 检验的 P 值，***、** 表示的统计检验的显著性水平分别为 1%、5%。限于篇幅，更换解释变量 w_k，w_t 后的稳健性检验结果未报告，因为更换解释变量对计量结果影响不大，更不会影响到规模经济指数的测算结果。以将 w_k，w_t 分别更换为“当年折旧/固定资产合计”和“存货/总资产”为例，所有 α 系数的正负与表 2-2 一致，数值大小相差也不大，实证结果的稳健性得到一定保证。

2. 改良前后的回归结果差异

不考虑 TFP 影响的传统超越对数成本函数的回归拟合优度均大于 0.9 (见表 2-2 的第 3、第 4 列)，其膨胀因子大于 10，不能拒绝多重共线性的假设①。这很可能是由于传统超越对数成本函数忽略了 TFP 这个关键解释变量，从而导致计量方程出现“遗漏变量”的统计问题，使回归结果产生内生性问题，即 SUR 估计不能保证无偏和一致性。而将 TFP 置入回归方程后，其回归拟合优度大幅下降，多重共线性风险得到了较好的控制。从避免伪回归和内生性问题的角度看，改良后的超越对数成本函数更具有合理性。

为进一步考察改良后的超越对数成本函数模型，本书使用了随机前沿分析法对相同的样本数据进行检验。检验结果显示，除了在部分解释变量——劳动投入的回归系数 α_l 和截距项 α_0 上不显著外，大部分回归结果是与改良后的 SUR 回归一致的，仅有非国有企业的 α_{kl} 与前两种方法的正负号不一致（见表 2-2）。由于 gama 值不高，表明前沿函数的误差中不可控因素产生的噪声所占比重不小（将近 30%），加上局部 α_l 不显著，因而 SFA 模型所得出的结果并不十分理想。

综合判断，改良后含 TFP 项的超越对数成本函数模型的回归结果是具有稳健性的。

与此同时，改良后的超越对数成本函数更能反映企业生产经营的现实。从国有企业来看，α_l 和 α_k 的大小关系在改良计量方程后并没有发生变化，α_k 高于 α_l，即重化工业的企业生产成本对资本价格的敏感程度更高②，其生产更为偏向资本密集型。以传统的超越对数成本函数模型对非国有企业样本进行回归，α_l（0.207）与 α_k（0.358）的差距同样非常明显。即非国有重化工业企业的成本对资本价格变化更为敏感，显示出较强的资本密集型产业属性。也就是说，使用传统的超越对数成本函数回归，由于得出的 α_k 高于 α_l，所有企业均会被划分为明显的资本密集企业。

不过，考虑 TFP 的非国有企业回归却显示出截然不同的结果，α_l 与 α_k 之间的差距大为缩小，甚至前者的 0.369 略微大于后者的 0.336。在新方

① 当然，传统 SUR 回归的多重共线性问题，主要是由以存货代表原材料投入引起的，因为存货及其价格与资本、劳动等要素投入存在较强的相关性。如果剔除存货价格这一国内成本函数研究的常用解释变量，传统超越对数成本函数的回归拟合优度将大幅下降，基本不存在多重共线性的风险。

② 但 α_l 和 α_k 均非成本对要素投入价格的弹性，因为根据（2-9）式，其弹性要使用 $\ln C$（w，y^i，A^i）对 $\ln w_j$ 求偏导才能得到。

法下，非国有企业的资本和劳动对成本的贡献大致相同，并不具有强烈的资本密集性。从直观统计数据上看，非国有重化工企业的平均劳动价格（27630元/年）远高于国有企业（18140元/年）。经验证据却显示，非国有企业生产对劳动投入却更加偏好，这是由以民营企业为代表的非国有企业的融资难问题所决定。根据相关的调研结果及统计数据，近年来国内金融机构的贷款严重偏好国有企业，且民营企业融资难的问题越来越严重（刘小玄和周晓艳，2011）。因此，理论上的国有企业的 α_k 应高于 α_l，而非国有企业，尤其民营企业的 α_k 与 α_l 差距应该不大。从表 2-2 看，在控制企业间 TFP 的个体差异后，非国有企业的资本密集型属性相对减弱，对劳动和资本的要素投入偏好基本一致。加入 TFP 的改良后的超越对数成本函数模型在一定程度上符合中国经济运行的事实，或比传统的超越对数成本函数更能反映出企业对投入要素的真实偏好。

总之，改良后含有 TFP 项的超越对数成本函数，相对于遗漏了 TFP 项的传统超越对数成本函数，其回归结果应是更为稳健的。因此，在成本函数的实证研究中，控制企业个体全要素生产率的异质性，是成本函数回归能否真实反映企业生产的关键。

3. 国有企业的规模经济

近年来，伴随着中国经济快速增长，国有经济的整体份额也在不断上升。根据陆正飞等（2012）研究，从中国上市公司的全样本数据来看，国有企业单体规模高于民营企业。其研究结果表明，国有企业规模上的异质性导致其劳动价格偏离市场均衡——国有企业支付了更高的工资。从规模以上企业的数据来看，国有经济的规模过度扩张现象更为明显。

为进一步印证国有企业规模扩张问题，本书使用“中国工业企业数据库”的全行业大样本数据进行分析。1998~2007 年，全行业内的国有企业户均销售收入从 0.39 亿元高速攀升至 2.45 亿元，年均增长率高达 33.0%（见图 2-3）。而同期民营企业的户均规模每年才增长不到 11.3%，甚至低于同期全国 GDP13.4%的年均增速（统计公报值）。2007 年，国有企业的平均销售收入规模已经是民营企业的 9.5 倍。而从工资规模来看，1998~2002 年国有企业的人均工资低于民营企业，但前者的工资增速远高于后者，从而造成自 2003 年起国有企业平均工资高于民营企业，而且差距越拉越大（见图 2-4）。这与陆正飞等（2012）以上市公司数据所得出的结论一致——相对于民营企业，国有企业近年来出现了较显著的规模扩张现象。

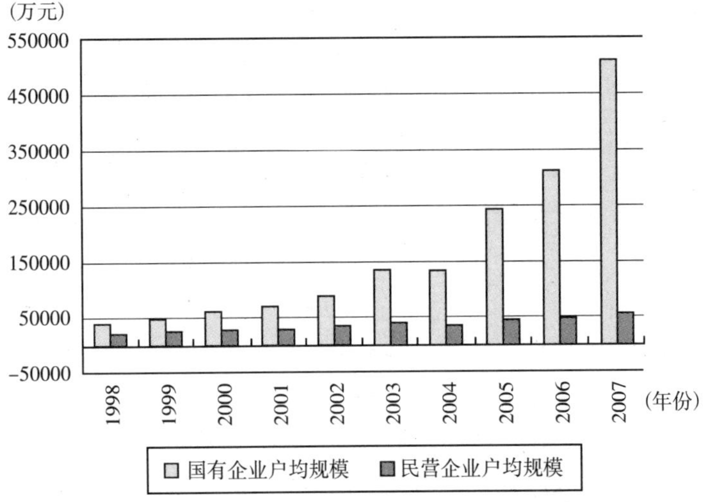

图 2-3　1998~2007 年全行业内国有企业与民营企业的规模对比

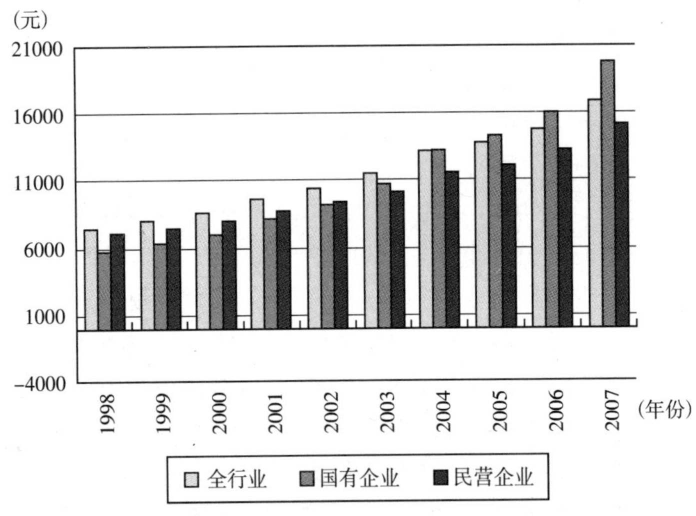

图 2-4　1998~2007 年全行业内国有企业与民营企业的人均工资对比

然而，任何的规模经济都是在某一特定产量上的规模经济，规模经济效应必然会随着产量的上升而减少。因此，一旦企业或产业的规模经历了过度扩张，规模不经济的现象便会必然出现。如果用统计指标量化规模经济效应，其实就是平均成本（AC）与边际成本（MC）之比。随着产量上升，企业的边际成本一般会经历下降与上升的阶段，这是由生产函数的凹性和成本函数的凸性决定的（否则产量最大化和成本最小化的一阶条件便无法实现）。也就是说，边际成本总会有大于平均成本的一刻，在那个产量临界点之后，规模经济效应自然消失，规模不经济出现。

以本书的样本为例，国有重化工企业的规模经济也应该会随着企业规模的过度扩张而逐渐消失。2003 年国有重化工企业的户均工业总产值为 10.5 亿元，少于非国有企业的 11.3 亿元；但到了 2007 年，国有企业的户均工业总产值激增至 25.2 亿元，已高于非国有企业的 18.1 亿元，且差距逐年拉大。从重化工业的数据统计结果来看，国有企业的规模扩张更为明显。

为在直观的统计数据基础上，得出确切的规模经济效应，本书基于成本函数的回归结果，对国有企业和非国有企业的规模经济进行测度。由（2-9）式可知，$\ln y^i$ 的回归系数为 $1/\gamma$，而 γ 正是 CES 生产函数中的规模报酬参数。当 $\gamma > 1$，企业规模报酬递增；$\gamma < 1$，企业规模报酬递减；$\gamma = 1$，企业规模报酬不变。

使用传统的超越对数成本函数对国有企业样本进行回归后，本书发现国有企业生产的规模报酬参数的倒数 $1/\gamma$ 为 0.932（见表 2-2），即 $\gamma > 1$，也就是说国有重化工企业的生产是规模经济的，其生产规模报酬递增。从全国来看，国有重化工企业的规模扩张还没达到最优，其产量及市场份额进一步扩张也是合理的。

但考虑 TFP 对成本函数的影响后，国有企业的规模经济测度出现截然不同的结果。使用改良后的超越对数成本函数进行回归，控制了企业个体之间的 TFP 差异以后，国有重化工企业的规模报酬参数 $\gamma < 1$，即国有重化工企业不具有规模经济效应，其规模扩张过度，已超过最优生产规模。因此，国有重化工企业的生产具有显著的规模不经济效应。也就是说，关于国有企业规模经济的测度，两种方法出现两种不同的结果。

根据以往的研究成果及上文提供的全行业数据，由于近年来的产能高速增长，国有企业出现规模不经济的可能性远高于非国有企业。因此，在测度国有企业规模经济效应方面，改良后的超越对数成本函数模型似乎与中国的经济现实更为吻合。

至于非国有企业，无论是否考虑 TFP 的影响，还是使用 SFA 法回归，其规模报酬参数 γ 均大于 1。因此，非国有企业的规模报酬是显著递增的，该结论通过了三种回归法的检验，因而具有较强的稳健性。而且表 2-2 的三种回归结果均为国有企业报酬参数 γ 远低于非国有企业，即国有重化工企业的规模过度扩张明显，规模不经济的风险较高，非国有企业的规模经济相对明显。

规模经济是政府使用规制政策、产业政策、补贴政策等工具时的重要准则。显然，规模过度扩张而导致规模不经济的企业，其增产是规模报酬递减的，政府对其生产进行激励必然是无效的市场干预。根据本书的回归结果，仅使用传统超越对数成本函数模型去测度规模经济，可能会导致“第二类统计错误”，接受了实际上不成立的 $r > 1$，即零假设，国有企业规模经济。因此，忽略 TFP 的关键影响，可能会导致规模经济测度的武断，从而减弱政策实施的有效性。

以上分析的主要政策含义是政府在制定有针对性的规制、扶持与补贴等政策前，规模经济的测度应该尽量考虑到企业之间异质性，并使用多种检验方法，以保证政策制定不会犯类似于“第二类统计错误”的错误，即补贴或扶持了规模不经济的生产主体。

四、小结

本书试图研究企业异质性与全要素生产率对成本函数估计的影响，并首次从生产函数中推导出一个包含 TFP 的超越对数成本函数模型，从而对 2003~2007 年 406 家国有和 253 家非国有重工业企业进行 SUR 回归估计，并使用传统模型与 SFA 成本函数模型进行回归。研究结果发现：①TFP 确实对成本函数估计产生了影响。主要包括改良后含 TFP 项的超越对数成本函数模型的部分统计特征指标会相对更健康，核心变量的回归系数大小也发生改变。这是因为一旦遗漏全要素生产率这一关键解释变量，未对企业个体的 TFP 差异进行控制，可能会导致“遗漏变量”的统计问题，使回归结果产生一定的内生性问题，SUR 估计结果不能保证其无偏性和一致性，从而影响整个实证研究的有效性。②三种超越对数成本函数回归对非国有企业规模经济的判断是一致的，即非国有企业规模经济效应明显，且远高于国有企业。但不同方法对国有企业的规模经济效应的判断却不一致。因此，如果仅凭传统超越对数成本函数的回归结果去判定国有企业规模经济，就可能出现第二类统计错误。③政府在制定有针对性的规制、扶持与补贴等政策前，规模经济的测度应该尽量考虑到企业之间的 TFP 异质性，并使用多种检验方法，以保证政策干预的有效性。

近年来，生产函数计量模型在企业异质性控制方面，不断取得进展。本书则首次将原来忽略不计或置入截距项的企业异质TFP，加入超越对数成本函数模型的完整推导过程中，所得模型的回归结果与传统超越对数成本函数模型、SFA成本函数模型基本一致，因此这样的方法论改良具有一定的可行性。这是一次对成本函数模型的理论新探索，为成本函数今后在中国的进一步应用与推广提供了一定的理论支撑。至于后续的拓展，例如将TFP项内生化并直接在成本函数回归中求出，又如在SFA成本函数模型中置入TFP项等，还有待学界共勉。

参考文献

李·J. 阿尔斯通、T. 埃格特森. D. C. 诺思:《制度变革的经验研究》, 罗仲伟译, 经济科学出版社 2003 年版。

埃德温曼斯费尔德:《微观经济学》, 黄险峰等译, 中国人民大学出版社 2003 年版。

安建、黄建初:《中华人民共和国反垄断法释义》, 法律出版社 2007 年版。

白永青、沈能、赵建强:《对我国高技术产业与传统产业协调互动性的理性思考》,《统计与决策》2006 年第 3 期。

白重恩、杜颖娟、陶志刚、全月婷:《地方保护主义及产业地区集中度的决定因素和变动趋势》,《经济研究》2004 年第 4 期。

白重恩、路江涌、陶志刚:《国有企业改制效果的实证研究》,《经济研究》2006 年第 8 期。

白重恩、王鑫、钟笑寒:《出口退税政策调整对中国出口影响的实证分析》,《经济学》(季刊) 2011 年第 4 期。

包群、邵敏、侯维忠:《出口改善了员工收入吗》,《经济研究》2011 年第 9 期。

保建云:《区域发展差距、地方保护主义与市场一体化发展——基于区域非均衡发展转型大国的理论模型与实证分析》,《财贸经济》2008 年第 8 期。

保罗萨缪尔森、威廉诺德豪斯:《经济学》, 萧琛等译, 华夏出版社 1999 年版。

蔡昉、都阳:《中国地区经济增长的趋同与差异——对西部开发战略的启示》,《经济研究》2000 年第 10 期。

蔡锋:《秦汉手工业政策略论》,《西北师大学报》(社会科学版), 2004 第 5 期。

蔡宏波:《我国自由贸易区的贸易流量效应:基于面板数据的引力模型分析》,《国际贸易问题》2010 年第 1 期。

曹休宁、田银华、江海潮等:《产业政策研究的新进展——中国工业经济年会学术观点综述》,《中国工业经济》2007 年第 12 期。

陈爱贞、刘志彪:《中国行政垄断:利益主体的博弈与载体的泛化趋势》,《经济评论》2007 年第 6 期。

陈刚:《法官异地交流与司法效率——来自高院院长的经验证据》,《经济学》(季刊) 2012 年第 4 期。

陈汉林、涂艳:《中国—东盟自由贸易区下中国的静态贸易效应——基于引力模型的实证分析》,《国际贸易问题》2007 年第 5 期。

陈金伟、张昊:《零售企业规模不经济问题研究:基于企业特性和竞争环境的面板数据分析》,《中国流通经济》2013 年第 3 期。

陈可、顾乃华:《城市化与第三产业协调发展的辩证思考》,《南方经济》2002 年第 2 期。

陈昆亭、龚六堂:《粘滞价格模型以及对中国经济的数值模拟》,《数量经济技术经济研究》2006 年第 8 期。

陈林、朱卫平:《创新竞争与垄断内生——兼议中国反垄断法的根本性裁判准则》,《中国工业经济》2011 年第 6 期。

陈林、朱卫平:《经济国有化与行政垄断制度的发展:基于制度变迁理论的经济史研究》,《财经研究》2012 年第 3 期。

陈林、朱卫平:《创新、市场结构与行政进入壁垒——基于中国工业企业数据的熊彼特假说实证检验》,《经济学》(季刊),2011 年第 2 期。

陈林、朱卫平:《中国地区性行政垄断与区域经济绩效——基于工具变量法的实证研究》,《经济社会体制比较》2012 年第 7 期。

陈林、朱卫平:《出口退税和创新补贴政策效应研究》,《经济研究》2008 年第 11 期。

陈敏、桂琦寒、陆铭、陈钊:《中国经济增长如何持续发挥规模效应?——经济开放与国内商品市场分割的实证研究》,《经济学》(季刊) 2008 年第 1 期。

陈淑梅、江倩雯:《中国—欧盟自由贸易区的产业效应研究——基于 GTAP 模型的模拟分析》,《东南大学学报》2014 年第 6 期。

陈霜华、查贵勇:《CAFTA 框架下投资效应的实证分析》,《经济问题探索》2008 年第 11 期。

陈雯:《东盟自由贸易区区内贸易的产业内贸易研究》,《世界经济研究》

2003 年第 1 期。

陈雯:《中国—东盟自由贸易区的贸易效应研究——基于引力模型“单国模式”的实证分析》,《国际贸易问题》2009 年第 1 期。

陈秀山:《我国竞争制度与竞争政策目标模式的选择》,《中国社会科学》1995 年第 3 期。

陈学云、江可申:《航空运输业规制放松与反行政垄断——基于自然垄断的强度分析》,《中国工业经济》2008 年第 6 期。

陈奕奕、刘成昆:《我国零售业公司价值特征影响因素研究:基于零售上市公司的实证分析》,《商业经济与管理》2013 年第 1 期。

陈永伟:《似无关回归模型及其应用研究》,华中科技大学博士学位论文,2008 年。

陈甬军:《中国为什么在 50 年代选择了计划经济体制》,《中国经济史研究》2004 年第 3 期。

程伟晶、冯帆:《中国—东盟自由贸易区的贸易效应——基于三阶段引力模型的实证分析》,《国际经贸探索》2014 年第 2 期。

迟国泰、孙秀峰、芦丹:《中国商业银行成本效率实证研究》,《经济研究》2005 年第 6 期。

仇焕广、杨军、黄季:《建立中国—东盟自由贸易区对我国农产品贸易和区域农业发展的影响》,《管理世界》2007 年第 9 期。

储著贞、梁权熙:《宏观调控、所有权结构与商业银行信贷扩张行为》,《国际金融研究》2012 年第 3 期。

褚敏、靳涛:《政府悖论、国有企业垄断与收入差距——基于中国转型特征的一个实证检验》,《中国工业经济》2013 年第 2 期。

崔秀荣:《试论我国反垄断立法应如何规制行政垄断》,《经济体制改革》2001 年第 5 期。

单东:《行政垄断客观存在,权威人士安能否定——由人大法委会主任委员称“我国不存在行政垄断”所想到的》,《经济学消息报》2007 年第 3 期。

当代中国丛书编委会:《当代中国的统一战线》,当代中国出版社 1996 年版。

邓保同:《论行政性垄断》,《法学评论》1998 年第 4 期。

邓良、王亚新:《金融危机后我国劳动密集型与资本密集型产业协调发展的经济学研究》,《经济体制改革》2010 年第 1 期。

邓启惠:《浅谈市场进入壁垒及其效应分析》,《经济问题》1996 年第 11 期。

邓伟、叶林祥:《上游产业垄断与国有企业的高工资:来自省际面板数据的经验分析》,《南开经济研究》2012 年第 3 期。

狄恩:《实验设计和分析》,世界图书出版社 2010 年版。

丁启军、王会宗:《规制效率、反垄断法与行政垄断行业改革》,《财贸研究》2009 年第 4 期。

丁启军、伊淑彪:《中国行政垄断行业效率损失研究》,《山西财经大学学报》2008 年第 2 期。

丁启军:《行政垄断行业的判定及改革》,《财贸研究》2010 年第 5 期。

丁启军:《行政垄断行业高利润来源研究——高效率,还是垄断定价?》,《产业经济研究》2010 年第 5 期。

董志凯:《中国计划经济时期计划管理的若干问题》,《当代中国史研究》2003 年第 5 期。

董志凯:《1949~1952 年中国经济分析》,中国社会科学出版社 1996 年版。

杜两省、齐鹰飞、陈太明:《经济波动对中国经济增长影响的稳健性研究》,《云南财经大学学报》2011 年第 4 期。

杜群阳、宋玉华:《中国—东盟自由贸易区的 FDI 效应》,《国际贸易问题》2004 年第 3 期。

樊纲、王小鲁、张立文、朱恒鹏:《中国各地区市场化相对进程报告》,《经济研究》2003 年第 3 期。

冯飞:《深化垄断行业改革》,《中国发展观察》2013 年第 11 期。

樊莹:《中国—新西兰自由贸易区的经济效应展望》,《外交评论》2005 年第 8 期。

范建双、李忠富:《中国大型承包商规模经济和范围经济的实证研究》,《数量经济技术经济研究》2009 年第 2 期。

范建双、李忠富:《中国上市建筑企业规模经济和范围经济评价——一种随机边界成本函数方法》,《数理统计与管理》2010 年第 5 期。

范守信:《试论 1955 年部分地区资本主义工商业的全行业公私合营》,《党史研究与教学》1990 年第 5 期。

范子英、李欣:《部长的政治关联效应与财政转移支付分配》,《经济研究》2014 年第 6 期。

范子英、田彬彬:《出口退税政策与中国加工贸易的发展》,《世界经济》2014 年第 4 期。

方虹、冯哲、彭博:《中国零售上市公司技术进步的实证分析》,《中国零售研究》2009 年第 1 期。

干春晖、郑若谷、余典范:《中国产业结构变迁对经济增长和波动的影响》,《经济研究》2011 年第 5 期。

高鸿业:《西方经济学》，中国人民大学出版社 2003 年版。

高化民:《全行业公私合营高潮评析》,《当代中国史研究》1999 年第 5 期。

格里高利·曼昆:《经济学原理》，梁小民等译，北京大学出版社 2009 年版。

龚强、徐朝阳:《政策性负担与长期预算软约束》,《经济研究》2008 年第 2 期。

关雪凌、丁振辉:《日本产业结构变迁与经济增长》,《世界经济研究》2012 第 7 期。

郭连成、刁秀华:《转轨国家的竞争政策与立法研究——以俄罗斯为例》,《财经问题研究》2007 年第 4 期。

郭宗杰:《一体立法与分别规制——论中国反行政性垄断之立法体例》,《暨南学报》(人文科学与社会科学版）2005 年第 1 期。

国家发改委价格司、价检司联合课题组:《垄断行业价格监管问题研究》,《价格理论与实践》2006 年第 10 期。

国涓、郭崇慧、凌煜:《中国工业部门能源反弹效应研究》,《数量经济技术经济研究》2010 年第 11 期。

过勇、胡鞍钢:《行政垄断、寻租与腐败——转型经济的腐败机理分析》,《经济社会体制比较》2003 年第 2 期。

韩剑、郑秋玲:《政府干预如何导致地区资源错配——基于行业内和行业间错配的分解》,《中国工业经济》2014 年第 11 期。

何大安:《局部垄断是对中国流通产业组织的概括分析——答毛伟博士的质疑》,《学术月刊》2009 年第 11 期。

何大安:《中国流通产业组织中的局部垄断》,《学术月刊》2008 年第 5 期。

何智美、王敬云:《地方保护主义探源——一个政治晋升博弈模型》,《山西财经大学学报》2007 年第 5 期。

胡鞍钢、过勇:《从垄断市场到竞争市场：深刻的社会变革》,《改革》2002 年第 1 期。

胡鞍钢:《在社会主义市场经济体制下反行政垄断也是反腐败》,《经济参考报》2001 年第 7 期。

胡光志、王波：《行政垄断及反行政垄断法的经济学分析》，《中国法学》2004 年第 4 期。

胡汝银：《竞争与垄断：社会主义微观经济分析》，三联书店 1985 年版。

胡一凡、宋敏、张俊喜：《中国国有企业民营化绩效研究》，《经济研究》2006 年第 7 期。

黄金树、李仁耀、蔡惠羽：《外国技术授权策略与本国关税政策之探讨》，《经济学》（季刊）2005 年第 4 卷增刊。

黄少安：《关于制度变迁的三个假说及其验证》，《中国社会科学》2001 年第 4 期。

黄薇：《基于 SFA 方法对中国保险机构效率的实证研究》，《南开经济研究》2006 年第 5 版。

黄薇：《中国保险业范围经济的实证研究——基于广义超越对数成本函数的分析》，《数量经济技术经济研究》2007 年第 11 期。

黄新飞、欧阳利思、王绪硕：《基于“多国模式”的中国—东盟自由贸易区贸易效应研究》，《学术研究》2014 年第 4 期。

惠德：《共同市场与自由贸易区》，《世界经济文汇》1958 年第 12 期。

江飞涛、李晓萍等：《直接干预市场与限制竞争：中国产业政策的取向与根本缺陷》，《中国工业经济》2010 年第 9 期。

江虹：《建立中国—东盟自由贸易区的经济效益分析》，《国际贸易问题》2005 年第 4 期。

江诗松、龚丽敏、魏江：《转型经济背景下后发企业的能力追赶：一个共演模型——以吉利集团为例》，《管理世界》2011 年第 4 期。

姜方利：《行政垄断的成因及其规制探析——以法文化为视角》，《求索》2007 年第 9 期。

姜付秀、余晖：《我国行政性垄断的危害——市场势力效应和收入分配效应的实证研究》，《中国工业经济》2007 年第 10 期。

蒋冠宏、蒋殿春：《中国工业企业对外直接投资与企业生产率进步》，《世界经济》2014a 年第 9 期。

蒋冠宏、蒋殿春：《中国企业对外直接投资的“出口效应”》，《经济研究》2014b 年第 5 期。

靳来群、林金忠、丁诗诗：《行政垄断对所有制差异所致资源错配的影响》，《中国工业经济》2015 年第 4 期。

柯雷、赵曙东:《“10+1”自由贸易区在规模经济下的贸易模式研究》,《亚太经济》2003 年第 4 期。

邝梅、周舟:《中国—东盟自由贸易区创建与发展的政治经济分析》,《当代亚太》2008 年第 3 期。

郎永峰、尹翔硕:《中国—东盟 FTA 贸易效应实证研究》,《世界经济研究》2009 年第 9 期。

雷依群:《秦国的统一与秦国的农业政策》,《咸阳师范专科学校学报》2000 年第 1 期。

黎文靖、李耀淘:《产业政策激励了公司投资吗》,《中国工业经济》2014 年第 5 期。

李必达:《加强反不正当竞争法的研究意义重大》,《工商行政管理》1997 年第 22 期。

李海涛:《美国行政垄断管制及其启示——兼评我国〈反垄断法〉关于行政垄断的规定》,《东方法学》2008 第 3 期。

李静秋:《东北亚区域一体化的福利效应分析》,《当代经济研究》2014 年第 11 期。

李丽、陈迅、邵兵家:《中印自由贸易区的构建对双方及世界经济影响计量研究》,《财贸经济》2008 年第 4 期。

李楠、乔榛:《国有企业改制政策效果的实证分析——基于双重差分模型的估计》,《数量经济与技术经济研究》2010 年第 2 期。

李芹叶:《反垄断法能否调整行政性垄断》,《法学与实践》1995 年第 3 期。

李荣林、鲁晓东:《中日韩自由贸易区的贸易流量和福利效应分析:一个局部均衡的校准方法》,《数量经济技术经济研究》2006 年第 11 期。

李荣林、赵滨元:《中国当前 FTA 贸易效应分析与比较》,《亚太经济》2012 年第 3 期。

李皖南:《CAFTA 建成后对广东与东盟经贸关系的影响》,《国际经贸探索》2010 年第 10 期。

李小平、朱钟棣:《中国工业行业的全要素生产率测算——基于分行业面板数据的研究》,《管理世界》2005 年第 4 期。

李晓峰、杜嘉越:《中韩自由贸易区建立对两国贸易影响的实证分析》,《国际经贸探索》2009 年第 5 期。

李晓钟、张小蒂:《中国汽车产业市场结构与市场绩效研究》,《中国工业经济》2011 年第 3 期。

李新义、汪浩瀚:《双边市场横向兼并的定价及福利研究——以中国网络传媒业为例》,《财经研究》2010 年第 1 期。

李秀娥、孔庆峰:《中国与南部非洲关税同盟建立自由贸易区的经济效应——基于 GTAP 的模拟分析》,《商业经济与管理》2013 年第 7 期。

李轩:《中国—东盟自由贸易区建设对中国 FDI 的影响效应》,《国际贸易问题》2011 年第 4 期。

李应博、刘震涛:《国际产业转移背景下两岸产业协调发展:现况、机制与对策》,《国际经济评论》2011 年第 3 期。

李占卫、李皖南:《试析中国—东盟自由贸易区的贸易和投资效应》,《亚太经济》2004 年第 6 期。

厉以宁:《西方经济学》,高等教育出版社 2000 年版。

梁权、付锦泉、赵悦:《中国—东盟自由贸易区对河北省产业结构调整的影响》,《河北学刊》2011 年第 6 期。

廖理、张学勇:《全流通纠正终极控制者利益取向的有效性——来自中国家族上市公司的证据》,《经济研究》2008 年第 8 期。

林毅夫、李志赟:《政策性负担、道德风险与预算软约束》,《经济研究》2004 年第 2 期。

林毅夫、李志赟:《中国的国有企业与金融体制改革》,《经济学(季刊)》2005 年第 4 期。

林毅夫、刘明兴、章奇:《政策性负担与企业的预算软约束:来自中国的实证研究》,《管理世界》2004 年第 8 期。

林毅夫、刘培林:《自生能力和国有企业改革》,《经济研究》2001 年第 9 期。

林忠晶、龚六堂:《退休年龄、教育年限与社会保障》,《经济学》(季刊)2007 年第 1 期。

刘传江、吴铮:《从产业成长的视角看中国—东盟自由贸易区的发展》,《中国软科学》2003 年第 11 期。

刘春、孙亮:《政策性负担、市场化改革与国有企业部分民营化后的业绩滑坡》,《财经研究》2013 年第 1 期。

刘佳、马亮、吴建南:《省直管县改革与县级政府财政解困——基于 6 省面板数据的实证研究》,《公共管理学报》2011 年第 3 期。

刘建华:《论中国烟草专卖体制下的行政垄断》,《经济与管理研究》2004 年第 4 期。

刘可、王维、陈仪：《外商投资与关税水平——一个政治经济学的模型》，《世界经济》2006 年第 12 期。

刘小玄、曲玥：《工资差异的比较及其决定因素——2000~2004 年中国工业企业的经验研究》，《中国劳动经济学》2007 年第 1 期。

刘小玄、周晓艳：《金融资源与实体经济之间配置关系的检验——兼论经济结构失衡的原因》，《金融研究》2011 年第 2 期。

刘小玄、李利英：《改制对企业绩效影响的实证分析》，《中国工业经济》2005 年第 3 期。

刘小玄：《企业产权变革的效率分析》，《中国社会科学》2005 年第 2 期。

刘小玄：《民营化改制对中国产业效率的效果分析——2001 年全国工业普查数据的分析》，《经济研究》2004 年第 8 期。

刘小玄：《中国工业企业的所有制结构对效率差异的影响——1995 年全国工业企业普查数据的实证分析》，《经济研究》2000 第 2 期。

刘小玄：《中国转轨经济中的产权结构和市场结构——产业绩效水平的决定因素》，《经济研究》2003 年第 1 期。

刘小玄：《收入不平等的政府根源》，《中国改革》2007 年第 11 期。

刘志雄、高歌：《CAFTA 框架下中国对东盟投资效应的实证研究》，《东南亚纵横》2011 年第 1 期。

刘宗华、邹新月：《中国银行业的规模经济和范围经济——基于广义超越对数成本函数的检验》，《数量经济技术经济研究》2004 年第 10 期。

刘宗华：《中国银行业规模经济的实证检验》，《统计研究》2003 年第 11 期。

刘作翔：《中国司法地方保护主义之批判——兼论“司法权国家化”的司法改革思路》，《法学研究》2003 年第 1 期。

龙云安：《基于中国—东盟自由贸易区产业集聚与平衡效应研究》，《世界经济研究》2013 年第 1 期。

鲁振祥：《毛泽东与过渡时期总路线的提出：几个重要关节点的再考察》，《党的文献》2006 年第 5 期。

陆铭、陈钊：《分割市场的经济增长：为什么经济开放可能加剧地方保护》，《经济研究》2009 年第 2 期。

陆正飞、王雄元、张鹏：《国有企业支付了更高的职工工资吗?》，《经济研究》2012 年第 3 期。

罗楚亮、倪青山:《资本深化与劳动收入比重——基于工业企业数据的经验研究》,《经济学动态》2015 第 8 期。

罗党论、刘晓龙:《政治关系、进入壁垒与企业绩效——来自中国民营上市公司的经验证据》,《管理世界》2009 年第 5 期。

罗杰 A. 阿诺德:《经济学》,沈可挺译,中信出版社 2004 年版。

罗开玉:《秦汉史论丛》,巴蜀书社 1986 年版。

罗兰:《转型与经济学》,北京大学出版社 2002 年版。

罗云辉、夏大慰:《自然垄断产业进一步放松规制的理论依据——基于对成本曲线的重新理解》,《中国工业经济》2003 年第 8 期。

吕卓民:《从考古资料看秦汉时期咸阳的制陶业》,《文博》1989 年第 3 期。

马剑虹、张伯伟、张子平:《东北亚自由贸易区三方博弈的纳什均衡解》,《现代财经》2008 年第 7 期。

麦克康耐尔、布鲁伊:《经济学》,李绍荣等译,中国人民大学出版社 2008 年版。

曼昆:《经济学原理》,梁小民等译,北京大学出版社 2009 年版。

《毛泽东选集》第 2 卷,人民出版社 1991 年版。

《毛泽东选集》第 3 卷,人民出版社 1991 年版。

毛伟:《流通产业的垄断现象及其类型——与何大安教授商榷》,《学术月刊》2009 年第 11 期。

孟昌:《规模经济不需要行政性进入壁垒的保护》,《经济理论与经济管理》2010 年第 5 期。

聂辉华、方明、李涛:《增值税转型对企业行为和绩效的影响——以东北地区为例》,《管理世界》2009 年第 5 期。

聂孝红:《"行政垄断" 纳入我国〈反垄断法〉的必要性》,《河北法学》2007 年第 2 期。

裴长洪:《经济新常态下中国扩大开放的绩效评价》,《经济研究》2015 年第 4 期。

彭磊:《外资商业企业在华直接投资分析与本土商业企业竞争力研究》,《财贸经济》2009 年第 1 期。

平新乔:《政府保护的动机与效果——一个实证分析》,《财贸经济》2004 年第 5 期。

齐良书、赵俊超:《营养干预与贫困地区寄宿生人力资本发展——基于对照实验项目的研究》，《管理世界》2012 年第 2 期。

乔治 J. 施蒂格勒：《产业组织》，王永钦等译，上海三联书店 2006 版。

瞿商：《我国计划经济体制的绩效（1957~1978）——基于投入产出效益比较的分析》，《中国经济史研究》2008 年第 1 期。

任宇宁、赵国庆：《基于面板数据的中国供电行业规模收益分析》，《统计研究》2007 年第 4 期。

萨缪尔森、诺德豪斯：《经济学》，萧琛译，人民邮电出版社 2008 年版。

森永和彦：《欧洲自由贸易区和英国——趋向千组成对抗美苏的经济区域》，《世界经济文汇》1957 年第 4 期。

邵军、徐康宁：《转型时期经济波动对我国生产率增长的影响研究》，《经济研究》2011 年第 12 期。

邵秀燕：《区域经济一体化进程中东盟投资效应分析》，《世界经济与政治论坛》2009 年第 5 期。

邵宜航、步晓宁、张天华：《资源配置扭曲与中国工业全要素生产率——基于工业企业数据库再测算》，《中国工业经济》2013 年第 12 期。

沈立人、戴园晨：《我国“诸侯经济”的形成及其弊端和根源》，《经济研究》1990 年第 3 期。

沈敏荣：《法律的不确定性——反垄断法规则分析》，法律出版社 2001 年版。

盛斌：《亚太自由贸易区的政治经济分析：中国视角》，《世界经济与政治》2007 年第 3 期。

盛杰民：《竞争法视野中的行政垄断——从政府干预经济之复杂性着手的探讨》//季晓南：《中国反垄断法研究——反垄断法研究系列丛书》，人民法院出版社 2001 年版。

盛杰民：《竞争法在中国：现状与展望》//杨紫烜：《经济法研究（第一卷）》，科学出版社 2000 年版。

盛仕斌、徐海：《要素价格扭曲的就业效应研究》，《经济研究》1999 年第 5 期。

石淑华：《行政垄断的经济学分析》，社会科学文献出版社 2006 年版。

史际春：《关于中国反垄断法概念和对象的两个基本问题》，载于中国反垄断法研究，人民法院出版社 2001 年版。

史晋川、赵自芳：《所有制约束与要素价格扭曲——基于中国工业行业数据的实证分析》，《统计研究》2007 第 6 期。

斯蒂格利茨：《经济学》，黄险峰等译，人民大学出版社 2008 年版。

宋立刚、姚洋:《改制对企业绩效的影响》,《中国社会科学》2005 年第 2 期。
宋凌云、王贤彬:《政府补贴与产业结构变动》,《中国工业经济》2013 年第 4 期。
孙广厦:《宪政视野下中国行政权力的制约与监督》,《甘肃行政学院学报》2007 年第 2 期。
孙健:《20 世纪的中国——走向现代化的历程（经济卷 1949~2000)》,人民出版社 2010 年版。
孙圣民:《工农业关系与经济发展:计划经济时期的历史计量学再考察——兼与姚洋、郑东雅商榷》,《经济研究》2009 第 8 期。
孙圣民:《历史计量学五十年——经济学和史学范式的冲突、融合与发展》,《中国社会科学》2009 年第 4 期。
谭劲松、郑国坚:《产权安排、治理机制、政企关系与企业效率》,《管理世界》2004 年第 2 期。
唐志武、王岩:《中国对东盟直接投资问题研究》,《税务与经济》2012 年第 3 期。
田圃德、伊志宏、张湘赣:《论行政性垄断的破除与竞争机制的建立》,《经济与管理研究》2007 年第 4 期。
田晓静、徐宏源、田志宏:《美加自由贸易区建设中加拿大葡萄酒产业的逆转研究》,《经济问题探索》2012 年第 12 期。
佟苍松:《Armington 弹性的估计与美国进口中国商品的关税政策响应分析》,《世界经济研究》2006 年第 3 期。
涂正革、肖耿:《中国经济的高增长能否持续:基于企业生产率动态变化的分析》,《世界经济》2006 年第 2 期。
屠年松:《中国—东盟自由贸易区建成后的金融合作》,《云南社会科学》2010 年第 5 期。
汪建坤、戴旭光、谢华香:《不完全信息下的逃避关税型对外直接投资》,《数量经济技术经济研究》2001 年第 9 期。
汪伟、艾春荣、曹晖:《税费改革对农村居民消费的影响研究》,《管理世界》2013 年第 1 期。
汪向东:《深化电信改革必须彻底破除“自然垄断教条”》,《数量经济技术经济研究》1999 年第 7 期。
汪旭晖、徐健:《服务效率、区域差异与影响因素:零售业上市公司证据》,

《改革》2009 年第 1 期。
汪占熬、张彬:《中国—东盟自由贸易区对产业集聚与发展不平衡的影响研究》,《世界经济与政治论坛》2013 年第 4 期。
王保树:《论反垄断法对行政垄断的规制》,《中国社会科学院研究生院学报》1988 年第 5 期。
王保树:《企业联合与制止垄断》,《法学研究》1990 年第 1 期。
王娟:《中国—东盟产业内贸易发展趋势的实证分析》,《东南亚纵横》2004 年第 6 期。
王俊豪、王建明:《中国垄断性产业的行政垄断及其管制政策》,《中国工业经济》2007 年第 2 期。
王俊豪:《规制经济学原理》,高等教育出版社 2007 年版。
王俊豪:《英国政府规制体制改革研究》,上海三联书店 1998 年版。
王宁、史晋川:《中国要素价格扭曲程度的测度》,《数量经济技术经济研究》2015 年第 9 期。
王庆菊:《改革开放三十年私营经济的历史发展》,《岱宗学刊》2009 年第 9 期。
王慎行:《从兵器铭刻看战国时代秦之冶铸手工业》,《人文杂志》1985 年第 5 期。
王胜、邹恒甫:《关税、汇率与福利》,《世界经济》2004 年第 8 期。
王晓德:《试析美洲自由贸易区的贸易创造效应》,《拉丁美洲研究》2000 年第 6 期。
王晓晔:《行政垄断问题的再思考》,《中国社会科学院研究生院学报》2009 年第 7 期。
王晓晔:《竞争法研究》,中国法制出版社 1999 年版。
王晓晔:《入世与中国反垄断法的制定》,《法学研究》2003 年第 2 期。
王晓晔:《社会主义市场经济条件下的反垄断法》,《中国社会科学》1996 年第 1 期。
王晓晔:《我国反垄断立法的框架》,《法学研究》1996 年第 4 期。
王晓晔:《依法规范行政性限制竞争行为》,《法学研究》1998 年第 3 期。
王晓晔:《经济体制改革与我国反垄断法》,《东方法学》2009 年第 6 期。
王孝松、李坤望、包群、谢申祥:《出口退税的政策效果评估:来自中国纺织品对美出口的经验证据》,《世界经济》2010 年第 4 期。

王鑫、吴斌珍：《个人所得税起征点变化对居民消费的影响》，《世界经济》2011 年第 8 期。

王修志、谭艳斌：《CAFTA 框架下中国—东盟相互投资的新发展与推进策略》，《国际贸易》2008 年第 6 期。

王学庆：《垄断性行业的政府管制问题研究》，《管理世界》2003 第 8 期。

王岩、高鹤：《中国与新西兰 FTA 建立前后双边货物贸易比较》，《商业研究》2012 年第 9 期。

王永进、盛丹：《地理集聚会促进企业间商业信用吗？》，《管理世界》2013 年第 1 期。

王勇：《战国晚期秦国农业生产的技术选择》，《湖南大学学报》(社会科学版）2009 年第 2 期。

威勒、沃克：《实验设计原理：社会科学理论验证的一种路径》，重庆大学出版社 2010 年版。

威廉姆森：《资本主义经济制度：论企业签约与市场签约》，商务印书馆 2002 年版。

魏巍：《论中韩 FTA 的可行性及其经济效应》，《预测》2010 年第 1 期。

温观音：《产权与竞争：关于行政垄断的研究》，《现代法学》2006 年第 6 期。

吴基民：《绒线大王恒源祥在公私合营前后》，《世纪》2006 年第 3 期。

吴江：《中国资本主义经济改造问题》，人民出版社 1982 年版。

吴敬琏：《大中型企业：建立现代企业制度》，天津人民出版社 1993 年版。

吴利学：《中国能源效率波动：理论解释、数值模拟及政策含义》，《经济研究》2009 年第 5 期。

吴要武：《寻找阿基米德的杠杆——“出生季度”是个弱工具变量吗?》，《经济学》(季刊）2010 年第 2 期。

伍业锋：《产业业态：始自零售业态的理论演进》，《产经评论》2013 年第 3 期。

武力：《中国计划经济的重新审视与评价》，《当代中国史研究》2003 年第 4 期。

夏春玉、张闯、钟春仿：《中国百强连锁企业区域分布与区域扩张战略的实证分析》，《财贸研究》2006 年第 3 期。

向新、苏少之：《1957~1978 年中国计划经济体制下的非计划经济因素》，《中国经济史研究》2002 年第 4 期。

项松林、马卫红：《出口企业具有学习效应吗？——基于中国企业微观数据的经验分析》，《世界经济研究》2013 年第 10 期。

肖浩、孔爱国:《融资融券对股价特质性波动的影响机理研究——基于双重差分模型的检验》,《管理世界》2014 年第 8 期。

肖亢达:《云梦睡地虎秦墓漆器针刻铭记探析——兼谈秦代“亭”、“市”地方官营手工业》,《江汉考古》1984 年第 2 期。

小宫隆太郎等:《日本的产业政策》,国际文化出版公司 1988 年版。

晓亮:《论改革开放和中国民营经济三十年》,《理论前沿》2008 年第 8 期。

谢建国:《多边贸易自由化与区域贸易协定:一个博弈论分析框架》,《世界经济》2003 年第 12 期。

谢建国:《市场竞争、东道国引资政策与跨国公司的技术转移》,《经济研究》2007 年第 6 期。

辛文琦:《我国自由贸易区建设有待突破的几个瓶颈》,《现代财经》2010 年第 8 期。

邢春冰、李实:《扩招“大跃进”、教育机会与大学毕业生就业》,《经济学》(季刊)2011 年第 4 期。

邢春冰、聂海峰:《城里小伙儿遇到农村姑娘:婴儿户口、户籍改革与跨户籍通婚》,《世界经济文汇》2010 年第 4 期。

邢焕峰、谷国锋:《东北地区产业协调机制研究》,《经济纵横》2007 年第 2 期。

徐传谌、郑贵廷、齐树天:《我国商业银行规模经济问题与金融改革策略透析》,《经济研究》2002 年第 10 期。

徐健、汪旭晖:《中国区域零售业效率评价及其影响因素:基于 DEA-Tobit 两步法的分析》,《社会科学辑刊》2009 年第 5 期。

徐婧:《CAFTA 对中国和东盟贸易扩大效应的实证研究》,《世界经济研究》2008 年第 10 期。

许斌、韩高峰:《配额、汇率和中国纺织品出口价格》,《世界经济》2009 年第 6 期。

许光耀:《行政垄断的反垄断法规制》,《中国法学》2004 年第 6 期。

许红伟、陈欣:《我国推出融资融券交易促进了标的股票的定价效率吗?——基于双重差分模型的实证研究》,《管理世界》2012 年第 5 期。

许开国:《地区性行政垄断的宏观成本效率损失研究》,《经济评论》2009 年第 5 期。

许开国:《地区性行政垄断与资本配置效率关系的实证》,《山西财经大学学报》2009 年第 9 期。

薛克鹏:《行政垄断的非垄断性及其规制》,《天津师范大学学报》(社会科学版) 2007 年第 3 期。
严海宁、汪红梅:《国有企业利润来源解析:行政垄断抑或技术创新》,《改革》2009 第 11 期。
杨兰品:《试论行政垄断及其普遍性与特殊性》,《武汉大学学报》(哲学社会科学版) 2005 年第 11 期。
杨兰品:《中国行政垄断问题研究》,武汉大学博士学位论文,2005 年。
杨蓉:《垄断行业企业高管薪酬问题研究:基于在职消费的视角》,《复旦学报》(社会科学版) 2011 年第 5 期。
杨瑞龙:《以混合所有制经济为突破口推进国有企业改革》,《改革》2014 年第 5 期。
杨淑云:《中国电力产业行政垄断及其效率影响分析》,山东大学博士学位论文,2010 年。
杨秀玉:《中国电信行业行政垄断与竞争政策研究》,山东大学博士学位论文,2010 年。
杨旭武:《实验误差原理与数据处理》,科学出版社 2009 年版。
杨阳、万迪昉:《股指期货真的能稳定市场吗?》,《金融研究》2010 年第 12 期。
杨宜苗:《业态战略、企业规模、资本结构与零售企业成长:以零售上市公司为样本》,《财贸研究》2010 年第 1 期。
杨以文、郑江淮、黄永春:《生产性服务业与战略性新兴产业协调发展——基于生产性服务业市场的一般均衡分析》,《当代经济科学》2012 年第 6 期。
姚洪心、三品勉:《寡头市场条件下的产品差异化及关税效应研究》,《管理科学学报》2007 年第 8 期。
姚洋、郑东雅:《重工业与经济发展:计划经济时代再考察》,《经济研究》2008 年第 4 期。
姚永玲、汤学兵:《奥运与北京房地产价格的变化——基于 DD 法的分析》,《财贸经济》2008 年第 8 期。
叶光亮、邓国营:《最优关税和部分私有化战略——产品差异的混合寡头模型》,《经济学》(季刊) 2010 年第 2 期。
叶青、李增泉、李光青:《富豪榜会影响企业会计信息质量吗——基于政治成本视角的考察》，《管理世界》2012 年第 1 期。

叶卫平：《行政垄断规制悖论解析——兼谈行政权与经济调节权分际》，《时代法学》2006 年第 12 期。

伊特韦尔：《新帕尔格雷夫经济学大辞典》，经济科学出版社 1996 年版。

于华阳、于良春：《行政垄断形成根源与运行机制的理论假说——基于制度需求供给视角》，《财经问题研究》2008 年第 1 期。

于立、吴绪亮、刘慷：《反垄断法的经济学基础：历史、趋势与难题》，东北财经大学产业组织与企业组织研究中心工作论文，2009 年。

于立、肖兴志、姜春海：《自然垄断的“三位一体”理论》，《当代财经》2004 年第 8 期。

于良春、付强：《地区行政垄断与区域产业同构互动关系分析——基于省际的面板数据》，《中国工业经济》2008 年第 6 期。

于良春、杨骞：《行政垄断制度选择的一般分析框架——以我国电信业行政垄断制度的动态变迁为例》，《中国工业经济》2007 年第 12 期。

于良春、于华阳：《自然垄断产业垄断的“自然性”探析》，《中国工业经济》2004 年第 11 期。

于良春、余东华、张伟：《转轨经济中的反行政垄断与促进竞争政策研究》，经济科学出版社 2011 年版。

于良春、余东华：《中国地区性行政垄断程度的测度研究》，《经济研究》2009 年第 2 期。

于良春、张俊双：《中国垄断行业收入分配效应的实证研究》，《财经问题研究》2013 年第 1 期。

于良春、张伟：《强自然垄断定价理论与中国电价规制制度分析》，《经济研究》2003 年第 9 期。

于良春、张伟：《中国行业性行政垄断的强度和效率损失研究》，《经济研究》2010 第 3 期。

于良春、杨骞：《行政垄断制度选择的一般分析框架——以我国电信业行政垄断制度的动态变迁为例》，《中国工业经济》2007 年第 12 期。

于林、于良春：《地区性行政垄断的经济增长效应》，《当代财经》2010 年第 6 期。

余东华、于华阳：《反行政性垄断与促进竞争政策研究新进展——“转轨经济中的反行政性垄断与促进竞争政策”国际研讨会观点综述》，《中国工业经济》2008 年第 2 期。

余淼杰、梁中华:《贸易自由化与中国劳动收入份额——基于制造业贸易企业数据的实证分析》,《管理世界》2014 年第 7 期。

余振、葛伟:《经济一体化与产业区位效应:基于中国—东盟自由贸易区产业层面的面板数据分析》,《财贸经济》2014 年第 12 期。

俞万源:《基于产业协调的“双转移”战略背景下广东欠发达山区劳动力转移分析——以梅州市为例》,《地理科学》2011 年第 5 期。

袁渊、左翔:《“扩权强县”与经济增长:规模以上工业企业的微观证据》,《世界经济》2011 年第 3 期。

岳文、陈飞翔:《积极加速我国自由贸易区的建设步伐》,《经济学家》2014 年第 1 期。

岳振宇、杨树龙:《论行政性进入壁垒的法律规制——以规制我国的审批许可制度为中心》,《行政论坛》2005 年第 2 期。

翟爱梅、钟山:《卖空机制对股票价格波动的影响:基于 A+H 股公司的实证研究》,《南方经济》2012 年第 8 期。

张川川、John Giles、赵耀辉:《新型农村社会养老保险政策效果评估——收入、贫困、消费、主观福利和劳动供给》,《经济学》(季刊) 2015 年第 1 期。

张德荣、郑晓婷:《“限购令”是抑制房价上涨的有效政策工具吗?——基于 70 个大中城市的实证研究》,《数量经济技术经济研究》2013 年第 11 期。

张帆:《建立中国—东盟自由贸易区贸易与投资效应分析》,《国际经贸探索》2002 年第 5 期。

张光南、朱宏佳、陈广汉:《基础设施对中国制造业企业生产成本和投入要素的影响——基于中国 1998~2005 年 27 个制造业行业企业的面板数据分析》,《统计研究》2010 年第 6 期。

张宏、蔡彤娟:《中国—东盟自由贸易区的投资效应分析》,《当代亚太》2007 年第 2 期。

张慧智:《中日韩 FTA 对产业的影响分析》,《东北亚论坛》2006 年第 4 期。

张杰:《二重结构与制度演进——对中国经济史的一种新的尝试性解释》,《当代经济科学》1998 年第 6 期。

张军、章元:《对中国资本存量 K 的再估计》,《经济研究》2003 年第 7 期。

张军：《中央计划经济下的产权和制度变迁理论》，《经济研究》1993 年第 5 期。
张军：《中国—东盟自由贸易区框架下西南地区农产品出口问题研究》，《农村经济》2010 年第 1 期。
张鹏、许亦平、林桂军：《中国计划经济时期货币政策回顾：1952~1978》，《中国经济史研究》2010 年第 3 期。
张其仔、李颢等：《中国产业升级机会的甄别》，《中国工业经济》2013 年第 5 期。
张曙光、张弛：《扩大开放与反行政垄断并重》，《决策与信息》2007 第 3 期。
张顺明、余军：《内部货币与我国最优关税政策研究》，《经济研究》2009 年第 2 期。
张维迎、盛洪：《从电信业看中国的反垄断问题》// 季晓南：《中国反垄断法研究——反垄断法研究系列丛书》，人民法院出版社 2001 年版。
张维迎：《企业理论和中国企业改革》，北京大学出版社 1999 年版。
张霞、毕毅：《增值税改革对企业资本结构的影响研究》，《中央财经大学学报》2013 年第 8 期。
张小蒂、贾钰哲：《全球化中基于企业家创新的市场势力构建研究——以中国汽车产业为例》，《中国工业经济》2011 年第 12 期。
张原：《行政垄断的收入分配效应：理论及中国的经验研究》，浙江大学博士学位论文，2009 年。
张占民：《秦兵器题铭考释》，《古文字研究》1986 年第 14 期。
赵春玲、胡建渊：《地方政府保护主义经济行为的博弈分析》，《经济体制改革》2002 年第 4 期。
赵坚：《我国自主研发的比较优势与产业政策——基于企业能力理论的分析》，《中国工业经济》2008 年第 8 期。
赵金龙、倪中新：《自由贸易区态势及其伙伴国外贸出口的战略转型》，《改革》2013 年第 2 期。
赵金龙：《中国在东北亚地区的 FTA 战略选择：基于 CGE 模型的比较研究》，《东北亚论坛》2008 年第 5 期。
赵凯：《零售企业规模经济的实证分析：百货、超市和专业店的角度》，《财贸经济》2008 第 3 期。
赵亮：《我国周边自由贸易区驱动经济增长效应探究》，《亚太经济》2014 年第 6 期。

赵峦、孙文凯:《农信社改革对改善金融支农的政策效应评估——基于全国农户调查面板数据的倍差法分析》,《金融研究》2010 年第 3 期。

赵旭:《中国商业银行市场势力、效率及其福利效应》,《财经研究》2011 年第 3 期。

赵玉娟:《服务业 FDI、资本效应与经济增长——基于服务业 FDI、制造业 FDI 和国内固定资产投资实证分析》,《财经问题研究》2011 年第 3 期。

郑鹏程:《行政垄断的法律控制研究》,北京大学出版社 2002 年版。

郑鹏程:《论法律对行政垄断的综合规制》,《求索》2003 年第 1 期。

郑新业、王晗、赵益卓:《"省直管县"能促进经济增长吗?——双重差分方法》,《管理世界》2011 年第 8 期。

郑振雄、刘艳彬:《要素价格扭曲下的产业结构演进研究》,《中国经济问题》2013 年第 3 期。

中共中央文献研究室:《建国以来重要文献选编(第一册)》,中央文献出版社 1992 年版。

中国社会科学院、中国档案馆:《1949~1952 中华人民共和国经济档案资料选编》,中国城市经济社会出版社 1989 年版。

中国社会科学院、中国档案馆:《1953~1957 中华人民共和国经济档案资料选编》,中国物价出版社 1998 年版。

中国社会科学院、中国档案馆:《1958~1965 中华人民共和国经济档案资料选编》,中国财政经济出版社 2011 年版。

中国社会科学院、中国档案馆:《1953~1957 中华人民共和国经济档案资料选编》,中国物价出版社 1998 年版。

中国社会科学院经济研究所:《中国资本主义工商业的社会主义改造》,人民出版社 1978 年版。

钟笑寒:《地区竞争与地方保护主义的产业组织经济学》,《中国工业经济》2005 年第 7 期。

仲伟周、郭彬、彭晖:《我国零售业区域集聚影响因素的实证分析及政策含义》,《商业经济与管理》2012 年第 10 期。

周观琪:《中国—东盟自由贸易区成立对云南—东盟农产品贸易的影响》,《云南民族大学学报》2011 年第 2 期。

周汉华:《行政许可法:观念创新与实践挑战》,《法学研究》2005 年第 2 期。

周浩、郑筱婷:《交通基础设施质量与经济增长:来自中国铁路提速的证据》,《世界经济》2012 年第 1 期。

周黎安、陈烨:《中国农村税费改革的政策效果:基于双重差分模型的估计》,《经济研究》2005 年第 8 期。

周黎安:《晋升博弈中政府官员的激励与合作——兼论我国地方保护主义和重复建设问题长期存在的原因》,《经济研究》2004 年第 6 期。

周黎安:《中国地方官员的晋升锦标赛模式研究》,《经济研究》2007 第 7 期。

周其仁:《竞争、垄断和管制——"反垄断"政策的背景报告》// 王晓晔:《产权与制度变迁》,北京大学出版社 2004 版。

周权雄、朱卫平:《国有企业锦标赛激励效应与制约因素研究》,《经济学》(季刊) 2010 年第 2 期。

周淑莲、杨沐等:《国外产业政策研究》,经济管理出版社 1988 年版。

周曙东、崔奇峰:《中国—东盟自由贸易区的建立对中国进出口贸易的影响》,《国际贸易问题》2010 年第 3 期。

周曙东、胡冰川、吴强等:《中国—东盟自由贸易区的建立对区域农产品贸易的动态影响分析》,《管理世界》2006 年第 10 期。

周晓艳、汪德华、李钧鹏:《新型农村合作医疗对中国农村居民储蓄行为影响的实证分析》,《经济科学》2011 年第 2 期。

周肇光:《如何构建创新型区域产业协调发展政策互动机制》,《当代经济研究》2007 年第 6 期。

朱·弗登伯格、让·梯若尔:《博弈论》,中国人民大学出版社 1996 年版。

朱宏斌:《浅谈农业科技文化交流的内在基础与动力》,《农业考古》2002 年第 1 期。

庄毓敏、孙安琴、毕毅:《信用风险转移创新与银行(体系)的稳定性——基于美国银行数据的实证研究》,《金融研究》2012 年第 6 期。

左翔、殷醒民、潘孝挺:《财政收入集权增加了基层政府公共服务支出吗?以河南省减免农业税为例》,《经济学》(季刊) 2011 年第 4 期。

曾海舰、苏东蔚:《信贷政策与公司资本结构》,《世界经济》2010 年第 8 期。

曾海舰:《房产价值与公司投融资变动——抵押担保渠道效应的中国经验证据》,《管理世界》2012 年第 5 期。

曾欣龙、圣海忠、姜元、朱述斌:《中国农产品流通体制改革六十年回顾与展望》,《江西农业大学学报》(社会科学版) 2011 年第 3 期。

Aigner D., K. Lovell, Schmidt P., "Formulation and Estimation of Stochastic

Frontier Production Function Models", *Journal of Econometrics*, No. 1, 1977, pp.21-37.

Andersen P., N. C. Petersen, "A Procedure for Ranking Efficient Units in Data Envelopment Analysis", *Management science*, No.10, 1993, pp. 1261-1264.

AokiS., "A Simple Accounting Framework for the Effect of Resource Misallocation on Aggregate Productivity", *MPRA Working Paper*, 2009.

Asch, S. E., " Interpersonal Influence", in Eleanor Maccoby, Theodore Newcomb, Eugene Hartley (eds), *Reading in Social Psychology*, New York: Holt, Rinehart and Winston Publishing, 1958.

Ashenfelter, Orley C., " Estimating the Effect of Training Programs on Earnings", *Review of Economics and Statistics*, Vol. 60, No. 1, 1978, pp.47-57.

Ashenfelter, Orley C., David Card, " Using the Longitudinal Structure of Earnings to Estimate the Effect of Training Programs", *Review of Economics and Statistics*, Vol. 67, No.4, 1985, pp.648-660.

B. Curtis Eaton, Roger Ware, "A Theory of Market Structure with Sequential Entry", *Rand Journal of Economics*, Vol. 18, No. 1, 1987, pp.1-16.

Bai C., Lu J., Tao Z., " Divergent Interests between Central and Local Governments: Testing theories of Public Ownership", Tsinghua University, 2005.

Barros C. P., Alves C. A., "Hypermarket Retail Store Efficiency in Portugal", *International Journal of Retail and Distribution Management*, Vol. 31, No. 11, 2003, pp. 549-560.

Baumol, W. J., J. C. Panzar and R. D., "Willig. Contestable Markets and the Theory of Industry Structure", New York: Harcourt Brace Jovanovich Press, 1982.

Baumol, W. J., J. C. Panzar and R. D., "Willig.Contestable Markets and the Theory of Industry Structure", New York: Harcourt Brace Jovanovich Press, 1982, pp.10-16.

Baumol, W. J., " On the Proper Cost Tests for Natural Monopoly in a Multiproduct Industry", *American Economic Review*, Vol. 67, No.5,

1977, pp.809–822.

Baye, Michael R., Dan Kovenock, Casper G. de Vries., "The All–Pay Auction with Complete Information", *Economic Theory*, No.8, 1996, pp. 291–305.

Bee Yan Aw, Sukkyun Chung, Mark J. Roberts, "Productivity, Output, and Failure: A Comparison of Taiwanese and Korean Manufacturers", *Economic Journal*, Vol.113, No.491, 2003, pp.458–510.

Bertrand, Marianne, Esther Duflo, Sendhil Mullainathan, "How Much Should We Trust Differences–in–Differences Estimates?", *Quarterly Journal of Economics*, Vol.119, No.1, 2004, pp.249~275.

Bhagwati, Jagdish N., "VERs, Quid Pro Quo DFI and VIEs: Political–Economy–Theoretic Analyses", *Journal of International Economics*, Vol. 1, No. 1, 1987, pp.1–14.

Bitzan, J. D., "The Structure of Railroad Costs and the Benefits/Costs of Mergers", *Research in Transportation Economics*, Vol.5, No. 1, 1999, pp.1–52.

Bjorvatn, Kjetil, Carsten Eckel, "Policy Competition for Foreign Direct Investment between Asymmetric Countries", *European Economic Review*, Vol. 50, No.7, 2006, pp.1891–1907.

Boyan Jovanovic, Peter L. Rousseau, "The Q–Theory of Mergers", *American Economic Review*, Vol. 92, No.2, 2002, pp.198–204.

Boyan Jovanovic, Rafael Rob, "Long Waves and Short Waves: Growth Through Intensive and Extensive Search", *Econometrica*, Vol. 58, No. 6, 1990, pp 1391–1409.

Brander, James A., Barbara J. Spencer, "Trade Warfare: Tariffs and Cartels", *Journal of International Economics*, Vol. 16, No. 3, 1984, pp. 227–242.

Brander, James A., Barbara J. Spencer, "Foreign Direct Investment with Unemployment and Endogenous Taxes and Tariffs", *Journal of International Economics*, Vol. 22, No. 3–4, 1987, pp.257–279.

Breusch, T.S., A. R. Pagan., "The Lagrange Multiplier Test and Its Applications to Model Specification in Econometrics", *Review of Economic*

Studies, Vol.47, No.1, 1980, pp.239–253.

Breusch, T.S., A.R. Pagan., "The Lagrange Multiplier Test and Its Applications to Model Specification in Econometrics", Review of Economic Studies, No.1, 1980, pp.239–253.

Bruce M. Owen, Su Sun, Wentong Zheng, "China's Competition Policy Reforms: The Anti-Monopoly Law and Beyond", *Antitrust Law Journal*, Vol. 75, 2008, pp. 231–256.

Card, David, Alan B. Krueger, "Minimum Wages and Employment: A Case Study of the Fast-Food Industry in New Jersey and Pennsylvania", *American Economic Review*, Vol.84, No.4, 1994, pp.772–793.

Christensen, L. R., Dale W. Jorgenson and Lawrence J. Lau., "Transcendental Logarithmic Utility Functions", *American Economic Review*, Vol.65, No.3, 1975, pp.367–383.

Christodoulopoulos T., "Telecommunications in Greece: A Study of Production Structure and Natural Monopoly Issue", *Energy Economics*, Vol.38, No.2, 1995, pp. 147–157.

D. Fudenberg, J. Tirole, "Preemption and Rent Equalization in the Adoption of New Technology", *Review of Economic Studies*, Vol. 52, No.3, 1985, pp.251–268.

Das, Nibedita., "Technology, Efficiency and Sustainability of Competition in the Indian Telecommunications Sector", *S Information Economics and Policy*, Vol.12, No.2, 2000, pp.133–154.

De Jorge M. J., "Efficiency and Regulation in Spanish Hypermarket Retail Trade-A Cross-Section Approach", *International Journal of Retail and Distribution Management*, Vol.36, No.1, 2008, pp.71–88.

De Jorge M. J., "Productivity Growth of European Retailers: A Benchmarking Approach", *Journal of Economic Studies*, Vol. 37, No.3, 2010, pp. 288–313.

Demsetz H., "The Firm in Economic Theory: A Quiet Revolution", *American Economic Review*, Vol.87, No.2, 1997, pp. 426–429.

Diewert, W. E., "Duality Approaches to Microeconomic Theory", *Handbook of Mathematical Economics*, No.1, 1993, pp.535–599.

Diewert, W. E., "Duality Approaches to Microeconomic Theory", *Handbook of Mathematical Economics*, Vol.2, No.1, 1993, pp.535-599.

Dinardo, J., "Natural Experiments and Quasi-natural Experiments", in Steven N. Durlauf, E. Lawrence (eds), *New Palgrave Dictionary of Economics*, London: Palgrave Macmillan Publishing.

Dixit, Avinash, "International Trade Policy for Oligopolistic Industries", *Economic Journal*, Vol. 94, No. 376, 1984, pp.1-16.

Elhanan Helpman, "General Purpose Technologies and Economic Growth Introduction", Cambridge: MIT Press, 1998.

Evans, David S., James J. Heckman., "A Test for Subadditivity of the Cost Function with an Application to the Bell System", *American Economic Review*, Vol.74, No.4, 1974, pp.615-623.

Fraquelli, Giovanni, Massimiliano Piacenza, Davide Vannoni., "Cost Savings from Generation and Distribution with an Application to Italian Electric Utilities", *Southern Economic Journal*, Vol.28, No.3, 2004, pp. 289-308.

Frederick S. Inaba, "On Stochastic Entry and Exit without Expectations", *Review of Economic Studies*, Vol. 45, No. 3, 1978, pp. 535-545.

Friedlaender, F., Clifford Winston, Kung Wang., "Costs, Technology, and Productivity in the U.S. Automobile Industry", *Bell Journal of Economics*, Vol.14, No.1, 1983, pp.1-20.

Friedlaender, F., R. H. Spady., "Freight Transport Regulation; Equity, Efficiency, and Competition in the Rail and Trucking Industries", Cambridge, MA: The MIT Press, 1980.

George J. Stigler, "The Theory of Economic Regulation", *Bell Journal of Economics and Management Science*, Vol. 2, No. 1, 1971, pp. 3-21.

Gilsdorf, K., "Testing for Subadditivity of Vertically Integrated Electric Utilities", *Southern Economic Journal*, Vol.62, No.1, 1995, pp.126-138.

Good W., "Productivity in the Retail Grocery Trade", *Journal of Retailing*, Vol.60, No.3, 1984, pp.81-97.

Gordon Y. M. Chan, "Administrative Monopoly and the Anti-Monopoly Law:

An Examination of the Debate in China", *Journal of Contemporary China*, Vol. 18, No. 59, 2009, pp. 263-283.

Grossman Gene, Elhanan Helpman, *Foreign Investment with Endogenous Protection*, NBER Working Papers, National Bureau of Economic Research, Inc, 1994.

Guy C., Bennison D., Clarke R., "Scale Economies and Superstore Retailing: New Evidence from the UK", *Journal of Retailing and Consumer Services*, Vol. 12, No.2, 2005, pp.73-81.

Hanoch, G., "The Elasticity of Scale and Shape of the Average Costs", *American Economic Review*, No.3, 1975, pp.492-497.

Heckman, James, Hidehiko Ichimura, Jeffrey Smith, Petra Todd, "Characterizing Selection Bias Using Experimental Data", *Econometrica*, Vol.66, No.5, 1998, pp.1017-1098.

Heckman, James, R. Jr. Robb, "Altenative Methods for Evaluating the Impact of Interventions", in J. Heckman, B. Singer (eds), *Longitudinal Analysis of Labor Market Data*, Cambridge: Cambridge University Publishing, 1985.

Heiko A. Gerlach, "Announcement, Entry, and Preemption When Consumers Have Switching Costs", *Rand Journal of Economics*, Vol. 35, No. 1, 2004, pp.184-202.

Helpman, Elhanan, "A Simple Theory of International Trade with Multinational Corporations", *Journal of Political Economy*, Vol. 92, No. 3, 1984, pp. 451-471.

Helpman, Elhanan, "Trade, FDI, and the Organizationof Firms", *Journal of Economic Literature*, Vol. 44, No. 3, 2006, pp.589-630.

Helpman, Elhanan, Marc J. Melitz, Stephen Ross Yeaple, "Export Versus FDI with Heterogeneous Firms", *American Economic Review*, Vol. 94, No. 1, 2004, pp.300-316.

Hsieh, C. T., and P. J. Klenow., "Misallocation and Manufacturing TFP in China and India", *The Quarterly Journal of Economics*, Vol.124, No.4, 2009, pp.1403-1448.

Hsieh, Chang-Tai and Zheng (Michael) Song., *Grasp the Large, Let Go of the Small: the Transformation of the State Sector in China*, NBER Working Paper, 2015.

Hunter, William C., Stephen G. Timme, Won Keun Yang., "An Examination of Cost Subadditivity and Multiproduct Production in Large U.S. Banks", *Journal of Money, Credit and Banking*, Vol.22, No.4, pp.504-525.

Imbens, Guido, Jeffrey Wooldridge, *What's New in Econometrics?*, NBER Summer Institute Minicourse.

Ingene C. A., "Scale Economies in the American Retailing: A Cross-Industry Comparison", *Journal of Macro-marketing*, Vol. 5, No.2, 1984, pp. 49-63.

J. Green, M. Majumdar, "The Nature of Stochastic Equilibria", *Econometrica*, Vol.43, No.4, 1975, pp. 647-659.

J. Kornai, "Transformational Recession: the Main Causes", *Journal of Comparative Economics*, Vol. 19, No. 2, 1994, pp. 39-63.

Jara-Díaz, S., F. J. Ramos-Real and E. Martínez-Budría., "Economies of Integration in the Spanish Electricity Industry using a Multistage Cost Function", *Energy Economics*, Vol.26, No.6, pp. 995-1013.

John Londregan, "Entry and Exit over the Industry Life Cycle", *Rand Journal of Economics*, Vol. 21, No. 3, 1990, pp. 446-458.

Johnson H.G., "Factor Market Distortion and the Shape of the Transformation Curve", *Econometrica*, Vol.34, No.3, 1966, pp.686-698.

Jorgenson, D. W., "Capital Theory and Investment Behavior", *American Economic Review*, Vol.53, No.1, 1963, pp.247-259.

K. J. Arrow, "Economic Welfare and the Allocation on Resources for Invention", in R. R. Nelson edited, *The Rate and Direction of Inventive Activity*, Princeton: NBER Press, 1962, pp.165-180.

Kayalica, M. Özgür, Lahiri, Sajal., "Domestic Lobbying and Foreign Direct Investment. The Role of Policy Instruments", *Journal of International Trade & Economic Development*, No.16, 2007, pp.299-323.

Keh, H. T., S Chu, "Retail Productivity and Scale Economies at the Firm Level: A DEA Approach", *Omega*, Vol. 31, No.2, 2003, pp. 75-82.

Keh, H. T., SY Park, "To market, to Market: The Changing Face of

Grocery Retailing", *Long Range Planning*, Vol.30, No.97, 1997, pp. 836-846.

Levinsohn, James A., "Strategic Trade Policy when Firms can Invest abroad: When are Tariffs and Quotas Equivalent? ", Journal of International Economics, Vol. 27, No.1-2, 1989, pp.129-146.

Liao G., Chen X., Jing X., Sun J., "Pollicy Burdens, Firms Performance and Management Turnover", *China Economic Review*, Vol.20, No.1, 2009, pp.15-28.

M. T. Flaherty, " Industry Structure and Cost -reducing Investment", *Economica*, Vol. 48, No.5, 1980, pp.1187-1209.

Manski, C. F., " Anatomy of Selection Problem", *Journal of Human Resources*, Vol. 24, No. 3, 1989, pp.341-360.

Martin Pesendorfer, "Mergers under Entry", *Rand Journal of Economics*, Vol. 36, No. 3, 2005, pp.661-679.

Mc-Clelland W. G., "Economics of the Supermarket", *The Economic Journal*, Vol.72, No.285, 1962, pp.154-170.

Megginson W., Netter J. M., "From State to Market: A Survey of Empirical Studies on Privatization", *Journal of Economic Literature*, Vol.39, No.2, 2001, pp.321-389.

Menicucci, Domenico., "Banning Bidders from All-pay Auctions", *Economic Theory*, No.29, 2006, pp.1-21.

Meyer, Bruce D., "Natural and Quasi-experiments in Economics", *Journal of Business and Economy Statistics*, Vol.13, No.2, 1995, pp.151-161.

Meyer, Bruce D., W. Kip Viscusi, David L. Durbin, " Workers' Compensation and Injury Duration: Evidence from a Natural Experiment", *American Economic Review*, Vol.85, No.3, 1995, pp.322-340.

Moldovanu, Benny, Aner Sela., " The Optimal Allocation of Prizes in Contests", American Economic Review, No.91, 2001, pp.542-558.

Mostafa M., " A Neuro -Computational Intelligence Analysis of the US Retailer's Efficiency", *International Journal of Intelligent Computing and Cybernetics*, Vol.3, No.1, 2010, pp. 135-162.

Mundell, Robert A., "International Trade and Factor Mobility", *American*

Economic Review, Vol. 47, No. 3, 1957, pp. 321–335.

Mundlak Y., "Further Implications of Distortion in the Factor Market", *Econometrica*, Vol.38, No.3, 1970, pp.517–535.

Nicholas Crafts, "Steam as A General Purpose Technology: A Growth Accounting Perspective", *Economic Journal*, Vol. 114, 2004, pp.338–351.

P. Bolton, J. Farrell, "Decentralization, Duplication, and Delay", *Journal of Political Economy*, Vol. 98, No. 4, 1990, pp.803–826.

Pankaj Tandon, "Innovation, Market Structure, and Welfare", *American Economic Review*, Vol. 74, No. 3, 1984, pp.394–403.

Panzar, J. C., R. D. Willig., "Economies of Scope", *American Economic Review*, Vol.71, No.2, pp.268–272.

Pauli Murto, "Exit in Duopoly Under Uncertainty", *Rand Journal of Economics*, Vol. 35, No. 1, 2004, pp.111–127.

Perrigot R., Barros C. P., "Technical Efficiency of French Retailers", *Journal of Retailing and Consumer Services*, Vol.15, No.4, 2008, pp. 296–305.

Petra Moser, Tom Nicholas, "Was Electricity a General Purpose Technology? Evidence from Historical Patent Citations", *American Economic Review*, Vol. 94, No. 2, 2004, pp.388–394.

R. H. Gordon, W. Li, "Government as a Discriminating Monopolist in the Financial Market", *Journal of Public Economics*, Vol. 87, No. 2, 2003, pp.283–312.

Rajan, R. G., L. Zingales, "Which Capitalism? Lessons form the East Asian Crisis", *Journal of Applied Corporate Finance*, Vol.11, No.3, 1998, pp. 40–48.

Richard C. Levin, Peter C. Reiss, "Cost–Reducing and Demand–Creating R&D with Spillovers", *Rand Journal of Economics*, Vol. 19, No. 4, 1988, pp.538–556.

Richard J. Rosen, "Research and Development with Asymmetric Firm Sizes", *Rand Journal of Economics*, Vol. 22, No. 3, 1991, pp.411–429.

Rodolphe Dos Santos Ferreira, Frederic Dufourt, "Free Entry and Business Cycles under the Influence of Animal Spirits", *Journal of Monetary*

Economics, Vol.53, No.2, 2006, pp.311–328.

S. D. Deshmukh, S.D. Chikte, "Dynamic Pricing with Stochastic Entry", *Review of Economic Studies*, Vol. 43, No. 1, 1976, pp.91–97.

Sánchez, P. C., "A Subadditivity Test for the Cost Function of the Principal European Railways", *Transport Reviews*, Vol.20, No.3, 2000, pp.275–290.

Schmidt P., Lovell C. A. K., "Estimating Technical and Allocative Inefficiency Relative to Stochastic Production and Cost Frontiers", *Journal of Econometrics*, No.9, 1979, pp.343–366.

Shaw S. A., Nisbet D. J., Dawson J. A., "Economies of Scale in UK Supermarkets: Some Preliminary Findings", *International Journal of Retailing*, Vol.17, Vol.5, 1989, pp.12–26.

Shin, Richard T., Johns Ying., "Unnatural Monopolies in Local Telephone", *Rand Journal of Economics*, Vol.23, No.2, 1992, pp.171–183.

Shleifer A., Vishny R. W., "A Survey of Corporate Government", *Journal of finance*, Vol.52, No.2, pp.737–783.

Shleifer A., Vishny R. W., "The Grabbing Hand: Government Pathologies and Their Cures", Cambridge: Harvard University Press, 1998.

Staiger D., Stock J. H., "Instrumental Variables Regression with Weak Instruments", *Econometrica*, No.65, 1997, pp.557–586.

Steven Klepper, "Entry. Exit. Growth, and Innovation over the Product Life Cycle", *American Economic Review*, Vol. 86, No.3, 1996, pp. 562–583.

Steven Klepper, "Firm Survival and the Evolution of Oligopoly", *Rand Journal of Economics*, Vol. 33, No. 1, 2002, pp.37–61.

Steven Klepper, Kenneth L. Simons, "The Making of an Oligopoly: Firm Survival and Technological Change in the Evolution of the U.S. Tire Industry", *Journal of Political Economy*, Vol. 108, No. 4, 2000, pp. 728–760.

Thomas R. R., Barr R. S., Cron W. L., et al., "A Process for Evaluating Retail Store Efficiency: A Restricted DEA Approach", *International Journal of Research in Marketing*, Vol.15, No.5, 1998, pp.487–503.

Tsapelik V., Iakovlev A., "Monopoly in the Soviet Economy? Sources, Forms, and Ways of Overcoming it", *Problems of Economics*, No.43, 1991, pp. 31-42.

Victor Aguirregabiria, Pedro Mira, Hernan Roman, "An Estimable Dynamic Model of Entry, Exit and Growth in Oligopoly Retail Markets", *American Economic Review*, Vol. 97, No. 2, 2007, pp.449-454.

Wills-Johnson, Nick., "Separability and Subadditivity in Australian Railways", *The Economic Record*, Vol.84, No.264, pp.95-108.

Wilson, Wesley W., Yimin Zhou., "Cost, Productivity and Firm Heterogeneity in Local Telephone Markets", *Journal of Regulatory Economics*, Vol.11, No.3, 2001, pp. 291-310.

Yong Guo, Angang Hu., "The Administrative Monopoly in China's Economic Transition", *Communist and Post-Communist Studies*, Vol.37, No.2, 2004, pp.265-280.

Zhinqi Chen, Thomas W. Ross, "Strategic Alliances, Shared Facilities, and Entry Deterrence", *Rand Journal of Economics*, Vol.31, No.2, 2000, pp.326-344.

索 引

H

J

K

L

M

N

Q

S

T

W

X

Y

Z

后　记

本书是我近五年来在国家自然科学基金、中国博士后基金资助下的学术成果，其成稿需感谢这几年参与我这个学术团队的同门与学生的鼎力支持，贡献卓著者包括：康妮、胡超凡、李烁、刘冬庆、刘鸿燕、刘乾、罗莉娅、孙秋玲、汤秀梅、唐杨柳、万攀兵、夏俊、许莹盈、翟宇佳（按姓氏拼音顺序）。

2009 年，在导师朱卫平教授的引领下，我选择了“行政垄断”这个当时非常冷门的研究方向。2012 年，毕业留校任教的我，进入中国社会科学院经济研究所师从刘小玄研究员进行博士后深造，主要方向也是行政垄断与国有经济。经过多年积累，我已相继在这个领域出版了两本专著，除本书外，更早的一本是以《中国行政垄断制度的经济绩效》为题出版的博士学位论文。

在中国，以“行政垄断”为题材的经济学专著甚少，更别说以之为题的经济学博士论文。我在这个领域的坚持，虽是风雨如晦，但却义无反顾。随着 2016 年 7 月中国竞争审查制度（《国务院关于在市场体系建设中建立公平竞争审查制度的意见》国发〔2016〕34 号）的正式施行，行政垄断问题一定会得到越来越多的关注。这是因为，当前竞争审查的对象正是行政机构自身的行政垄断行为和相关法规，而“34 号文”其实正是《中华人民共和国反垄断法》第五章“行政垄断专章”的行政法伸延。

现在的我已经是广东省发展和改革委员会价格监督检查与反垄断局的首批六位专家咨询委员之一，除了参与全省各地的反垄断案件调查之外，还多次给全省上百位各级反垄断执法干部进行课程培训。2016 年 11 月，我还参加了武汉大学法学院举办的 2016 年中国经济法学 30 人论坛“公平竞争审查制度实施与国有企业深化改革”研讨会，会上题为“竞争审查与反垄断法第五章的协调执法机制初探”得到经济法学界诸位前辈、泰斗的认同。或许，在实务界和法学界的经历，就是对自己多年坚持研究行政垄断的莫大回报吧。

我所冀望的是，多年后回头看本书，反垄断、反行政垄断、改革垄断性行业不再是我这个孤单的经济学人的痴人梦呓。

陈林

2016 年 10 月

专家推荐表

<table>
<tr><th colspan="4">第五批《中国社会科学博士后文库》专家推荐表 1</th></tr>
<tr><td>推荐专家姓名</td><td>朱卫平</td><td>行政职务</td><td></td></tr>
<tr><td>研究专长</td><td>企业理论与产业结构</td><td>电　　话</td><td></td></tr>
<tr><td>工作单位</td><td>暨南大学产业经济研究院</td><td>邮　　编</td><td>510632</td></tr>
<tr><td>推荐成果名称</td><td colspan="3">《中国垄断性行业的政府管制体系研究》</td></tr>
<tr><td>成果作者姓名</td><td colspan="3">陈林</td></tr>
<tr><td colspan="4">（对书稿的学术创新、理论价值、现实意义、政治理论倾向及是否达到出版水平等方面做出全面评价，并指出其缺点或不足）
首先，文章选题具有很强的针对性和现实意义，在吸收学术界研究成果的基础上，该文创造性地借鉴了经济史分析提供的经验总结，基于多种方法论，立足于行业监管改革与管制措施改良的实践，探讨了垄断性行业政府管制体系的历史渊源、管制对象的客观界定法、管制效率的量化分析法、法律框架修订及管制政策的具体改进，这为行政垄断行业的体制改革和政府管制提供了较为充分的理论支持，研究意义重大。
其次，该文引用文献具有代表性和科学性，对有关的中外文献材料进行综合分析和归纳整理，掌握了中国垄断性行业体制改革和政府管制的研究背景、研究现状和发展前景等内容，使该领域的前沿研究清晰地跃然纸上，这足以展现作者自身突出的科研能力和学术造诣。
最后，该文内容丰富、条理清晰、结构完整，资料收集详实，数据准确，针对研究问题，该文综合运用多种方法论并进行多维度讨论和分析，论证清晰有力，论据充分可靠，结论可靠。
综上，该文充分反映了作者对于中国垄断性行业政府管制相关知识掌握的全面性，对于行政垄断行业体制改革和优化政府管制水平的实践有经验，有分析，有思考，有建议。所以我认为该文符合出版要求，同意并推荐其出版。

签字：朱卫平

2016 年 8 月 1 日</td></tr>
<tr><td colspan="4">说明：该推荐表由具有正高职称的同行专家填写。一旦推荐书稿入选《博士后文库》，推荐专家姓名及推荐意见将印入著作。</td></tr>
</table>

<table>
<tr><th colspan="4">第五批《中国社会科学博士后文库》专家推荐表 2</th></tr>
<tr><td>推荐专家姓名</td><td>刘小玄</td><td>行政职务</td><td></td></tr>
<tr><td>研究专长</td><td>国企改革与产业组织</td><td>电　　话</td><td></td></tr>
<tr><td>工作单位</td><td>中国社会科学院经济研究所</td><td>邮　　编</td><td>100086</td></tr>
<tr><td>推荐成果名称</td><td colspan="3">《中国垄断性行业的政府管制体系研究》</td></tr>
<tr><td>成果作者姓名</td><td colspan="3">陈林</td></tr>
<tr><td colspan="4">（对书稿的学术创新、理论价值、现实意义、政治理论倾向及是否达到出版水平等方面做出全面评价，并指出其缺点或不足）
本文以中国垄断性行业的政府管制体系为题进行研究，能为解决我国行政垄断行业存在的问题及优化政府管制水平提供参考和借鉴作用。文章选题合理，研究角度新颖，具备很强的理论价值和创新性。该文首先创造性地借鉴了经济史分析提供的经验总结，揭示出中国式政府管制的历史渊源，从而为中国特色的行政垄断制度追本溯源；其次，该文首创了一个多维度的、客观的政府管制对象的判定法，量化了行政垄断产业的现实边界，从而界定了政府管制的有效具体对象，为优化政府管制水平提供了理论支持；再者，该文结合近年来全面推进的自由贸易区战略，研究了放松外资准入壁垒的政策红利，填补了该领域理论研究的空白；然后，该文针对国有企业改革，提出行政垄断行业的混合所有制改革的必要性与合理性，为今后国有企业改革的优先次序提供了指导和参考；最后，该文从多种维度提出一系列具体的政府管制新举措，重构了当前的行政垄断产业政府管制体系，这对于推动和深化下一阶段相关的经济体制改革、建立规范和有效的行政垄断产业管制体系具有重大意义。
作为该作者的博士后导师，我深谙其突出的科研能力和学术水平，该文就是很好的体现。无论从理论价值还是现实意义来评价，该文都具备很高的研究价值，而且结构安排科学合理，思路清晰，层次分明，各部分之间联系紧密，观点表述准确，论证内容具有说服力，原创性极强。所以，我认为该文符合出版要求，同意并推荐其出版。

签字：刘小玄

2016 年 1 月 20 日</td></tr>
<tr><td colspan="4">说明：该推荐表由具有正高职称的同行专家填写。一旦推荐书稿入选《博士后文库》，推荐专家姓名及推荐意见将印入著作。</td></tr>
</table>